めざせ！貿易実務検定

要点解説&過去問題

日本貿易実務検定協会®［編］

The Proficiency Test in Trading Business

日本能率協会マネジメントセンター

本書の内容に関するお問い合わせについて

平素は日本能率協会マネジメントセンターの書籍をご利用いただき、ありがとうございます。

弊社では、皆様からのお問い合わせへ適切に対応させていただくため、以下①～④のようにご案内しております。

①お問い合わせ前のご案内について

現在刊行している書籍において、すでに判明している追加・訂正情報を、弊社の下記 Web サイトでご案内しておりますのでご確認ください。

https://www.jmam.co.jp/pub/additional/

②ご質問いただく方法について

①をご覧いただきましても解決しなかった場合には、お手数ですが弊社 Web サイトの「お問い合わせフォーム」をご利用ください。ご利用の際はメールアドレスが必要となります。

https://www.jmam.co.jp/inquiry/form.php

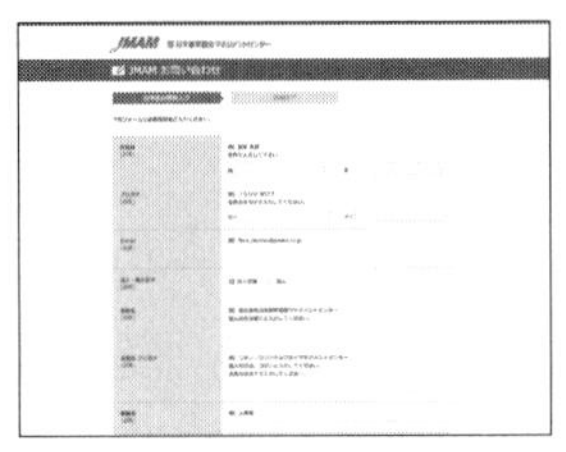

なお、インターネットをご利用ではない場合は、郵便にて下記の宛先までお問い合わせください。電話、FAX でのご質問はお受けしておりません。

〈住所〉 〒103-6009 東京都中央区日本橋 2-7-1 東京日本橋タワー 9F

〈宛先〉 ㈱日本能率協会マネジメントセンター 出版事業本部 出版部

③回答について

回答は、ご質問いただいた方法によってご返事申し上げます。ご質問の内容によっては弊社での検証や、さらに外部へ問い合わせすることがございますので、その場合にはお時間をいただきます。

④ご質問の内容について

おそれいりますが、本書の内容に無関係あるいは内容を超えた事柄、お尋ねの際に記述箇所を特定されないもの、読者固有の環境に起因する問題などのご質問にはお答えできません。資格・検定そのものや試験制度等に関する情報は、各運営団体へお問い合わせください。

また、著者・出版社のいずれも、本書のご利用に対して何らかの保証をするものではなく、本書をお使いの結果について責任を負いかねます。予めご了承ください。

はじめに

日本は、貿易立国です。これまでの企業活動は、資源を輸入し商品を輸出するという加工貿易を中心に行われてきました。これにより、外貨を獲得し、現在の世界経済における確固たる地位を築いてきました。商品を輸出し、外貨を稼ぐ、あるいは、日本で商売になりそうな商品を輸入するといった単純な形態から、現在は、複雑な国際的流通の展開を見せています。たとえば、海外市場の直接投資による生産、逆委託加工貿易などです。

つまり、世の中は、より複雑でグローバルな取引傾向にあります。

また、円高と騒がれていた時代があったかと思えば、いつの間にか円安傾向になったりと、経済環境も刻々と変化しています。

このような時代にあって貿易に関わる方々は、より正確な貿易知識や外国為替知識、世界の政治経済の知識、さらには英語力が必要になります。

この「貿易実務検定®」は、貿易業務に関わる方々の総合的な実務知識と貿易英語の実用能力を客観的に判定する唯一の検定試験として多くの実績を積み重ねてきました。

この検定試験を利用してこれまでの自分の知識を補い、より質の高い実務能力を身に付けることが可能です。また、就職などの際に企業へ自分の実力や“やる気”を客観的に示すこともできます。さらには、いくつかの貿易等関連企業内においては、社員教育の一つとして利用していただいております。

そして、この試験のチャレンジにより、いままで知らなかった世界を知ることができ、さらには、皆さんの新たな可能性が開拓されるでしょう。読者の皆さんが、この貿易実務検定®にチャレンジされることを願っています。

日本貿易実務検定協会®
理事長　**片山立志**

CONTENTS

目次　改訂13版「めざせ！ 貿易実務検定®」

第3章 合格のための貿易実務英語 —要点解説—

第4章 貿易実務検定® 問題と解答・解説

※INCOTERMS(インコタームズ)は、International Chamber of Commerce(ICC)の登録商標です。なお、本書では原則として®マークを明示していません。

第1章

貿易実務検定®を受けよう

―貿易実務検定®の傾向と対策―

1 貿易実務検定®とは どういうものか

●貿易実務検定®（貿実検定）とは、なんですか。

貿易実務検定®は、1998年3月に第1回試験が行われました。2023年で25周年を迎えました。

貿易実務を行うには、広い知識とスキルが必要です。マーケティング力、輸送機関の選定や手配に関わる知識、通関の知識、外国為替の知識、海上保険の知識、語学力など広い範囲に及びます。

一方で、これらのことを体系的に学ぶ機会が以前はほとんどありませんでした。知識の整理をしようとしてもなにをどの程度学習したらよいのか客観的に指針になるものが見つけにくく、また、学習の目標となるものも定めにくかったのが実態でした。

さらには、まったくの初学者のためのわかりやすい学習プログラムも見当たりませんでした。

そこで誕生したのが、この貿易実務検定®なのです。

この検定の目的には、次の3つがあります。

①貿易実務検定®を通して貿易実務の学習プログラムを提供すること

この検定試験は、A級、B級、C級という3つから成り立っており、初学者も経験者もステップを踏むことにより、実務に必要な知識、スキルを身に付けていくことが可能です。

②試験を目標とした学習によりスキルアップをはかること

この試験は、いわゆる資格認定試験ではありません。

あくまで、学習者のスキルアップを目指したものです。1つひとつのステップを踏むことにより貿易実務に必要な知識、スキルを自分のものにし、スキルアップをはかります。

③自分の持っている能力、知識の度合いを公平・客観的に証明すること

スキルアップを図り、検定試験に合格することにより、そのステップに応じた能力や知識の度合いが、客観的に証明されます。

この検定試験は、1つのスタンダードであるといえましょう。

また、貿易実務検定®とならび、2020年2月からEPA（経済連携協定）ビジネス実務検定®が開始されました。今後の国際取引においては、EPAの実務的な知識が必要になります。そこでEPAの実務に特化した検定をはじめました。

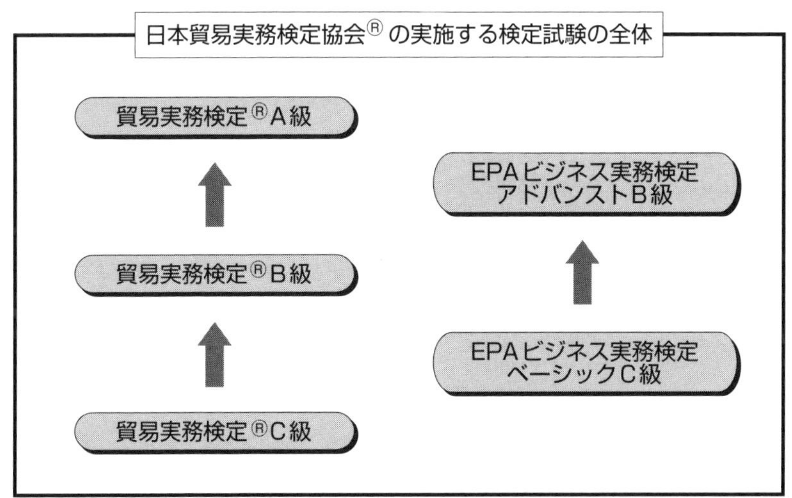

● 貿易実務検定®の特徴は、なんですか。

貿易実務検定®には8つの特徴があります。

①受験申込者数が約22万人のメジャーな検定

貿易実務検定®は、実績と経験を持つ唯一の貿易実務に関するメジャーな検定試験として受験者に認識され、1998年3月の第1回試験実施以来、およそ年間で13,000人を超える受験者が申込みをしています。ちなみに、2021年はおよそ13,400人の方が申込みをされました。

②幅広い受験者層

貿易実務検定®は、貿易・産業界でも注目されているため、学生から貿易・産業界の第一線で活躍されている人まで、幅広い層に支持されています。また、産業界では単なる推薦ではなく、メーカー・商社・貿易関連会社・人材派遣会社などで検定プログラムに準拠した研修等を行うなど、貿易実務検定®のプログラムそのものを採用しているところもあります。

③大学も注目—検定に準拠した教育

貿易実務検定®は、大学などの教育機関でも注目されています。たとえば、通関士試験の学習は貿易関連法規を中心に通関について深く掘り下げるのに対し、貿易実務検定®はマーケティング、商談、契約、代金決済、信用状、クレームなど、貿易実務について幅広く学習します。すでに一部の大学などでは、オープンカレッジや就職部などで検定プログラムに準拠した講座が行われています。

④スキルレベルごとの資格

貿易実務検定®は、知識ならびに経験レベルの異なる受験者のスキルに応じてＡ級・Ｂ級・Ｃ級と異なったレベルの試験を実施するなど、試験内容が充実している検定試験です。

⑤世間に通じる汎用性

貿易実務について幅広い知識や経験が必要な貿易実務検定®は、就職・転職・昇進にも結びつきます。もちろん、検定試験に合格すれば、自分の業務遂行能力を積極的にアピールすることができます。

⑥公開されている検定試験情報

貿易実務検定®では、1998年3月に第1回が開始されて以来、検定試験のレベル・範囲・出題形式・配点・合格基準・問題・解答および解説等、すべての情報が公開されています。もちろん、受験申込者・実際の受験者数・合格者数・合格率も公開されています。日本貿易実務検定協会®のWEBサイト（https://www.boujitsu.com/）を見れば、24時間世界中のどこからでもこれらの情報をキャッチできます。この情報公開により、受験する際の目標設定が容易になります。さらに、検定試験に合格することで、自分にどのような知識と業務遂行能力があるのかを把握することができます。これは、検定合格後に自分にどれだけの業務遂行能力が備わっているのかの客観的な証明ですから、自分の業務遂行能力を明確にアピールできるようになります。

⑦確実なスキルアップのための検定

貿易実務検定®では貿易実務の幅広い知識が求められるため、その学習を通して真に役立つ貿易実務を体系的に身に付けることができます。実務の世界は学問の世界とは異なり、権威ではなく実務遂行能力がすべてです。貿易実務検定®は、実際の業務で発生する実務を細かくすべて抽出し、それをA級・B級・C級のレベルに体系的に分類されているので、学習しやすく、ステップごとになにが重要な項目かを理解できる構成となっています。したがって、1つひとつのステップを上がっていくことにより、実際の業務で役立つ実務が確実に身に付いていく仕組みになっています。

⑧全国で行われている試験

貿易実務検定®は、東京・横浜・千葉・埼玉・名古屋・大阪・神戸・福岡・沖縄などの全国の会場で行われてきました。2020年以降はWEB試験へ移行しています。また、企業・学校・教育施設などでの団体受験も認められています（団体の構成員のみ受験可能）。これまで、札幌（北海道）・八戸（青森県）・浜松（静岡県）・岡山（岡山県）・北九州（福岡県）・さつま（鹿児島県）・那覇（沖縄県）など全国各地で開催されています。

● EPAビジネス実務検定®とは、何ですか。

EPA（経済連携協定）を有効に利用して、輸出入業務ができるように各EPAで定められている原産地規則、原産地手続などに特化した検定です。

TPP11や日EU協定、日米貿易協定、さらにRCEPも発効しました。そうなると国際取引の戦略をたてる場合、これらの知識が絶対的に必要になります。また、日常の貿易取引においても重要な知識となります。

このような背景から、EPAの実務知識や計画、戦略立案が効率的に学べ、かつスキルアップするための検定です。

●通関ビジネス実務検定MTとは、なんですか。

通関ビジネス実務検定MTとは、通関業者、貿易会社、商社、ロジスティクス関連の会社の従事者の方等を対象に、業務上必要な実務スキルを提供する目的で創設された検定です。

日頃、通関業に携わっていて、通関士試験を受けるほどではないが、ある程度の実務知識を要求される従事者の方、通関士試験の突破を目指している受験生の方、海外の取引が活発な企業への就職・転職を目指す方たちにとって、自己のスキルとして一定以上の通関知識を有していることを証明できる検定です。

●貿易実務検定®のレベルについて教えてください。

貿易実務検定®には、A級、B級、C級の3つのレベルが設定されています。それぞれの級のレベルを説明しましょう。

①貿易実務検定®A級

この級のレベル設定は、B級の内容をより実務的にしたもので、貿易実務業務において高度な判断業務を行うことができるレベルとしています。

おおむね3～4年以上の実務経験を有する方を対象としています。

試験は、選択式と記述式の2つの方法により行われます。

〈試験の内容〉

1）貿易実務（200点）

2）貿易実務英語（150点）

3）貿易マーケティング（100点）　　合計450点

②貿易実務検定®B級

貿易実務経験者の中堅層を対象としています。簡単な判断業務を行うことができるレベルです。

おおむね2年前後の実務経験を有する方を対象としています。

試験は、すべてマークシートで行われます。

1）貿易実務（150点）

2）貿易実務英語（100点）

3）貿易マーケティング（50点）　　合計300点

③貿易実務検定®C級

貿易実務の定型業務をこなすために必要な知識を試すレベルです。主に貿易実務の初心者のレベルです。これから貿易実務に就く方、貿易実務に就いて間もない方などが対象です。

試験は、すべてマークシートで行われます。

1）貿易実務（150点）

2）貿易実務英語（50点）　　合計200点

貿易実務検定®各級の出題範囲

	A級	B級	C級	
貿易と環境	△	△	△	科目「貿易実務」
貿易経済知識	○	○	△	
貿易の流れ	○	○	△	
貿易金融	○	○	△	
貿易書類	○	○	△	
貿易法務	○	○	△	
貿易税務	○	−	−	
通関知識	○	○	△	
貿易保険	○	○	△	
外国為替	○	△	△	
航空貨物	○	△	△	
クレーム	○	△	−	
マーケティング知識	−	−	△	
商業英単語	○	○	△	科目「貿易実務英語」
英文解釈	○	○	△	
英作文	○	−	−	
貿易マーケティング	○	△	−	科目「貿易マーケティング」

（△印は、きわめて基礎的な事項が出題されます。）

EPAビジネス実務検定®(ベーシック)の出題範囲

範囲	内容
(I)EPAに関する実務知識	(1)EPAと国際貿易体制
	①EPAと時事
	②GATTとWTO
	③世界の地域協定とメガEPA
	(2)EPA活用のための基本ルール
	①EPA活用のためのプロセス
	②譲許表の理解
	③原産地規則
	④積送基準
	⑤原産性の証明(原産地手続)
	(3)EPA活用のための関連知識
	①EPA活用の意義
	②グローバルサプライチェーンの最適化
	③グローバルロジスティクス上の課題
(II)EPAに関する事例	(1)品目分類の基本
	(2)譲許表分類
	(3)産品の判定
	(4)原産品申告書の作成
	(5)対比表等の作成に関する事例
	(6)グローバルサプライチェーン手法に関する事例
(III)EPAに関する周辺知識	(1)通関実務
	①輸出入通関
	②AEO制度
	(2)関税実務
	①関税評価
	②関税率
	③HSコードと品目分類の解釈
	(3)物流に関する知識
	①海上輸送
	②航空輸送
	③グローバルロジスティクス

これらの項目についてベーシックC級は基本的事項が出題され、アドバンストB級は基本・応用・実践的な知識が出題されます。

●貿易実務検定®B級とC級の違いをもう少し教えてください。

次の2つに分けて説明しましょう。

①対象者

1つの目安ですが、C級については、主として決まったルーティンワークを担当している人が対象です。たとえば、先輩、上司から指示された仕事を担当している人です。

B級の場合には、職場の中堅層を対象としています。したがって、ある程度の判断業務を含み、多少異なった仕事がきても自分で判断して正しい手続ができる人が対象です。

また、1つひとつの仕事について、その背景となる法律や仕組みが理解されていることが求められます。

問題作成は、このような観点からなされています。

②試験問題の内容と形式

〈内容の違い〉

C級の問題は、たとえば、「売買契約における品質決定の条件として、漁労品や木材等を売買する場合に、売買するに足る適切な品質を備えていることを示す条件をGMQという。」というように「～とは～という。」あるいは、「～とは、～である。」式の問が多く出題されます。実務のベースとなる基礎知識が正しく習得されているかを問うためのものです。

B級の段階では、これらの知識は、当然持っているという前提で問題が作成されます。

したがって、実際の書類が作成できるか、書類を読み取ってどのように対応したらいいかを的確に判断できるかなどが出題の対象になります。

具体的には、注文書を読んでインボイスを作成できるか、信用状を読んで条件に合った手形を作成できるか、B/Lから貨物がどのような方法で出荷されたか、また、どのような方法で輸送され、引き渡されるかを読み取れるかなどの問題が予想されます。

〈問題形式の違い〉

C級では「貿易実務」の中で出題される「貿易マーケティング」が、B級では独立した1つの科目として出題されます。

B級の貿易マーケティングの問題は、理論から実際の知識まで幅広く出題されているのが特徴です。

これは、貿易マーケティングの体系を知っておくと、実務上応用が効くと考えたからです。また、たとえば輸入についての問題では、なぜその商品をその国から輸入するのか（他の国よりメリットがある理由)、日本に持ってくるにあたってどのような問題が発生するか（たとえば法規制があるか）といったことまでを理解していることが求められます。

またB級では、「貿易実務英語」の配点がC級の2倍となり、英語力の要求度合いがさらに増します。

C級では、英単語の意味（語群選択式）と簡単な英文解釈（三答択一式）の出題が主ですが、B級では、長文の英文解釈、ビジネス文書（たとえば信用状、契約書など）の中での英文、単語などが出題されます。つまり、単に単語を覚えるのではなく、実務に出てくる形で英語が理解できているかが要求されます。

● B級試験に合格することにより客観的にどのようなメリットがありますか。

まず、受験することで自分の習得している知識・実務能力がどの程度のものか（どのくらい通用するか）を確認することができます。そして、試験の内容から、通常、中堅実務家としてどの程度の知識や実務能力が要求されているのかがわかります。

これまで輸入あるいは輸出のみに偏っていた知識が、B級受験の準備を行った結果バランスよく体系づけられた、という感想を、受験生の方からよくいただきます。

また、これまで行っていた仕事が正しく行われていたのかどうかの見直しができます。法的根拠もわかるようになり、正確で質の高い仕事ができるようになります。

貿易実務英語に関しても、貿易実務に必要な英語のレベルがわかり、まだそこまで到達していなかった場合でも、これからの努力目標とすることができます。そして、受験の準備を通して、活用頻度の高い英語の言い回しを習得でき、早速仕事に生かすことができるはずです。

● 現在の知識はC級レベルですが、将来、B級を受けるまでどのくらいの期間の学習が必要ですか。

効率的な学習により、3月にC級に合格された方が12月のB級試験に合格される例は、多くあります。つまり、約9か月の学習で合格されています。

また、必ずしも実務家の方ばかりではなく、学生の方をはじめ他業種の方も合格されています。

日本貿易実務検定協会®や協会で認定している講座などを活用されるとよいと思います（P29を参照してください）。

● A級の出題内容について教えてください。

【貿易実務検定®A級】

1　A級のレベル

おおむね3〜4年以上の実務経験のレベルです。貿易実務においてリーダー的な役割をしており、自分の責任において判断業務を行うことができる実力が必要です。

2　出題方式

実務知識の範囲自体はB級とさほど大きく変わりませんが、その実務の背景にある法律的な裏付けや各種条約、英米法の理解、周辺業務、関連業務の知識、そして何よりも実際に起こる1つひとつの事例の中でどのように判断して行動できるかという判断力が求められます。

このため、出題形式も次の2つに分かれてきます。

(1)　短答式

貿易実務の基礎知識については、C級、B級同様、短答式で出題されますが、その全体に占める割合はB級と比べて少なくなります。

また、単に運送についてだけ、保険についてだけというよりも、これらを複合的に組み合わせた問題が予想されます。たとえば、運送、保険、インコタームズなどが組み合わさって出題され、かつ、その法律的裏付けを問う問題が出題されています。

範囲についても、B級では出題されない「貿易税務」が出題されるほか、「外国為替」「航空貨物」「クレーム」などはB級では基礎的な知識のみでしたが、A級ではもっと実務的で詳細な内容になります。

(2) 事例式

A級では、B級までにない形式として、事例式の問題が出題されています。これは、ある具体的な事例が与えられ、それについてとるべき処置を、これまでの知識のすべてを動員して答えるものです。

ケースが特定されてきますので、そのケースの場合に限定してどのような手続が必要かを具体的に答えなければなりません。たとえば、ある貨物を輸入するとします。その貨物の場合には、輸入に関して他法令の許認可は必要なのか、必要とすれば主務官庁はどこなのか、どんな許認可をとればいいのか。また、為替変動リスクのカバーは必要か、その具体的方策は？　その貨物の関税にはどのような関税率が適用されるのか、その場合の税関への提出書類は？——といったように、1つの事例を多方面から検討する問題となります。

これまでの知識が曖昧だと、なかなか正解を答えられません。知識の整理と、全体観をよくつかんでおくことが大切になります。

事例式には、答えがあらかじめ与えられている選択式の場合と、記述式で答える場合の両方の出題形式があります。

3　出題内容

B級の内容に加え実務の背景知識として、たとえば次のような内容が出題されます。

（1）国をまたがる売買

A　国際物品売買契約

B　インコタームズ

C　契約の成立（英米法との関係）

D　所有権の移転

（2）国際物品運送

A　船荷証券統一条約

B　国際海上物品運送法

C　改正ワルソー条約

D　国際物品複合運送条約

E　国連／ICC統一条約

（3）国際貨物保険

A　海上保険の準拠法

B　保険代位

C　共同海損

（4）国際的な代金の決済

ネッティングの考え方

（5）製造物責任

各国の製造物責任の状況

（6）国際取引紛争の解決

（7）国際条約と国内の貿易関係法など

（8）貿易と税務

移転価格問題、関税評価

●試験科目とそのレベルについて教えてください。

各級の試験科目とそのレベルは、次のようになっています。

<table>
<tr><th>級</th><th colspan="3">試験科目・形式・出題数</th><th>配点</th><th>制限時間</th><th>レベル</th></tr>
<tr><td rowspan="3">A級</td><td>貿易実務</td><td>短答式（基礎知識）
短答式（応用知識）
事例式
記述式</td><td>問題数不特定</td><td>200点</td><td rowspan="3">3時間10分</td><td rowspan="3">おおむね3～4年以上の実務経験のレベル。貿易実務において判断業務を行うことができるレベル。</td></tr>
<tr><td>貿易マーケティング</td><td>選択式
語群選択式
四答択一式
計算問題
記述式</td><td>問題数不特定</td><td>100点</td></tr>
<tr><td>貿易実務英語</td><td>三答択一式
ビジネス文書
記述式
英文和訳
英文レター作成</td><td>問題数不特定</td><td>150点</td></tr>
<tr><td rowspan="3">B級</td><td>貿易実務</td><td>正誤（○×式）
選択式
語群選択式
四答択一式</td><td>問題数不特定</td><td>150点</td><td rowspan="3">2時間45分</td><td rowspan="3">おおむね2年前後の実務経験のレベル。貿易実務における中堅層を対象。</td></tr>
<tr><td>貿易マーケティング</td><td>正誤（○×式）
選択式
四答択一式
語群選択式</td><td>問題数不特定</td><td>50点</td></tr>
<tr><td>貿易実務英語</td><td>すべて三答択一式
英文解釈
和文英訳
主要用語
英文ビジネス文書</td><td>問題数不特定</td><td>100点</td></tr>
<tr><td rowspan="2">C級</td><td>貿易実務

※マーケティング知識は貿易実務の中で出題</td><td>正誤（○×式）
選択式
語群選択式
三答択一式</td><td>20題（30点）
20題（45点）
10題（30点）
15題（45点）</td><td>150点</td><td rowspan="2">2時間15分</td><td rowspan="2">おおむね1～3年の実務経験のレベル。定型業務をこなすための必要知識があるレベル。</td></tr>
<tr><td>貿易実務英語</td><td>英単語（語群選択式）
英文和訳（三答択一式）
英文ビジネス文書
（三答択一式）</td><td>20題（20点）
10題（20点）

2題（10点）</td><td>50点</td></tr>
</table>

※A級の各科目の配点・問題数はその都度変わる可能性があります。
※C級の各科目の配点・問題数は試験の実施方法により変更される可能性があります。

A級各科目の出題傾向

A級は、貿易業界において判断業務を行うことのできる実力を問うものです。1～2冊の本を読み合格とするレベルではありません。合格のためには、貿易業務の経験と経験を通した貿易についての深い知識が必要となります。

B級と異なる主な出題ポイントとしては、下の表に示すようなものがあげられます。

また、より詳しい外国為替や国際税務・貿易関係法の知識が要求されます。貿易マーケティングの知識については、B級より難易度が増し、経済状況から国際取引の動向を把握できるレベルが求められます。

(A級の内容)

キーワード	B級との相違点・出題ポイント
①国際物品売買	A級は、契約締結にあたり主導権を持って取り組むレベルが要求されるので、契約を履行する上で根拠となる各種国際条約や、規則、英米法についての理解と深い知識が問われます。 例）国際物品売買契約、インコタームズ、英米法 また、所有権の移転についても出題されます。
②国際物品運送	貿易取引に伴う各種運送契約および発行される運送書類について、それがどのような国際条約、法律に基づき、どのように運送が実行されるのか、また運送書類記載内容などについて、細かく具体的に出題されます。 例）船荷証券統一条約、国際海上物品運送法、改正ワルソー条約 国際物品複合運送条約
③国際貨物保険	保険証券記載約款の理解、免責事項の知識などが海上保険の準拠法に基づき出題されます。また、保険会社の代位請求の手続、共同海損適用時の手続などが問われます。
④国際的な代金の決済	多国籍企業の貿易も勘案し、ネッティングの考え方などが問われます。
⑤製造物責任	B級ではPL保険の基礎知識だけが問われますが、A級では保険以外にわが国の製造物責任法(PL法)に基づき製造物責任が発生する場合についても出題されます。 PL保険についても、適用できる場合や被保険者などについてかなり細かく出題されます。また、日本だけでなく、他国のPL保険についても簡単な知識が要求されます。
⑥国際取引紛争の解決	B級と比べて、細かく具体的に出題されます。 まず紛争に備えての契約書締結時の注意事項や契約書に盛り込むべき条項、実際に紛争が生じた場合の準拠法、裁判管轄権の問題、仲裁を選択する場合の手続などが問われ、仲裁条約についての正しい理解も必要です。
⑦国際条約と国内の貿易関係法など	各種国際条約にわが国が加盟することにより、その規定内容がわが国の国内法にどのように反映され、実際の貿易取引の場面ではどんな手続として要求されてくるのか(つまり手続の法的根拠)についての正しい理解について出題され、実務で判断業務を執り行う力量があるかどうかが問われます。
⑧貿易と税務	A級は移転価格問題などを中心に出題されます。税務の細かい内容ではなく、取引価格に税金がどのように反映されるかという観点で出題されます。

B級各科目の出題傾向

B級では、実務について問われる知識が深化し、細かい手続や法的根拠、書類の知識などが問われ、難易度が増しています。特に法務の知識が問われていますが、これは貿易業務の中堅層として、時にはある程度の判断業務をこなしつつ、正しい手続をできることが要求されているためです。C級と異なる主な出題ポイントは、下の表のようになります。

（B級の内容）

キーワード	C級との相違点・出題ポイント
①貿易と環境	C級で取り上げる国際的取決めはもちろんのこと、各取決めから制定された国内法（たとえば外為法）について、細かくその手続や例外が問われます。
②WTO（GATT）	「貿易経済知識」科目のほか「貿易法務」「通関知識」など広範囲の科目で問われています。これもWTO関連の国内法にもとづく手続をきちんと理解しておくことが必要です。
③インコタームズ	FOB、CFR、CIF、FCA、CPT、CIPの6つについては、特にその売主・買主の義務について理解しておくことが必要です。 貿易運送や貨物保険と絡んで頻繁に出題される重要項目です。
④信用状と信用状統一規則	「貿易法務」「貿易書類」などの科目で、信用状統一規則に定められた手続について細かく出題されます。特に運送書類に関する規定には注意が必要です。
⑤貨物保険	C級と比べて難易度が高くなっています。保険約款と貿易運送形態との関係の整理が必要です。インコタームズとの関連問題も非常によく出題されます。
⑥貿易運送	海上輸送、航空輸送、国際複合輸送について、その契約の種類や運賃、運送状などの手続をかなり細かく問われます。特に航空輸送についてはC級より「航空貨物」について細かく問われますので、通関手続、貨物保険などの整理が必要です。
⑦貿易保険	輸出手形保険が中心に出題されることはC級と同様ですが、海外商社名簿の格付け、輸出手形保険の細かい手続まで問われます。
⑧PL保険	約款、カバーされる対象、被保険者、保険期間などが問われます。
⑨契約書	法的な面が細かく問われ、C級と比べて難化しています。
⑩関税の知識	関税をいかに抑えるかが輸入者の関心事のため、関税評価申告、減免税、特恵関税、納期限の延長などの手続について問われます。
⑪クレーム	B級からの科目で、クレームの種類、手続の手順、法的根拠、紛争の解決策などが出題されます。

C級各科目の出題傾向

次に、C級各科目の出題のポイントは、下の表のようになります。

（C級の内容）

	キーワード	特に重要な出題ポイント
貿易実務	①貿易と環境	(1)ワシントン条約に関する規制 (2)モントリオール議定書に関するオゾン層を破壊する物質の規制 (3)バーゼル条約に関する特定有害廃棄物の規制
	②貿易経済知識	(1)GATTとWTO (2)日本の貿易の現状（産業の空洞化） (3)貿易摩擦と規制緩和 (4)経済圏の構築（EU、FTAなど）
	③貿易の流れ	(1)貿易取引の仕組みの全体像の理解 (2)いろいろな貿易取引 (3)信用状取引の流れ
	④貿易金融	(1)信用状の種類 (2)信用状に基づく荷為替手形の買取 (3)シッパーズ・ユーザンス（期限付手形） (4)本邦ローン
	⑤貿易書類	(1)コンテナ船の貨物の積み卸し（CY、CFS、FCL、LCL） (2)在来船の貨物の積み卸し (3)航空貨物の積み卸し (4)各種船積書類の作成 (5)運送書類の知識 (6)輸出手続の手順と書類 (7)輸入手続の手順と書類
	⑥貿易法務	(1)契約締結までの取引交渉 (2)契約書 (3)各種取引条件 (4)他法令 (5)インコタームズにおける輸出入者の責任範囲 (6)信用状と船積書類
	⑦通関知識	(1)輸出入申告の方法・内容 (2)貿易管理制度（輸出入に係る許認可） (3)関税制度（税率の種類、保税の知識、減免税制度、特恵関税など）
	⑧貿易保険	(1)貨物海上保険（予定保険と確定保険、基本条件など） (2)貿易保険（輸出手形保険） (3)PL保険（輸出用、国内用）
	⑨外国為替	(1)外国為替とは？ (2)外国との決済手段 (3)為替変動リスクの回避 (4)外国為替相場（種類、手形の買取相場・決済相場、先物相場）
	⑩マーケティング知識	(1)市場調査 (2)取引先の発見 (3)信用調査
貿易実務英語		(1)取引交渉時のビジネス・レターより基本的表現 (2)貿易書類やビジネス・レター中の重要貿易実務英語

●学習するためにどのようなテキストを使用したらよいでしょうか。

貿易実務に関する書物が多く出版されています。これらのうち、自分にあったものを選び学習するとよいでしょう。

日本貿易実務検定協会®でも検定試験に準拠する書物をいくつか出版しています。

『最新貿易実務ベーシックマニュアル』（MHJ出版）

『図解　貿易実務ハンドブック　ベーシック版　第7版』、『貿易実務ハンドブック　アドバンスト版　第5版』、『改訂13版　めざせ！貿易実務検定®』（日本能率協会マネジメントセンター）日本貿易実務検定協会®編

これらが、貿易実務検定®の主たるテキストです。

このほか、A級・B級を受験する方のため、中～上級の学習者向けの『貿易実務アドバンストマニュアル』（MHJ出版）があります。

また、貿易実務検定®を学習するにあたり、英語が苦手な方が、貿易実務英語の基礎から実際に使える貿易実務英語までをステップ方式で学習できるものが次のテキストです。

『改訂版　貿易実務英語の基礎』（日本能率協会マネジメントセンター）日本貿易実務検定協会®編

なお、EPA検定用のテキストは、『EPAビジネス実務検定受験の指針（ベーシック版）』（MHJ出版）があります。

●貿易に関する用語辞典は、そろえておくべきですか。

貿易実務を行うにあたって、用語辞典があると、なにかと便利です。

『貿易用語辞典』（白桃書房）石田貞夫著

この辞典は、学習者、実務家にとって大変評判のよい辞典です。

●貿易の入門書には、どのような本がありますか。

入門書となるわかりやすい参考書には、たとえば、次のものがあります。

①『改訂版　絵でみる貿易のしくみ』（日本能率協会マネジメントセンター）片山立志著

②『改訂3版　よくわかる貿易実務入門』（日本能率協会マネジメントセンター）片山立志著

③『マンガでやさしくわかる貿易実務』（日本能率協会マネジメントセンター）片山立志著

④『マンガでやさしくわかる貿易実務　輸入編』（日本能率協会マネジメントセンター）片山立志著

●過去問題集は、ありますか。

貿易実務検定®をはじめ各種検定の過去問題集は、日本貿易実務検定協会®で扱っています。この問題集については、現在のところ書店では扱っていません。詳しいことは、インターネットでご覧になるか、直接、協会事務局までお問い合わせください。

日本貿易実務検定協会®
〒163－0825
東京都新宿区西新宿2-4-1
新宿NSビル25階
㈱マウンハーフジャパン内
電話　03－6279－4730　　FAX　03－6279－4190

● 協会の情報をパソコンや携帯電話で見ることができますか。

（1）WEBサイト

協会事務局では、WEBサイトを開設しています。

WEBサイトのアドレスは、次の通りです。

https://www.boujitsu.com/

ここでは、次の事項が紹介されています。

①各年の検定試験の日程、受験要項、受験申込受付期間
②受験要項の配布期間中には、WEBサイトでも要項を見ることができます。
③各回の合格率、合格者数、受験者数の最新データ
④検定の試験内容、出題例
⑤直前対策講座のお知らせ
⑥通信講座のご案内
⑦書籍ご注文方法

MHJストアから検定試験の申込み・書籍・講座のご注文を受付けています。法人の方は別途お問合せください。

● 貿易実務検定®の受験申込には「MHJストア」をご利用ください。

日本貿易実務検定協会®のWEBサイト「MHJストア」より受験申込などをお手続きください。当協会WEBサイトより受験申込された場合、受験生の方一人ひとりのスキルを管理することができます。また、貿易実務検定®のみならず、関連するマーケティング・ビジネス実務検定®などのための学習管理も可能です。

このほか、下記のようなベネフィットがあります。

1、自分の受験履歴・合格履歴等をすぐチェックできる。

「貿易実務検定®」などの受験や合否の履歴、また講座の受講履歴や、テキスト購入履歴などがいつでも確認できて、大変便利です。

２、受験申込みの際も入力の手間が省ける。

これまで、受験申込みやテキストなどの購入のたびに入力しなければならなかった「お名前」「ご住所」「電話番号」などの入力が省略できます。

３、合格証書がWEB上にて届きます。

当協会にて各受験者用ページ上で合格証書を発行できますので、必要な際にいつでも印刷可能です。もちろん従来通り、紙面の合格証書の発行も受付しています（有料）。

４、学習レベルや、ニーズに見合った案内を提供される。

有益な情報のほか知識習得状況やニーズに合った学習案内を、随時当協会WEB上より発信いたします。

５、クレジット決済が可能。

当協会WEB上よりお申込みいただくと、受験料の決済方法は、「銀行振込」または「クレジット決済」が選択できます。

MHJストアへは以下のURL等、またはインターネットの検索欄に「マウンハーフジャパン」とご入力ください。

https://www.mhjcom.jp/

このような便利な機能を利用し、貿易実務検定への対策を有効活用ください。

●貿易実務検定®の対策講座は、ありますか。

協会主催の検定試験対策講座のほか、専門学校などが貿易実務検定®に準拠した講座を開設しています。

〈協会主催の対策講座〉

	講座名	内容	会場
①	C級対策講座	全6回の貿易基礎講座を開催しています。	東京
②	C級1日集中講座	試験直前の対策講座です。	東京・大阪
③	B級対策講座	全6回の貿易中級講座を開催しています。	東京
④	B級1日集中講座	試験直前の対策講座です。	東京・大阪
⑤	A級対策講座	全6回の貿易書類作成講座を開催しています。	東京
⑥	A級1日集中講座	試験直前の対策講座です。	東京
⑦	新貿易実務通信講座（C級対応）	通信教育にて、貿易基礎講座を行っています。	全国
⑧	貿易実務中級通信講座（B級対応）	通信教育にて、貿易中級講座を行っています。	全国

なお、詳しくは、協会事務局までお問い合わせください。各種講座および通信教育の申込みは、インターネットでもできます。

〈その他の講座〉

日本貿易実務検定協会®と密接な連絡をとり貿易実務検定®に準拠した講座を開講している大学や専門学校、予備校、企業などは、次の通りです。直接、これらの教育機関にお問い合わせください。

①株式会社マウンハーフジャパン

（通信教育（DVD学習およびEラーニング）等）

〒163－0825

東京都新宿区西新宿2－4－1

新宿NSビル25階

https://www.mhjcom.jp/

②たのまな 通信講座ヒューマンアカデミー

〒160－0022

東京都新宿区新宿3－1－13　京王新宿追分ビル8階

https://www.tanomana.com/

③日本能率協会マネジメントセンター

ラーニングデベロップメント本部（通信教育）

〒103－6009

東京都中央区日本橋2－7－1　東京日本橋タワー

https://www.jmam.co.jp/

④資格の学校 TAC

〒101－8383

東京都千代田区三崎町3－2－18　TAC本社ビル

https://www.tac-school.co.jp/

⑤外語ビジネス専門学校

〒210－0007

神奈川県川崎市川崎区駅前本町22－1

https://www.cbc.ac.jp/

⑥資格の大原　名古屋校

〒450－0002

愛知県名古屋市中村区名駅3－20－8

https://www.ohara.ac.jp/nagoya/shakai/

⑦スクールきづ（大阪）

〒530－0012

大阪府大阪市北区芝田1－4－17－208

https://school-kizu.jp/

⑧福岡大学キャリアセンター

〒814－0180

福岡県福岡市城南区七隈8－19－1

https://acex.jsysneo.fukuoka-u.ac.jp/extension/

●私は、現在「通関士」の勉強をしていますが、試験内容は異なりますか。

同じ貿易に関する試験ではありますが、試験の目的、内容などが異なります。通関士は、通関業者の営業所に必ず必要な人で、財務省・税関が行う国家試験に合格していなければなりません。

試験は、関税法、関税定率法、関税暫定措置法、外為法など貿易関連法規と、輸出・輸入通関実務が中心になります。

つまり、貿易実務のうち、通関という部分を深く掘り下げて学習することになります。そして、資格取得のためには、貿易関連の法律をしっかりと学ぶことになります。

通関士試験合格レベルの貿易関連法務の知識を持つというのは、非常に重要なことです。法治国家では、法を知らないことは、自信を持って実務を行えないに等しいことです。

ところで、貿易実務の学習は、これらの法を学ぶだけではありません。もっともっと、その範囲は、広いものですし、法律を学ぶよりも興味深いものがあるでしょう。また、通関士の学習だけでは、信用状のこと、貿易金融のこと、マーケティングのこと、海上輸送のこと、クレームのことは、わかりません。船積書類のこともわかりません。このようなことから、通関士の勉強と貿易実務の勉強を合わせて行うと学習した事柄の相乗効果があるでしょう。貿易実務の学習は、通関士の学習と比べより幅があるといえるかもしれません。通関士の学習については、『通関士試験合格ハンドブック』（日本能率協会マネジメントセンター）などを参照してください。

●貿易実務検定®は、毎年いつごろ行われるのですか。

毎年3月、5月、7月、10月、12月の年5回実施されます。具体的な日程は日本貿易実務検定協会®のWEBサイトや受験要項などで確かめてください。

●試験の時間割りは、どのようになっていますか。

各級の時間割りや開始時間などは、試験ごとに異なります。必ず受験要項で確かめてください。

●受験要項の確認方法を教えてください。

試験実施日のおおよそ2か月前から公開いたします。試験のお申込み受付日と同日の公開となりますので、年間予定をご参照ください。WEBサイトでも確認することができます。

●受験申込み受付は、いつからいつまでですか。

おおよそ2か月前から申込みの受付けが始まり、2週間前に締め切ります。しかし、これは目安ですので、必ず、受験要項を参照してください。申込み期間中にWEBサイトから申込み、かつ受験料は受付締切日までに決済手続を完了してください。

なお、WEBサイトでは締切日の正午までお申込みを受付けています。

●受験場所は、どこですか。

現在のところ、B級・C級はWEB試験を実施し、A級試験のみ東京、名古屋、大阪で行われています。

また、学校や企業で10名以上の受験生が集まった場合には、学校や企業で受験できる団体受験という制度もあります。

団体受験をお考えの場合には、事前に協会事務局にご相談ください。試験ごとに、団体受験の案内書が作成されています。

●具体的な合格点を教えてください。

C級の合格点は、200点満点で160点（80％）を基準点として、試験委員長の定める点です。

B級の合格点は、300点満点で210点（70％）を基準点として、試験委員長の定める点です。

A級の場合は、試験ごとに基準点が決定されます。

●貿易実務検定®の科目が免除される場合とは、どんな場合ですか。

これには、C級「貿易実務英語」科目免除制度と、B級「貿易マーケティング」科目免除制度があります。

①C級「貿易実務英語」科目免除制度

C級の貿易実務英語で80％の成績（50点満点中40点以上の得点）を修められた方で、残念ながらC級が不合格になった方は、次回より１年間のC級試験における貿易実務英語の科目が免除されます。免除該当者には、検定協会から通知されます。

②B級「貿易マーケティング」科目免除制度

国際実務マーケティング協会®（https://www.marke.jp）が主催する「マーケティング・ビジネス実務検定®」試験のC・B・A級いずれかの級に合格された方は、次回より計3回、貿易実務検定®B級試験における貿易マーケティングの科目が免除されます。

これらの免除を受けるためには、受験申込みの際に必ずその旨（免除番号）を申込書に記入してください。申込みの際に申請がない場合には、免除扱いにはなりませんので、注意してください。

●合格者のための「ロゴマーク」について教えてください。

貿易実務検定®合格者の方は、称号をロゴのサービスを通じて合格年から4年間利用していただけます。これは、貿易実務検定®に合格された方のみが利用できるもので、合格された級を表示します。

たとえば、B級合格者の方は「Trade Professional B」のロゴが利用できます。

これを名刺などに貼りつけることにより、自分のレベル、努力、仕事に対する熱意を表現できます。ロゴマークは、複数ありますが、自分に合ったものを利用できます。また、それぞれのデザインのコンセプトも書かれていますので、そちらもご覧ください。ぜひ、合格者の方は、ご活用ください。

なお、ロゴのダウンロードは、合格発表から4年間行うことができます。

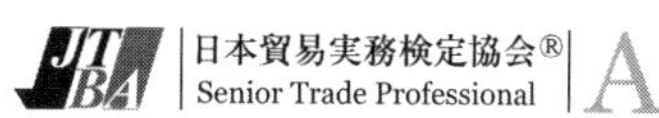

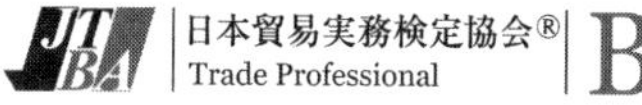

2015年よりA級と準A級を統合し、C級・B級・A級の３区分で実施しています。

▼ C級

回数	年　月	受験申込者数	実受験者数	合格者数	合格率
第１回	平成10年 3月	874名	787名	599名	76.1%
第２回	平成10年12月	534名	453名	272名	60.0%
第３回	平成11年 3月	915名	807名	335名	41.5%
第４回	平成11年 7月	914名	796名	465名	58.4%
第５回	平成11年12月	713名	620名	338名	54.5%
第６回	平成12年 3月	1,339名	1,174名	534名	45.5%
第７回	平成12年 7月	948名	846名	387名	45.7%
第８回	平成12年12月	1,052名	925名	285名	30.8%
第９回	平成13年 3月	1,369名	1,193名	802名	67.2%
第10回	平成13年 7月	1,053名	949名	576名	60.7%
第11回	平成13年12月	1,352名	1,201名	796名	66.3%
第12回	平成14年 3月	1,377名	1,242名	695名	56.0%
第13回	平成14年 7月	1,242名	1,137名	399名	35.1%
第14回	平成14年12月	1,797名	1,648名	1,143名	69.4%
第15回	平成15年 3月	1,625名	1,473名	717名	48.7%
第16回	平成15年 7月	1,818名	1,614名	920名	57.0%
第17回	平成15年12月	2,104名	1,893名	875名	46.2%
第18回	平成16年 3月	1,905名	1,733名	660名	38.1%
第19回	平成16年 7月	1,848名	1,612名	747名	46.3%
第20回	平成16年12月	2,333名	2,100名	1,010名	48.1%
第21回	平成17年 3月	2,230名	1,906名	767名	40.2%
第22回	平成17年 7月	2,134名	1,927名	902名	46.8%
第23回	平成17年12月	2,798名	2,342名	1,565名	66.8%
第24回	平成18年 3月	2,226名	1,854名	939名	50.6%
第25回	平成18年 7月	2,261名	1,917名	985名	51.4%
第26回	平成18年12月	2,935名	2,475名	1,653名	66.8%
第27回	平成19年 3月	2,179名	1,939名	865名	44.6%
第28回	平成19年 7月	2,254名	2,016名	1,092名	54.2%
第29回	平成19年12月	2,781名	2,473名	1,176名	47.6%
第30回	平成20年 3月	2,421名	2,169名	1,175名	54.2%
第31回	平成20年 7月	2,725名	2,215名	1,396名	63.0%
第32回	平成20年12月	2,833名	2,527名	1,220名	48.3%
第33回	平成21年 3月	2,754名	2,174名	1,085名	49.9%
第34回	平成21年 7月	2,482名	2,246名	1,148名	51.1%
第35回	平成21年12月	2,757名	2,486名	1,384名	55.7%
第36回	平成22年 3月	2,172名	1,959名	835名	42.6%
第37回	平成22年 7月	2,151名	1,916名	942名	49.2%

▼ C級（つづき）

回数	年　月	受験申込者数	実受験者数	合格者数	合格率
第38回	平成22年10月	1,570名	1,439名	625名	43.4%
第39回	平成22年12月	2,376名	2,161名	1,062名	49.1%
第40回	平成23年 3月	2,385名	2,105名	1,108名	52.6%
第41回	平成23年 7月	2,521名	2,154名	1,070名	49.7%
第42回	平成23年10月	1,652名	1,460名	820名	56.2%
第43回	平成23年12月	2,403名	2,087名	993名	47.6%
第44回	平成24年 3月	2,795名	2,257名	1,430名	63.4%
第45回	平成24年 7月	2,596名	2,106名	1,258名	59.7%
第46回	平成24年10月	1,951名	1,547名	944名	61.0%
第47回	平成24年12月	2,730名	2,218名	1,193名	53.8%
第48回	平成25年 3月	2,829名	2,293名	1,287名	56.1%
第49回	平成25年 7月	2,691名	2,236名	1,138名	50.9%
第50回	平成25年10月	1,743名	1,409名	896名	63.6%
第51回	平成25年12月	2,454名	2,003名	1,316名	65.7%
第52回	平成26年 3月	2,631名	2,134名	1,311名	61.4%
第53回	平成26年 5月	1,209名	877名	575名	65.6%
第54回	平成26年 7月	1,917名	1,588名	875名	55.1%
第55回	平成26年10月	1,818名	1,387名	778名	56.1%
第56回	平成26年12月	2,465名	2,042名	1,247名	61.1%
第57回	平成27年 3月	2,202名	1,631名	1,040名	63.8%
第58回	平成27年 5月	1,453名	1,112名	587名	52.8%
第59回	平成27年 7月	2,086名	1,727名	923名	53.4%
第60回	平成27年10月	1,766名	1,414名	850名	60.1%
第61回	平成27年12月	2,447名	2,059名	1,201名	58.3%
第62回	平成28年 3月	2,628名	2,189名	1,261名	57.6%
第63回	平成28年 5月	1,467名	1,141名	628名	55.0%
第64回	平成28年 7月	1,910名	1,603名	765名	47.7%
第65回	平成28年10月	1,814名	1,492名	1,109名	74.3%
第66回	平成28年12月	2,252名	1,860名	1,111名	59.7%
第67回	平成29年 3月	2,158名	1,782名	1,034名	58.0%
第68回	平成29年 5月	1,238名	957名	443名	46.3%
第69回	平成29年 7月	1,763名	1,450名	830名	57.2%
第70回	平成29年10月	1,731名	1,386名	745名	53.8%
第71回	平成29年12月	2,245名	1,833名	920名	50.2%
第72回	平成30年 3月	2,154名	1,711名	999名	58.4%
第73回	平成30年 5月	1,270名	957名	528名	55.2%
第74回	平成30年 7月	1,770名	1,467名	805名	54.9%
第75回	平成30年10月	1,569名	1,271名	750名	59.0%
第76回	平成30年12月	2,009名	1,792名	1,099名	61.3%
第77回	平成31年 3月	2,049名	1,722名	911名	52.9%

▼ C級（つづき）

回数	年　月	受験申込者数	実受験者数	合格者数	合格率
第78回	令和元年　5月	1,368名	1,064名	681名	64.0%
第79回	令和元年　7月	1,779名	1,528名	841名	55.0%
第80回	令和元年 10月	1,509名	1,284名	924名	72.0%
第81回	令和元年 12月	1,842名	1,575名	1,029名	65.3%
第82回	令和2年　3月	2,022名	1,557名	1,080名	69.4%
第83回	令和2年　5月	1,644名	1,601名	1,099名	68.6%
第84回	令和2年　7月	2,356名	2,215名	1,509名	68.1%
第85回	令和2年 10月	2,281名	2,111名	1,401名	66.4%
第86回	令和2年 12月	2,192名	1,983名	1,316名	66.4%
第87回	令和3年　3月	2,376名	2,155名	1,335名	61.9%
第88回	令和3年　5月	1,608名	1,417名	901名	63.6%
第89回	令和3年　7月	1,752名	1,603名	1,055名	65.8%
第90回	令和3年 10月	1,772名	1,639名	1,118名	68.2%
第91回	令和3年 12月	2,073名	1,906名	1,228名	64.4%
第92回	令和4年　3月	2,122名	1,958名	1,289名	65.8%
第93回	令和4年　5月	1,429名	1,292名	834名	64.6%
第94回	令和4年　7月	1,422名	1,278名	780名	61.0%
第95回	令和4年 10月	1,600名	1,452名	883名	60.8%
第96回	令和4年 12月	1,877名	1,723名	1,047名	60.8%
累計		186,946名	160,144名	90,499名	56.5%

▼ B級

回数	年　月	受験申込者数	実受験者数	合格者数	合格率
第 1 回	平成10年12月	342名	271名	81名	29.9%
第 2 回	平成11年 3月	366名	292名	137名	46.9%
第 3 回	平成11年 7月	365名	303名	61名	20.1%
第 4 回	平成12年 3月	656名	536名	92名	17.2%
第 5 回	平成12年12月	436名	338名	47名	13.9%
第 6 回	平成13年 3月	535名	427名	198名	46.4%
第 7 回	平成13年 7月	424名	360名	148名	41.1%
第 8 回	平成13年12月	604名	508名	171名	33.7%
第 9 回	平成14年 3月	713名	620名	240名	38.7%
第10回	平成14年 7月	526名	441名	116名	26.3%
第11回	平成14年12月	653名	534名	183名	34.3%
第12回	平成15年 3月	877名	761名	349名	45.9%
第13回	平成15年 7月	746名	632名	149名	23.6%
第14回	平成15年12月	843名	717名	296名	41.3%
第15回	平成16年 3月	966名	854名	339名	39.7%
第16回	平成16年 7月	760名	617名	199名	32.3%
第17回	平成16年12月	906名	739名	342名	46.3%

▼ B級（つづき）

回数	年　月	受験申込者数	実受験者数	合格者数	合格率
第18回	平成17年 3月	1,036名	877名	317名	36.1%
第19回	平成17年 7月	781名	758名	261名	34.4%
第20回	平成17年12月	913名	705名	309名	43.8%
第21回	平成18年 3月	1,100名	876名	319名	36.4%
第22回	平成18年 7月	772名	607名	332名	54.7%
第23回	平成18年12月	917名	691名	335名	48.5%
第24回	平成19年 3月	1,015名	854名	361名	42.3%
第25回	平成19年 7月	863名	711名	272名	38.3%
第26回	平成19年12月	1,034名	865名	271名	31.3%
第27回	平成20年 3月	1,079名	924名	323名	35.0%
第28回	平成20年 7月	1,046名	792名	320名	40.4%
第29回	平成20年12月	1,088名	920名	279名	30.3%
第30回	平成21年 3月	1,196名	926名	400名	43.2%
第31回	平成21年 7月	867名	743名	378名	50.9%
第32回	平成21年12月	1,120名	951名	478名	50.3%
第33回	平成22年 3月	990名	831名	277名	33.3%
第34回	平成22年 7月	793名	670名	223名	33.3%
第35回	平成22年12月	878名	760名	382名	50.3%
第36回	平成23年 3月	937名	804名	297名	36.9%
第37回	平成23年 7月	814名	649名	290名	44.7%
第38回	平成23年12月	932名	789名	501名	63.5%
第39回	平成24年 3月	1,088名	824名	350名	42.5%
第40回	平成24年 7月	1,089名	838名	379名	45.2%
第41回	平成24年12月	1,287名	977名	495名	50.7%
第42回	平成25年 3月	1,246名	936名	570名	60.9%
第43回	平成25年 7月	1,048名	827名	401名	48.5%
第44回	平成25年12月	1,091名	821名	362名	44.1%
第45回	平成26年 3月	1,119名	877名	360名	41.0%
第46回	平成26年 7月	953名	738名	323名	43.8%
第47回	平成26年12月	1,066名	831名	517名	62.2%
第48回	平成27年 3月	1,034名	843名	399名	47.3%
第49回	平成27年 7月	1,009名	831名	352名	42.4%
第50回	平成27年12月	1,136名	877名	370名	42.2%
第51回	平成28年 3月	1,180名	946名	470名	49.7%
第52回	平成28年 7月	1,028名	805名	358名	44.5%
第53回	平成28年12月	1,182名	928名	513名	55.3%
第54回	平成29年 3月	1,009名	810名	414名	51.1%
第55回	平成29年 7月	873名	684名	332名	48.5%
第56回	平成29年12月	1,002名	779名	327名	42.0%
第57回	平成30年 3月	860名	679名	340名	50.1%

▼ B級（つづき）

回数	年　月	受験申込者数	実受験者数	合格者数	合格率
第58回	平成30年 7月	769名	632名	302名	47.8%
第59回	平成30年12月	857名	690名	375名	54.3%
第60回	平成31年 3月	815名	653名	337名	51.6%
第61回	令和元年 7月	864名	696名	377名	54.2%
第62回	令和元年 12月	922名	757名	382名	50.5%
第63回	令和2年 3月	916名	641名	348名	54.3%
第64回	令和2年 7月	1,538名	1,442名	772名	53.5%
第65回	令和2年 12月	1,087名	958名	504名	52.6%
第66回	令和3年 3月	1,448名	1,255名	654名	52.1%
第67回	令和3年 7月	1,072名	933名	493名	52.8%
第68回	令和3年 12月	1,069名	941名	473名	50.3%
第69回	令和4年 3月	941名	729名	362名	49.7%
第70回	令和4年 7月	840名	701名	341名	48.6%
第71回	令和4年 12月	936名	813名	395名	48.6%
累計		65,263名	53,345名	23,820名	44.7%

▼ 準A級

回数	年　月	受験申込者数	実受験者数	合格者数	合格率
第 1 回	平成14年12月	82名	69名	18名	26.1%
第 2 回	平成15年12月	130名	114名	37名	32.5%
第 3 回	平成16年12月	193名	170名	54名	31.8%
第 4 回	平成17年 7月	111名	91名	31名	34.1%
第 5 回	平成17年12月	198名	156名	51名	32.7%
第 6 回	平成18年 7月	181名	145名	56名	38.6%
第 7 回	平成18年12月	209名	161名	49名	30.4%
第 8 回	平成19年 7月	187名	164名	44名	26.8%
第 9 回	平成19年12月	196名	157名	41名	26.1%
第10回	平成20年 7月	210名	169名	56名	33.1%
第11回	平成20年12月	164名	129名	46名	35.7%
第12回	平成21年 3月	160名	133名	59名	44.4%
第13回	平成21年 7月	155名	130名	41名	31.5%
第14回	平成21年12月	147名	121名	44名	36.4%
第15回	平成22年 3月	164名	131名	38名	29.0%
第16回	平成22年 7月	146名	122名	41名	33.6%
第17回	平成22年12月	130名	113名	38名	33.6%
第18回	平成23年 7月	145名	121名	39名	32.2%
第19回	平成23年12月	135名	110名	30名	27.3%
第20回	平成24年 3月	179名	158名	41名	25.9%
第21回	平成24年12月	204名	177名	60名	33.9%
第22回	平成25年 3月	206名	160名	56名	35.0%

▼ 準A級（つづき）

回数	年　月	受験申込者数	実受験者数	合格者数	合格率
第23回	平成25年12月	219名	165名	63名	38.2%
第24回	平成26年 3月	238名	222名	58名	26.1%
第25回	平成26年12月	218名	163名	76名	46.6%
累計		4,307名	3,551名	1,167名	32.9%

※26回以降はA級と統合しました。

▼ A級

回数	年　月	受験申込者数	実受験者数	合格者数	合格率
第 1 回	平成12年12月	68名	53名	4名	7.5%
第 2 回	平成14年 3月	91名	76名	5名	6.6%
第 3 回	平成15年 3月	56名	46名	4名	8.7%
第 4 回	平成16年 3月	81名	63名	4名	6.3%
第 5 回	平成17年 3月	93名	76名	7名	9.2%
第 6 回	平成18年 3月	96名	75名	6名	8.0%
第 7 回	平成19年 3月	86名	68名	4名	5.9%
第 8 回	平成20年 3月	84名	69名	4名	5.8%
第 9 回	平成21年 3月	42名	36名	3名	8.3%
第10回	平成23年 3月	40名	36名	4名	11.1%
第11回	平成27年 7月	203名	158名	49名	31.0%
第12回	平成27年12月	204名	159名	41名	25.8%
第13回	平成28年 7月	133名	125名	33名	26.4%
第14回	平成28年12月	166名	131名	44名	33.6%
第15回	平成29年 7月	133名	110名	42名	38.2%
第16回	平成29年12月	128名	101名	31名	30.7%
第17回	平成30年 7月	100名	72名	28名	38.9%
第18回	令和元年 7月	174名	142名	59名	41.5%
第19回	令和2年 10月	136名	111名	43名	38.7%
第20回	令和3年 10月	182名	158名	67名	42.4%
第21回	令和4年 10月	171名	148名	52名	35.1%
累計		2,467名	2,013名	534名	26.5%

業種別受験者数

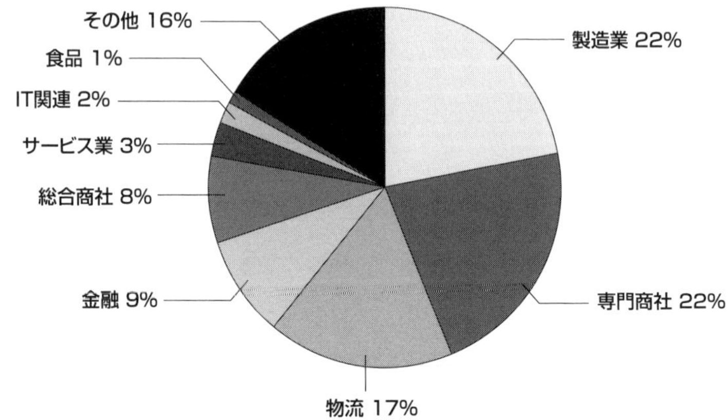
その他 16%
食品 1%
IT関連 2%
サービス業 3%
総合商社 8%
金融 9%
製造業 22%
専門商社 22%
物流 17%

年齢別合格者数(2022年度)

C級

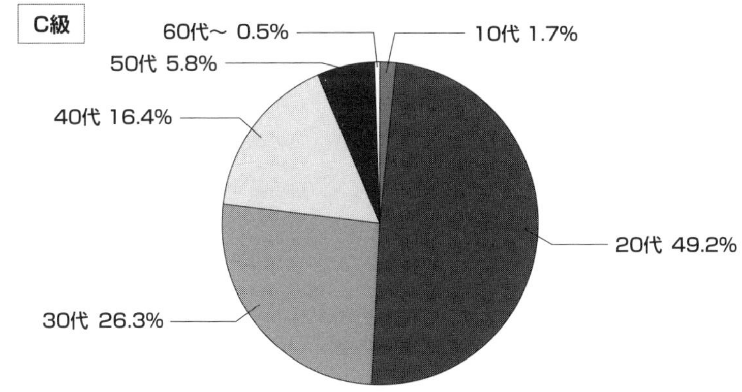

B級

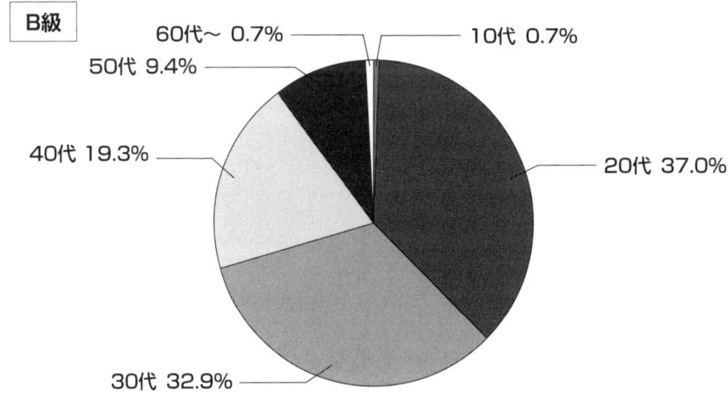

A級

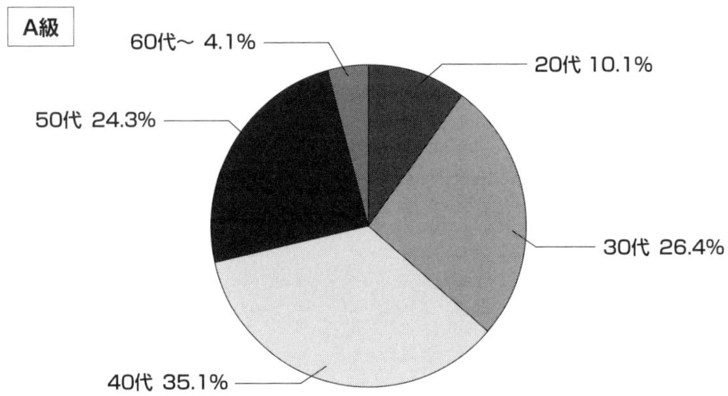

2 私はこうして貿易実務検定®に挑戦した

C級合格者

自分の将来のために

港湾職業能力開発短期大学校神戸校　港湾ロジスティクス科2年
横内　魁斗

私は、港湾職業能力開発短期大学校神戸校という学校に在学し、港湾や物流について学んでいます。入学したきっかけは高校を卒業後、正社員として働いていたのですが辞めてしまい、将来について考えている時に、港湾短大を卒業している父と兄に勧められ、オープンキャンパスに参加したことです。色々な資格取得に向けての勉強やサポートがしっかりしていたので入学を決めました。

学校では貿易実務検定の資格対策の授業もあります。10月入校ということもあり、入学してすぐの12月の試験の合格を目指して受験しましたが落ちてしまい、かなり悔しい思いをしました。まだ、基礎の部分の勉強が足りないと思い、来年度の7月の試験に狙いを絞り、コツコツと勉強を重ねました。試験後の自己採点では、合格基準の8割（160点）にわずかに届いておらずダメかと思いましたが、合格点の引き下げがあり、なんとか合格することができました。

私の勉強方法は、まず基礎から掘り下げて理解していこうと思い、日本貿易実務検定協会編纂である貿易実務検定のテキストを見ながら、分野ごとに勉強をしていました。

それと同時に貿易実務検定C級試験問題集を繰り返し何度も解くというやり方で勉強しました。

勉強にあたって一番苦労したのは、貿易実務英語でした。私は、元々英語が苦手な上、貿易実務英語は一般的な英語と違うので、貿易実務検定C級試験問題集を解きはじめた当初は4割程しか得点できませんでした。しかし、焦ることなく1つずつ単語をしっかりと覚えていくことで、徐々に得点を上げていくことができました。貿易実務英語は仕事で貿易書類を処理する時などに必要になってくるので、しっかりと覚えることが大事だと思います。

勉強をしていて、貿易実務英語と同じくらい苦労したのは、貿易条件（インコタームズ）の理解でした。各条件での貨物の費用負担、危険負担の範囲を覚えるのが難しかったですが、自分なりにノートにまとめてみるなどして、理解するようにしました。

少しずつの時間でもいいので、過去問題集を何度も解き、間違えたところや理解が足りない部分をテキストで確実に見直していくことで、理解を深めると共に出題傾向を把握でき、点数をとれるようになったと思います。

この貿易実務検定C級の勉強を通して、貿易という仕事について理解でき、貿易全体の流れをイメージできるようになりました。また、貿易書類の勉強をすることによって、貿易書類がどのように使われ、なぜ必要とされているのか、業務ごとにどのような書類が必要であるのかを理解することができるようになり、貿易について学ぶことの楽しさを感じることができました。

B級の合格は、将来貿易の仕事に就こうと考えている自分にとっては、ゴールではありません。貿易の世界にはまだまだ必要な資格があり、その資格に合格するために勉強を重ねなければなりません。現在は、より実務的な貿易書類や貿易マーケティングに苦労しながらも3月の合格を目指して貿易実務検定B級の試験に挑戦しています。

今後、貿易の仕事に就くにあたり、日本だけでなく世界に通用する人材になれるように努力していきたいと考えています。

C級合格者

異業種からの挑戦！
資格は私の財産であり武器

私立大学職員　宇野　綾

現在の仕事とまったく異なる業種である貿易に私が興味を持ったきっかけは、海外のネット通販でした。海外旅行先で買ったお土産や免税品には関税がかからず、日本に持ち帰ることが出来る理由を、貿易実務検定C級に合格した今なら理解できますが、当時は「関税って何？　安く買った意味がない。」と無知ゆえの憤りを感じていました。海外通販を国内通販と同じ感覚で利用したため、自分のしたことが個人輸入だと気付いていなかったのです。これをきっかけに貿易とは何かを知りたいと思うようになりました。

まずは独学で『図解　貿易実務ハンドブック　ベーシック版』（日本能率協会マネジメントセンター）を読みました。読み進めるうちに目新しい業種の世界にどんどん惹かれていき、貿易実務検定の資格を取ろう！と決意しましたが、あまりにも違いすぎる業種のため本を読むだけでは思うように理解を深めることができず、週末にスクールへ通うことにしました。約2か月間、同じ目標を持ったさまざまな業種、世代の方々と机を並べ、幅広い知識と数多くの経験を携えた素晴らしい先生にご指導いただき学べたことは、私にとってとても幸運でした。独学では曖昧だった知識が鮮明になり、それ以上の知識でもって推し進められる授業に必死でついていき、時にはクラスメイトと小テストで競い合いながら、無事に貿易実務検定C級に合格することができたのです。

授業で使用した教科書『貿易実務検定C級オフィシャルテキスト最新貿易実務ベーシックマニュアル』は、私が引いたラインマーカーと付箋だらけです。この中で私が一番理解と暗記するのに苦労したのが、一番はじめに習ったインコタームズ11種類でした。基本中の基本だと思いますが、貿易条件の日本語名・英語名、費用負担と危険負担の範囲など、なかなか覚えられなかったので、携帯電話で写真を撮り、通勤途中は携帯電話をにぎりしめてインコタームズと向き合う日々でした。これが分からないと、いくら試験が選択問題でも解くのは難しいと思いますので、皆さん頑張って覚えて下さい。

次に私が苦労したのが英語でした。中学生レベルぐらいで簡単だとおっしゃる方もいらっしゃいますが、貿易英語は専門的で私にははじめて見る単語ばかりでした。毎回授業前に前回の授業の小テストがあったのですが、いつもこの英単語の問題が足を引っ張っていました。これはさすがに覚えるしか方法はありませんが、『貿易実務検定C級試験問題集』の過去問題を解いていると、何度も同じ単語や文章が繰り返し出題されるので、自然と覚えることができます。私も試験前はこの問題集に助けられました。

独学で試験に挑まれる方や、私のようにスクールに通われる方など、勉強方法はいろいろあるかと思います。私は無事、貿易実務検定C級に合格することができたのは、スクールの先生が毎回授業に沿った過去問題を宿題に出して下さったからこそだと思っています。早い段階から出題傾向に慣れたことが合格への大きな勝因でした。独学の場合だと過去問題を解きはじめるのは基礎を理解した後なので、試験まで時間に余裕がある方は独学でも大丈夫だと思いますが、過去問題集だけは必ずすべて解いた方が絶対に良いと断言できます。

最後に、私は今、同じスクールの先生から通関士の資格を取る授業を毎週受けています。同じ貿易関係の資格ですが、これ以外にも貿易に関わる資格はたくさんあり、私の興味はしばらく尽きることがありません。通関士の資格を取った後、貿易実務検定B級、A級も取得するつもりでいます。特に目的もなく惹かれるままにはじめた貿易実務検定の取得。私は異業種に勤める身でアラフォーと呼ばれる年齢でもあり、中学生の息子を持つ母親でもあります。私の人生のビジョンはまだはっきりと想い描けませんが、学んだ知識や取得した資格は本物であり、私の財産です。可能な限り私はこれからもこの財産を増やし続け、自由貿易時代に対抗し得る武器にしたい。世界は広く、どの業種に就いても貿易なくして日本の発展は得られません。刻一刻と変化する時代の流れに戸惑うこともあるでしょう。しかし、私は多様な知識や資格でもって、これからの人生100年時代を「地道に、真摯に、幸せに！」乗り越えていきたいと思います。

B級合格者

学生時代からの目標、更に国際業務の上を目指して

外資系物流業　SCM、品質管理責任者　舟本　圭吾

私は大学時代に貿易マーケティングのゼミに所属し、いずれは貿易実務検定A級、通関士を目指したいという思いでおりました。最初の就職先が商社でしたので、本格的な貿易実務には携わっていなかったのですが、10年ほど前に外資系の貿易業界に転職し、貿易実務検定への勉強をスタートしました。2016年に貿易実務検定C級、2021年にB級、そして2022年にA級に合格しました。今回はB級に関して執筆をさせていただきます。

使用した教材は、「めざせ！　貿易実務検定」、「貿易実務アドバンストマニュアル」、「B級・A級のための貿易実務アドバンスト演習テキスト」、及び「貿易実務検定B級の過去問　(B級問題集に直近の本試験問題集が含むセット)」です。貿易実務アドバンストマニュアルはA級にも通じる内容で難易度が高いので、時間が無ければ貿易実務アドバンストマニュアルと過去問の反復対応で、本番の試験に十分対応できると思います。下記の勉強方法が参考になれば誠に幸甚の至りです。

・貿易マーケティング

「貿易実務アドバンストマニュアル」と過去問がおすすめですが、分からない部分に関してはインターネットで調べました。貿易マーケティングの範囲は広く、輸出、輸入マーケティングに加え、通常のマーケティングの知識も加わりますが、興味深い内容が多く、最初は分からない部分が多かったですが、復習を重ねるうちにマーケティングに興味を持つようになりました。過去問で分からないところはテキストに戻り、テキストにない内容はインターネットで調べ

ることで、徐々に貿易マーケティングの試験で問われる知識が身についたと実感しております。

・貿易実務

貿易実務に関しては、得点の多くを占める書類作成問題の出来が鍵を握ると考えます。特にB級は必須項目となるbill of exchange(荷為替手形)、海外貨物輸送保険、船荷証券、信用状から出題されることが多いです。過去問を解けば出題傾向が分かり、必然的に上記の問題への対策が分かってくる筈です。

選択問題では実務とは関係ない分野の理解に時間がかかりました。具体的に挙げると、信用状、運賃割戻し制、運賃延戻し制、リリースオーダー、L/Gネゴ、ケーブルネゴ等です。

特に貿易金融を覚えるのにてこずった思いがあります。輸入金融の表を見ると理解した気になりますが、なかなか覚えられなかったので、貿易金融に関してはインターネットでも調べながら、全体をセットでまとめ、本邦ローン（L/C一覧払)、BCユーザンス（D/P手形)、BCディスカウント（D/A手形)、円融資は跳ね返り金融、直跳ねがある等で覚えました。

・貿易英語

貿易英語で出題される英文と和文の三答択一式問題は独特の出題方式なので、最初は出題形式に戸惑いながら解いていましたが、回数を重ねるごとに慣れてきました。これは過去問を何度も解くしかないと思います。逆に英語が苦手な人でも出題形式に慣れたら、英語が出来る人よりも得点を狙えると思います。貿易用語の三答択一式問題は、インコタームズがほぼ必ず出題されるので、インコタームズの意味をきっちりと押さえていれば回答出来る筈です。

長文問題ですが、ウェブ形式になって、問題がランダムに出されるようになりました。文章の最初に戻ってから対応したのであれば、時間切れになる可能性がありますので、最初の長文読解に少し時間をかけることをお勧めします。問題を解くときに、文章のどのあたりにあるかを把握していれば、解答に導き出せる時間が短縮できる筈です。

今後の抱負

貿易実務検定B級に合格することが出来たので、その自信を胸に貿易実務検定A級を目指すことが出来ました。A級の勉強は、B級で勉強してきたことが糧になりました。今回A級も合格することが出来ましたので、長い間無理だと諦めていた通関士試験にもいずれ挑戦したいという気持ちが湧き出てきました。50代になりましたが、コツコツと勉強を続けていれば、まだまだ難関資格試験に挑戦することが出来るということを、貿易実務検定の勉強を通して実感することが出来ました。

貿易実務検定B級は「めざせ！　貿易実務検定」、「貿易実務アドバンストマニュアル（第3版）」を反復勉強することと、特に英語は過去問をこなすことが出来れば、自信をもって試験に臨めると思います。

A級合格者

貿易知識ゼロから7か月、独学でA級合格

輸入代理店　金澤　陽子

1．検定を受けようと思った経緯

40歳を前に、以前から興味のあった貿易業に転職して1か月が経った頃でした。ただ単に前任者の残したマニュアル通りに仕事を進めるのではなく、仕事の背景まで理解した上で取り組みたいと思い、基礎から貿易について学ぶことを決めました。そして、せっかく勉強するなら、成果を形にしたいと考えたのが、私が貿易実務検定に挑戦するきっかけでした。

コロナ禍で取り巻く環境が目まぐるしく変わる中、将来に備えて資格という武器を持つことで、自分に自信を持ちたいとも思っていました。

2．勉強方法

独学で挑戦した私が購入したのは【貿易実務ハンドブック　アドバンスト版】と【貿易実務検定A級対策問題集】(過去問題集)の2冊です。

ハンドブックは、試験範囲が詳細な解説とともに網羅されているだけではなく、貿易書類一式も掲載されています。一連の貿易取引において多数ある書類の目的や、それらのつながりが分かるようになっているので、書類作成の問題を学習する際にとても参考になると思います。

過去問題集は、出題の傾向を掴むために必須です。

まず私はハンドブックを一通り読みました。確実に理解しながら読み進めるというよりは、とりあえず一通り目を通すというつもりで、分からなくても気にせず最後まで読み進めました。その後、過

去問題集で6回分の本試験問題に取り組みました。間違えたところはハンドブックに戻って確認し、理解するのに時間がかかったことはノートに整理していきました。このノートは最終的に、自分の不得意エリアが凝縮されたオリジナル教材になり、試験開始直前まで見返しました。

貿易マーケティングは範囲がないようなものです。過去問題以外はあれもこれも頭に入れようとせず、マーケティングリミックス、アンゾフの製品市場マトリックス、製品ライフサイクルなどの頻出トピックに絞って勉強しました。記述問題に対応できるように、キーワードを含めて説明できるように練習しました。

私は海外生活の経験がありますので、英語対策にはそれほど時間をかけませんでした。通勤時間に英単語を覚え、家で英作文の模範解答を声に出して読むことで貿易英語独特の言い回しを頭に入れました。長文読解は、【一段落読む→その段落の内容に関する設問を解く】を繰り返す方法で練習しました。設問を読んで文章の該当箇所を探す必要がなく、無駄な時間を省くことができました。

勉強方法全般に思うのは、過去問題集で試験の頻出分野を把握し、そこを重点的にハンドブックで学習して得点する、というのが合格への近道ではないかということです。私はつまずいた問題を中心に過去問題集を5周しました。間違えた問題は、ハンドブックに戻って繰り返し学習することで理解が深まりました。

また、YouTubeには特定のトピックをピンポイントで解説する動画が多くあります。読んで理解できないことも、聴くと不思議とすんなり頭に入ってくることもあったので、利用していました。

次に、合格までにかかった時間です。私はB級の試験終了後、合格を確信していたわけではありませんでしたが、結果発表を待たずにA級の学習に取り掛かりました。B級の知識が抜けないうちにA級に挑戦したのは大変良かったと思います。期間としては3か月。平日は通勤時間を利用して30分、休日は1～2時間、試験2週間前からは平日4時間、週末は8時間ほど費やしました。

3．試験当日

試験本番は時間勝負ですので、分からない問題は迷わず飛ばし、後で戻って解答しました。関税と運賃の計算問題は、過去問題集で何度も練習した問題と似たものだったので落ち着いて臨めました。ケアレスミスで落としたくなかったので、問題文の読みこぼしや計算ミスには特に注意して進めました。

正直、試験後の手応えはありませんでしたが、やり切った感があったのを覚えています。

4.合格してからのこと

私がA級合格で得たのは、合格証だけではありません。試験に向けて勉強する感覚や、集中力、また独学で合格できたという自信も得ることができました。C級の勉強を始めたのが3月。5月にC級、7月にB級、そして10月の試験でA級に合格しました。約7か月間モチベーションを切らさず、やり切れた自分に満足しています。

合格から1か月、私は通関士試験の勉強を始めました。貿易実務検定A級合格のお陰で、自信を持って試験勉強に取り組めています。この検定に挑戦して本当に良かったと思っています。

C級（＋通関ビジネス実務検定MT C級）合格者

通関士への第一歩

大学生　口野　優也

就職活動を始めるにあたって元々貿易方面への就職を考えており、業界研究の意味も含めて貿易実務検定を受験致しました。

勉強法に関してですが、私は貿易実務検定協会の通信講座を受講しながら勉強を進めました。貿易実務検定においては輸出者から輸入者の手元に荷物が届くまでの一連の貿易取引を学ぶため、勉強を始めた当初は試験日までに本当に全てを覚える事ができるのか不安でした。しかし、貿易取引の仕組みの図を常に頭の片隅に置いておき、今自分が取り組んでいるのは貿易取引においてどこの過程に当たるのかという事をきちんと意識する事で全体と部分の関係を理解しながら勉強を進める事ができました。また、L/C（信用状）に始まりB/L（船荷証券）やインコタームズにおける11の分類など貿易実務検定においては多くの略語が登場します。これに関してはまずはとにかく覚える事から始めないといけませんが、単に略語だけを覚えるのではなく、L/CならLetter of Credit、B/LならBill of Ladingと略す前の正式な名称で覚えておくと、単語から意味を連想する事もできるのでより理解が深まります。覚える事は多いですが、その分、貿易取引のどの分野に従事する事になっても「つぶし」が効く資格として生きてくると思います。

また、貿易実務検定C級に合格後、新設された通関ビジネス実務検定にも挑戦し、無事に合格する事が出来ました。貿易実務検定の勉強を通して一口に貿易といっても様々な分野が存在する事を知りましたが、その中でも特に通関分野に従事したいという気持ちが強くなり、通関ビジネス実務検定を受験した次第です。通関に関する資格と言えば国家資格である通関士が挙げられますが、いきなり挑戦して合格出来るような資格ではありません。加えて、貿易実務検定でも通関には触れますが、必要以上には深掘りしませんし、初学者が基礎を体系的に学べる機会は中々ありませんでした。そのような中で通関ビジネス実務検定が新設された事は非常に喜ばしく、まさに求めていたものでした。

通関ビジネス実務検定においてはまず『公式ガイド 通関ビジネス実務検定』を教科書とし、必要に応じて税関が公表している資料を用いて勉強を進めました。また、関税三法など多くの法律が登場するため、e-Gov法令検索をパソコン画面に開いておき本文中に登場したらすぐに原文を見られるようにしておくのもお勧めです。また、通関ビジネス実務検定においては期間が何か月、何年以内といったものや、関税の計算といった数字が多く登場するため、ここは確実に覚えておきたいポイントになります。特に関税の計算は、試験においてはインボイスや関税率表を読み取った上で計算することになるので時間との勝負になります。

貿易実務検定・通関ビジネス実務検定に共通して言える事ですが、勉強にあたっては過去問を繰り返し解く事が重要であると思います。

また、私は貿易実務検定合格後に期間をあけず通関ビジネス実務検定に挑戦したため、通関ビジネス実務検定において出題される内容のうち貿易実務の分野に関してはさほど手間をかけずに効率よく合格する事が出来ました。

まず貿易実務検定によって貿易全体を理解し、次に通関ビジネス実務検定で通関における基礎を学び、最終的には通関士資格の取得に繋げていきたいと考えております。このような意味で、貿易実務検定に挑戦する事は広く貿易において商社に進むにせよ物流に進むにせよ選択肢を与えてくれるものだと思います。私のように通関士を目指す人間にとっても、一歩一歩地固めをしながら段階的に知識を習得する事が出来ています。また、通関という「部分」と貿易という「全体」の両方の視点を有する事は貿易の流れを理解する上でも非常に重要な事であると思います。今後は通関士の勉強に取り組みつつ、貿易実務検定B級やA級といった上位資格の取得も目指したいと考えております。

A級（＋EPAビジネス実務検定®C級）合格者

継続は力なり
点の知識が線になる

講師業　加藤　佑喜

貿易実務検定受験者の皆様は、通関士試験の問題をご覧になったことはありますか。

私は通関士試験合格をきっかけに、さらにこの業界について理解を深めるため貿易実務検定Ａ級合格を目標に学習を開始しました。

初めてC級のテキストに目を通したときは、学習内容が通関士のそれとは大きく異なることに驚き、まるで大きな山の麓に立っているような気分でした。きっと私と同じ気持ちになったことがある方は少なくないでしょう。

貿易実務に加え見慣れない専門用語の英単語、B級試験からはマーケティング科目と難易度がぐっと上がる貿易英語が出題されます。

学習範囲が広いため、関連性をもって理解をするにはかなりの時間を要しました。

具体的な学習方法としては、モノ・カミ・カネの流れを常に意識し、ある時は船社側の立場で、またある時は銀行側の立場で何度も紙に書きだし、頭の中でロールプレイングをしました。

なぜこの書類が必要なのか、なぜこの状況では貨物を引き取ることができないのか、という具合です。結果的にこの学習方法はＡ級試験の学習において非常に役立ちました。

Ａ級試験では書類の作成や計算についても出題され、文章を読むだけで理解した「つもり」になっていては歯が立ちません。

これからＡ級合格を目標とされる方は、是非この学習法を試してみて下さい。

学習中は所々に通関士試験で得た知識が役立ち、理解がしやすかった部分もありますが、反対に貿易実務を学習したことで通関士試験の理解が深まった部分もありました。

まさに点と点の知識が繋がった瞬間です。この時のスッキリとした気持ちは格別です。

このように学習を続け、また、通関士試験からお世話になっている恩師の支えもあったお陰で、結果として3月のC級試験から同年10月のA級試験にストレートで合格することができました。

資格試験は別個のものでも、学習を重ねると見える世界がどんどん広がり、繋がってくるのが分かります。

そうなると、知ることがだんだんと楽しくなってくるのです。

勢いを止めることなくEPAビジネス実務検定C級試験を受験し、世界経済にもより強く関心が持てるようになりました。

この時も、「なぜ協定を結ぶのか」、「新しいEPAが発効されるとどういう効果や影響があるのか」を理解することで、これまでの通関士試験や貿易実務検定の知識に深みを持たせることができました。

この試験では最新の動向に注目することとなるので、テキストで学んだこと以外にも新しい動きがあった協定については自ら調べることも必要となる場合がありますが、この姿勢はきっと多方面に役立つでしょう。

また、計算方法についても学習できるため、現役の通関士はもちろん、これから通関士になる方、目指す方、その他にも社内研修や勉強会にも役立つ内容です。

最後に、現在、私は大阪で通関士試験や貿易実務検定の受験指導をしています。就職活動のために資格取得をしたい学生や転職を目指す社会人、スキルアップを目的とする就業中の方など、いろんな方が熱意をもって日々励まれています。今、何か不安に思っている方も1歩踏み出せば景色がきっと変わります。私は今後も勉強を続けつつ、受験生たちが少しでも楽しみながらステップアップができる貿易資格の水先案内人になりたいと思います。これを読んでくださっている皆さんも、一緒に前に進みましょう。

第2章

合格のための貿易実務

—要点解説—

1 貿易の流れ

この項目は、B級・C級ともに試験範囲となっていて、貿易の流れの全体像がつかめているかどうか出題されています。

⑴貿易とは

まず、①**貿易と国内取引との違い**（すなわち、国内取引よりも多く生じるリスク等）について、②**貿易における異なる3つの流れ**（モノ・カネ・カミの基本的な流れ）について理解しましょう。

❶貿易と国内取引との違い

ここでいう貿易とは、「**異国間の売買取引**」のことです。

・国内取引との違いを見てみましょう。

ア）売主（**輸出者**）と買主（**輸入者**）とが互いをよく知らない
→取引相手の信用に不安がある（**信用リスク**）

イ）**商品の輸送距離が長く、時間がかかる**
→輸送中の貨物の変質・損傷や、事故の確率が高い
→代金回収に時間がかかり、**資金負担が大きい**

ウ）**通貨が異なり、代金決済が複雑**
→通貨の交換が必要となり、**為替変動リスク**が生じる

これらの**リスクを回避するため**に、さまざまな工夫が必要となります（リスクを回避することが、貿易取引成功の鍵となります）。

また、輸出入の際には、**税関長**に対し、**輸出申告**あるいは**輸入申告**を行い、**輸出許可・輸入許可**を受けることが必要です。**申告から許可を得るまでの手続を通関手続**と呼んでいます。

❷貿易の３つの流れ

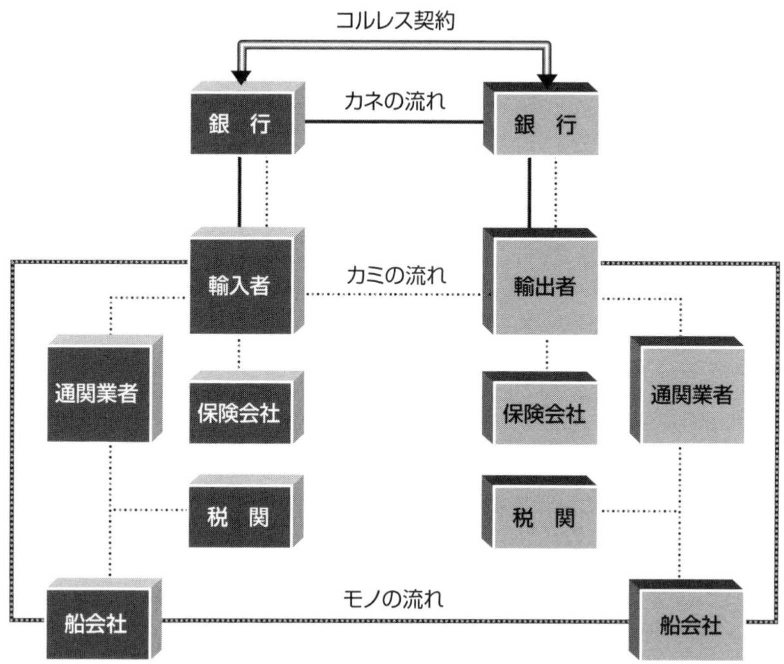

コルレス契約とは

外国為替取扱銀行が外国の銀行と為替取引を円滑に行うために、あらかじめ必要な業務上の諸条件を定めた契約をいいます。

その内容は、送金等の支払委託や手形の取立委託、両行間の債務・債権の決済方法等の規定です。

コルレス契約がないと、銀行間で資金や文書のやりとりをすることができません。

⑵貿易取引の仕組み

基本的な貿易取引の流れ（モノ・カネ・カミの別々の動き）について、「**信用状取引**」を例に理解しましょう。貿易におけるさまざまなリスクの回避の方法を考えます。

・貿易取引の仕組み（信用状取引の場合）

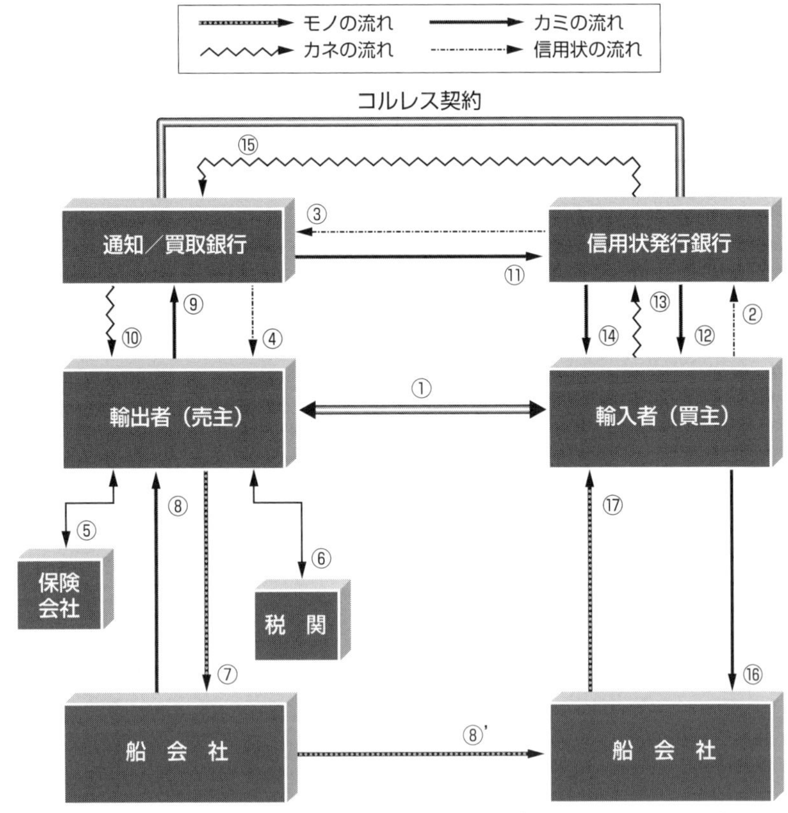

①売買契約

輸出者と輸入者が諸条件を決めて売買契約をする。

②信用状発行依頼

輸入者が「信用状（L/C)」〈銀行の代金支払の保証状〉の発行依頼をする。

③信用状の発行

輸出者の取引銀行にL/Cを送付。

④信用状通知

輸出者の取引銀行よりL/C通知。

⑤保険付保

輸出者が保険を付保する取引条件の場合に、保険契約をする。

⑥輸出通関

輸出貨物の通関手続を行う（通常、海貨業者等へ依頼する)。

⑦貨物の船積

輸出貨物の船積を行う（通常、海貨業者等へ依頼する)。

⑧船荷証券（B/L）の発行

貨物受取証であるB/Lを発行する（輸入地での貨物引取に必要)。

⑧' 貨物の運送

⑨手形・船積書類の買取依頼

輸出者は代金請求書である「荷為替手形」を作成し、L/Cで要求されている船積書類を添付し、銀行へ買取依頼をする。

⑩買取代金支払

L/Cにより、代金回収が保証されているので、銀行は、手形・船積書類の買取に応じて、代金の立替払いをする。

⑪手形・船積書類の送付

買取銀行は、信用状発行銀行へ手形・船積書類を送付し、立替代金の請求を行う。

⑫手形の呈示

「手形」を輸入者へ呈示し、代金支払請求を行う。

⑬代金支払

貨物が輸出されたことが書類により保証されているので、代金を支払う。

⑭船積書類の交付

代金支払により、船積書類を交付する。

⑮立替金の入金

立替払いしている輸出地の銀行へ、代金を支払う。

⑯船荷証券（B/L）呈示

船会社にB/Lを呈示する。

⑰貨物引渡し

B/Lと引き替えに貨物を引き取る→その後、輸入通関をする（通常、海貸業者等へ依頼して行う）。

⑶いろいろな貿易取引

貿易は、「異国間の売買取引」ですが、その形は、さまざまです。その基本的形態について理解しましょう。

❶直接貿易

商社や流通業者を通さず、製品の小売業者、原材料・部品等の**製造業者が直接海外の製造業者から輸出入する形態**を**直接貿易**といいます。

・**メリット**　→価格や取引条件を直接交渉できます。商社や流通業者のマージンを省くことができます。

・**デメリット**→品質や納期のリスクを直接負担することとなります。

通常は、輸出入量が多くまとまらないので、大量輸出入による値引きを受けることが困難です。

❷間接貿易

商社や流通業者を通して輸出入する場合や、**自ら取引をした製品を輸出入代行業者等を経由して輸出入する形態**を**間接貿易**といいます。

・**メリット**　→豊富な情報と経験から、価格・品質・納期などについて有利な交渉ができます。

・**デメリット→**商社、流通業者のマージンがかかります。

❸並行輸入

ブランド等の名声・信用・商標を損なわず、国内の一手販売代理店を通さずに、そのブランド製造国以外の**第三国等の輸入業者を経由して真正品を輸入すること**を**並行輸入**といいます。

❹委託加工貿易

海外の受託者に**原材料や部品等を提供**し、それを受託者に**加工・組立て**をさせ、その**製品を輸入する形態**を**委託加工貿易**といいます。

原材料の提供を受け、その加工品を委託者に輸出する	すなわち ──────→ 受託者からみると	「**順委託加工貿易**」
加工原材料を提供し、その加工品を本邦へ輸入する	すなわち ──────→ 委託者からみると	「**逆委託加工貿易**」

❺仲介貿易（第三国間の貿易取引）

海外の**輸出者**と海外の**輸入者**との貿易を**第三国の業者が仲介する形態**を**仲介貿易**といいます。

商品は、直接輸出者から輸入者へ送られ、売買契約は、それぞれ仲介業者と行います。

❻開発輸入

外国の製品をそのまま輸入すると、日本人の体格や生活様式等が異なるため、日本人のニーズに合った品質、デザイン、味等の商品にする必要があります。日本人の嗜好や規格、サイズ等に合わせた **自社の仕様書**に基づいて海外の工場で委託生産や加工を行い、製品を輸入することを、開発輸入といいます。

❼OEM輸入

海外のメーカーが独自の仕様に基づいて製造していた製品に、ある企業が自社のブランドやロゴをつけて製造してもらい、自社ブランド品として販売するために輸入することを、OEM輸入といいます。

海外のメーカーに自社ブランド品として生産してもらう点は開発輸入と同じですが、開発輸入との大きな違いは、中身が海外メーカーのオリジナルであることです。

⑷取引条件

売買契約の際、契約内容を具体的に示したものが、「取引条件」です。この「取引条件」をどのように設定するかを理解しましょう。

❶取引形態の選定

直接取引か、間接取引か（いろいろな貿易取引P66参照）。

代理店契約と販売店契約

販路の開拓・拡大のため自社の代理権を与え、営業を行わせる契約のことを「代理店契約」といいます。代理店の商行為は本人を代理して行うものです。

①代理店としての契約期間、②取扱い品目、③営業地域、④手数料や支払方法、⑤代理店の権利や義務をあらかじめ明確にして、代理店契約をする必要があります。

一方、「販売店契約」というのは輸入業者に輸入権、およびその国内での販売権を与える契約のことをいいます。代理人ではなく本人として活動する販売店は、自らの商行為から生じる結果の責任はすべて自分自身に帰属します。

また、ある一定地域での独占的な営業活動を認められたとき、通常代理店は「総代理店」と呼ばれ、販売店は「総輸入元」と呼ばれます。

❷品質条件を決める

商品の品質について次のような方法で具体的に条件を決めます。

A．見本売買（Sale by Sample）

売手または買手が**契約商品の見本を示して品質を決定する方法**をいいます。

このとき使用される見本を「**品質見本（Quality Sample）**」と呼びます。

また、相手方の提示した見本に対し、新たな見本を提示する場合がありますが、それを反対見本（Counter Sample）といいます。

主に、ボールペン、ノート、ステイプラー等の文房具用品といった**軽工業品**の場合に、この方法が用いられます。

B．標準品売買（Sale by Standard Quality）

農水産物等、品質が自然条件等に左右されるものの場合、**標準品を設定**し、それと実際の品質のずれを価格によって調整する方法をいいます。

a）「**平均中等品質条件（FAQ：Fair Average Quality Terms）**」

農作物などを収穫する前に売買する場合に、**中等品質（標準品質）を規定する**もので、品質がこれよりも良ければプレミアムをつけ、劣っていればディスカウントする方式です。

b）「**適商品質条件（GMQ：Good Merchantable Quality Terms）**」

漁労品、木材などを売買する際に、**適切な品質（市場性のある品質）を備えていることを条件**とするものです。

なお、契約通りの適正な品質を備えていることの証明は、公的な品質証明機関の**品質検査証明書**（Certificate of Quality Inspection）によって行います。

C．銘柄売買（Sale by Trademark or Brand）

世界的に有名ないわゆる「**ブランド**」や「**トレードマーク**」を**指定**して商品売買を行う方法をいいます。その「ブランド」や「トレードマーク」そのものが、商品の品質を示す役割をしているのです。

D．仕様書売買（Sale by Specifications）

機械器具・化学品等の工業品の場合に、材料・性質・成分・性能・耐久性・構造等の詳細なデータや図面・写真等を添付した**仕様書をベースに品質条件が決定される方法**です。

E．規格売買（Sale by Grade or Type）

ISO規格（国際標準化機構）・JIS規格（日本産業規格）・JAS規格（日本農林規格）等に準拠した品質による方法をいいます。

❸品質決定の時点

契約の際、これらの品質条件はいつの時点におけるものなのかを明確にしておく必要があります。これらの時点については、次のような条件の決め方があります。

A．「船積品質条件（Shipped Quality Terms）」

これは、**船積時の品質とする条件**です。この場合、国際検査機関の**検査証明書**（Inspection Certificate）を添付します。

B．「陸揚品質条件（Landed Quality Terms）」

これは、**陸揚時の品質とする条件**です。

❹数量条件

契約の際に用いられる数量単位は、次のようなものがあります。

A．数量単位の表し方の例

重量(Weight) metric ton(kilo ton)＝M/T＝1,000kg、pound＝lb.

容量(Measurement) cubic meter＝m^3、cubic feet＝cft、barrel

個数 piece=pc、each=ea、dozen=dz、gross=12ダース、pair=対、set

包装単位(Package) Bag＝袋、Dram＝ドラム缶、Case、Bale、Carton

長さ(Length) meter＝m、yard＝yd、feet＝ft

面積(Square) square feet=sft、square meter=S/M=sqm=m^2

B．重量トンと容積トン

a）重量トン（W/T）

重量トンにおいては、仏トン、英トン、米トンの違いに注意してください。

メートルトン=仏トン（Metric ton=2,204.6ポンド=1,000kg）

重トン=英トン（Long ton=2,240ポンド=1,016kg）

軽トン=米トン（Short ton=2,000ポンド=907kg）

b）容積トン（メジャメント・トン）

1容積トンを1m^3で計算する場合と**40立方フィート（cft）**で計算する場合があります。40cftで換算すると1容積トンは1.133m^3になります。現在、通常の海上輸送で利用する**定期船では、1容積トン=1m^3**を採用しています。

なお、**m^3**は**M3（エムスリー）**とも表記します。

c）運賃トン（フレイト・トン）

海上運送の運賃は、重量建てあるいは容積建てという単一建てではなく、貨物の重量トンまたは容積トンのうち、いずれか大きいトン数を運賃算出として使用されます。

なお、コンテナ船の場合は、コンテナ単位のボックス・レートが用いられます。

C．数量決定時点

契約した数量は、いつの時点での数量を表すかを明確にしておく必要があります。

a）**船積数量（重量）条件**（Shipped Weight Terms）

船積時点の数量により表す条件です。

b）**陸揚数量（重量）条件**（Landed Weight Terms）

陸揚時点の数量により表す条件です。

D．数量過不足容認条件

バルク・カーゴ（Bulk Cargo：バラ荷（散荷）、穀物や鉱産物等）等の場合、運送中に欠減が生じることがあります。

そのため、**引渡数量**が**契約数量**より**目減りする**ことがあります。

このような事態を想定して**多少の不足を容認する条件**を付すことがあります。また、逆に**多少の過大分を容認する条件**を付することもあります。これを**過不足容認条件**（More or Less Terms）といいます。

その他、取引条件としては、**価格条件、支払条件、貨物の受渡条件、保険条件**などがあります。

1－1 Challenge

次の文章のうち、正しいものには○印を、誤っているものには×印をつけてください。

① 輸入申告や輸出申告からそれぞれの許可を税関長から受けるまでの手続きを通関手続という。

② 信用状は、輸出者の取引銀行が発行する。

③ 信用状取引において、売主が代金回収の手段として振り出す手形で、船積書類が添付されているものを荷為替手形という。

④ 開発輸入とは、たとえば日本人のニーズに合った品質、デザインなどを自社の仕様書に基づいて海外の工場で委託生産や加工を行い、その製品を輸入する形態をいう。

⑤ 海外企業同士の貿易を、たとえば日本の業者が仲介する取引を間接貿易という。

⑥ 外国為替取扱銀行が外国の銀行と為替取引を行うために、あら

かじめコルレス契約を締結しなければならない。

1－1 Challenge 解答および解説

①－○

原則として、貨物を外国から輸入しようとする場合には輸入（納税）申告を行い、税関長の許可を受けなければなりません。また、輸出の場合も同じです。これら税関に対する手続を通関手続といいます。

②－×

信用状とは、商品代金の支払いについて輸入者の取引銀行が保証するものです。したがって、信用状は輸入者の取引銀行が発行するということになります。

③－○

売主（輸出者）が、輸出代金の回収のため振り出す手形を荷為替手形といいます。荷為替手形とは、為替手形に船積書類を添えたものです。

④－○

開発輸入とは、たとえば日本人のニーズに合った品質、デザインなどを自社の仕様書に基づいて海外の工場で委託生産や加工を行い、その製品を輸入する形態をいいます。

⑤－×

海外企業同士の貿易を、たとえば日本の業者が仲介する取引を仲介貿易といいます。

間接貿易とは、製品の小売業者、原材料・部品等の輸出入者が海外の製造業者等と取引する場合、商社や流通業者を介して行う貿易をいいます。

⑥－○

外国為替取扱銀行が外国の銀行と為替取引を円滑に行うために、あらかじめ必要な業務上の諸条件を定めた契約（コルレス契約）を締結しなければなりません。

1－2 Challenge

次の各文章は、契約条件についてですが、正しいものには○印を、誤っているものには×印をつけてください。

① 農作物の取引における品質条件でFAQとは平均中等品質条件のことである。

② 大型機械などについては、仕様書をベースに品質条件が決定される場合が多い。

③ 一契約の商品について複数回に分けて船積することを、分割船積という。

④ 一口に重量トンといっても、それが仏トンなのか、英トンなのか、米トンなのかを確認する必要がある。

⑤ 世界的に有名なブランドやトレードマークを指定して商品売買を行う方法を規格売買という。

⑥ 並行輸入とは、海外ブランド商品の真正品を日本の一手販売代理店等を通さずに輸入することをいう。

⑦ 船積品質条件の場合には、輸出者が契約通りの品質で出荷したかどうかを確認するため、重量容積証明書の提出を義務づけることがある。

1－2 Challenge 解答および解説

①－○

農産物等、主に穀物類の売買に用いられる品質条件で、当該季節の収穫物の中等品質であることを条件として取引基準を決めることを平均中等品質条件（FAQ）といいます。

②－○

機械器具、化学品等の工業品等については、仕様書をベースに品質条件が決定される場合が多いのです。これを仕様書売買といいます。

③－○

一契約の商品について複数回に分けて船積することを、分割船積といいます。

④－○

重量トンは、仏トン、英トン、米トン、それぞれ重量が違うので注意しなければなりません。

⑤－×

世界的に有名なブランドやトレードマークを指定して商品売買を行う方法を銘柄売買といいます。規格売買とは、国際的に規格が決められている商品の場合には、その規格を条件として品質を決めることです。国際規格として、ISO規格（国際標準化機構）があり、日本での公的規格として、JIS（日本産業規格）やJAS（日本農林規格）等があります。

⑥－○

並行輸入は、海外ブランドの信用・商標等を損なわないことを条件に認められています。また、真正品でなければならず、模造品は認められていません。

⑦－×

船積品質条件の場合には、輸出者が契約通りの品質で出荷したかどうかを確認するため、品質検査証明書の提出を義務づけることがあります。なお重量容積証明書の提出を義務づける場合は、船積数量条件の場合です。

2 信用状の実務

この項目は、B級・C級ともに試験範囲となっています。特に信用状については重要ですので、しっかり理解しましょう。

⑴信用状

現在、貿易取引のリスクを回避するために、企業間では**信用状**による取引が多く行われています。ここでは、信用状とは何か、また、その**役割**、**種類**、そして**信用状による貿易取引の流れ**について学びます。

❶信用状〈Letter of Credit（L/C）〉とは

輸入者の取引銀行である**信用状発行銀行**が、**輸出者**に対して、輸出者が**信用状条件通りの書類を呈示することを条件**に、**輸入者**に代わって代金の支払いを確約した**保証状**のことをいいます。

なお、貿易取引において実際に使用される信用状は、**国際商業会議所（ICC）の「信用状統一規則（荷為替信用状に関する統一規則および慣例）」**にのっとったものです。現在の規則は、2007年7月1日に発効されたUCP600です。

❷信用状の役割

A．信用状を利用することにより資金負担を軽減することができます

輸入貨物の代金を輸入者が**前払いした場合**、その貨物を輸入者が受け取るまで、**資金負担**をしなければなりません。

輸入貨物を輸入者が受け取った後に代金を支払う**後払いの場合**には、**輸出者**は、貨物を輸出してから**代金回収**まで資金を負担しなければなりません。

信用状取引の場合は、**荷為替手形**という決済方法を信用状と組み合わせて使用することにより、輸出入者双方にとって**資金負担を軽減**することができます。

荷為替手形（Documentary Bill of Exchange）とは

輸出者が輸入者や信用状発行銀行等を名宛人とし、輸出者の取引銀行（買取銀行）を額面金額の受取人として振り出した為替手形に、船荷証券、保険証券、インボイス等の船積書類を添えたものをいいます。

B．代金回収リスクのカバーがされます

輸出者は海外にいる輸入者についてよく知らない場合、出荷した貨物の**代金の回収に不安**が残ります。

L/Cを利用することにより、信用力の高い**銀行**が、輸入者に代わって**代金の支払いを約束**してくれますので、貨物の出荷を安心して行うことができます。

C．商品入手リスクのカバーがされます

輸入者は、契約通りの商品が到着するか不安が残ります。

L/Cは、「**輸出者が契約通りの商品を確実に出荷したことを確認**できる**船積書類**を呈示すること」を**信用状条件**とし、その条件をもとに**銀行が代金の支払いを確約**するものです。したがって、船積書類が信用状の条件に合致しない場合には、信用状発行銀行は、代金の支払いを保証しません。

主な船積書類

商業送り状・船荷証券・保険証券などがあります。

❸信用状（L/C）の種類

信用状は、その持つ機能等の面から分類されています。

主なものは、次の通りです。

A．取消不能信用状（Irrevocable L/C）と取消可能信用状（Revocable L/C）

a）取消不能信用状（Irrevocable L/C）

信用状が発行されて受益者である輸出者に通知された以上、**関係者全員**（発行依頼人〈輸入者〉・発行銀行・受益者〈輸出者〉・（確認信用状の場合は）確認銀行）**の同意がなければ、取消も変更もできない信用状**のことです。

b）取消可能信用状（Revocable L/C）

発行銀行がいつでも取消や変更ができる信用状のことです。

＜注意！＞

取消可能信用状の場合 ➡ "Revocable L/C" と記載されています。
取消不能信用状の場合 ➡ "Irrevocable L/C" と表示されているか **"何も記載されない"** ものです。

※実際に**取消可能信用状**を貿易取引に使用することは、ありません。

なお、2007年改訂版の信用状統一規則では、取消可能信用状に関する条文が全面的に削除され、発行される信用状はすべて取消不能信用状であることが明文化されています。

B．確認信用状（Confirmed L/C）と無確認信用状（Unconfirmed L/C）

a）確認信用状（Confirmed L/C）

信用状発行銀行が信用状の信用力を高める目的で、国際的に**信用の高い取引銀行に**、さらに**信用状の確認（代金支払保証）をしてもらった信用状**をいいます。

b）無確認信用状（Unconfirmed L/C）

信用状発行銀行のみが支払いを確約している通常の信用状ののことをいいます。

“**確認**”とは、発行銀行が輸出者に対して確約している荷為替手形の支払・引受けについて、別の銀行がさらにその支払・引受けを保証することをいいます。
L/C発行銀行が決済不能に陥った場合、確認銀行が、L/C発行銀行に代わって手形の決済を保証します。

C．買取銀行指定信用状（Restricted L/C）と買取銀行無指定信用状（Open L/C）

a）買取銀行指定信用状（Restricted L/C）

輸出者振出しの**荷為替手形の買取りを特定銀行に指定している信用状**をいいます。

b）買取銀行無指定信用状（Open L/C）

輸出者振出しの**荷為替手形の買取銀行を指定していない信用状**をいいます。

Restricted（Special）L/Cに基づいて手形の買取りが行われる場合には、もし指定銀行以外の銀行が手形を買い取った場合、その銀行は当然の権利者であるとして直接L/C発行銀行に手形の支払・引受けを求めることはできず、信用状に指定された銀行経由で支払・引受けを求めることになります。

D．回転信用状（Revolving L/C）

信用状金額が手形支払いのたびに、あるいは一定期間後に**自動的に更新**される信用状をいいます。

同一商品を、一定期間継続的に取引する場合等に利用されます。

E．譲渡可能信用状（Transferable L/C）

輸出者が当該信用状の全部または一部を**一回に限って、輸出者以外の第三者に譲渡することを認めている信用状**をいいます。

“**Transferable**”と記載されている場合のみ譲渡できます。

❹信用状との不一致

実際に提出された船積書類の内容と信用状条件が不一致であることをディスクレパンシー〈**Discrepancy**〉（略して、**ディスクレ**）といいます。たとえば、信用状とインボイスの商品名の記述は完全に一致していなければなりません。もっともB/L、保険証券、パッキングリスト等の商品名の記述については、信用状の記述と矛盾しない一般的な名称であってもよいとされています。

万一、ディスクレが見つかったら、原則として、**信用状の変更**〈**Amendment**〉（**アメンドメント**、略して**アメンド**）を行います。

<信用状の変更の流れ>

重大な信用状条件との不一致が発生する可能性がある場合には、信用状を入手した輸出者は、必ず信用状条件の変更を輸入者に申し出ます。

⬇

輸入者が受諾すれば、L/C発行銀行に対して信用状条件変更を依頼します。<**信用状条件変更依頼書**を提出>

⬇

L/C発行銀行の「**信用状条件変更書**」（Amendment to Letter of Credit）が通知銀行を経由して輸出者に送られます。

⬇

輸出者は荷為替手形の買取りを依頼する際に、手形にL/Cと送られてきた「変更書」を添付して提出します。

⬇

これで、**信用状の条件変更**（**アメンドメント**）が終了します。

しかし、アメンドメントを行っていたら船積みが間に合わないなど**ディスクレ状態で買取りを実行せざるを得ない場合**には、次のような方法で行います。

A．ケーブル・ネゴ

輸出者から依頼を受けた買取銀行が発行銀行に電信（ケーブル）で買取りの可否を照会し、承認を得る方法です。

B．L/G（Letter of Guarantee 保証状）ネゴ

ディスクレがある状態で銀行に書類を買い取ってもらったとき、発行銀行がディスクレを理由に、支払を拒絶した場合には、輸出者は直ちに為替手形を買収銀行から買い戻す旨の念書（L/G）を差し入れる方法です。

2　Challenge

次の文章は、信用状に関するものですが、正しいものには○印を、誤っているものには×印をつけてください。

① 信用状に基づいて振り出された荷為替手形の場合は、たとえ輸入者が支払不能となった場合でも、信用状発行銀行が支払いの責任を負う。

② 信用状条件と実際の書類の内容が一致しないことを、アメンドメントという。

③ 信用状発行銀行が信用状の信用度を高める目的で発行銀行の支払確約に加えて、国際的に信用度の高い銀行の支払確約を受けている信用状をTransferable L/Cという。

④ 信用状取引において、輸出者が買取銀行に持ち込んだ書類にディスクレがある場合、その銀行から信用状発行銀行に宛てて、買取りの可否を照会する方法をケーブル・ネゴという。

⑤ 取消不能信用状の条件は、いかなる場合にも変更できない。

2　Challenge　解答および解説

①－○

信用状の役割の1つに、代金回収リスクのカバーをすることがあります。また、資金負担の軽減、商品入手リスクのカバーという役割もあります。

②－×

信用状条件と実際の書類の内容が一致しないことを、ディスクレパンシーといいます。アメンドメントとは、信用状条件を変更することをいいます。

③－×

信用状発行銀行が信用状の信用度を高める目的で発行銀行の支払確約に加えて、国際的に信用度の高い銀行の支払確約を受けている信用状をConfirmed L/Cといいます。

④－○

信用状取引において、輸出者が買取銀行に持ち込んだ書類にディスクレがある場合、その銀行から信用状発行銀行に宛てて、買取りの可否を照会する方法をケーブル・ネゴといいます。

⑤－×

取消不能信用状であっても、信用状関係当事者（信用状発行銀行、輸入者、輸出者等）全員の同意があれば、条件を変更したり取り消したりすることができます。

3 貿易書類と手続

この項目は、B級・C級ともに試験項目となっています。特に使用される書類についてや貿易実務手続の流れを理解しましょう。

⑴輸出手続と書類

ここでは、信用状取引の場合の輸出実務の流れを見ていきます。

輸出者は、信用状の通知を受け、その信用状により要求される荷為替手形や船積書類を用意するため、条件通りに船積みします。そして輸出代金回収のため、銀行に手形の買取依頼を行います。

まずは、その手続の流れの全体像をつかみ、さらに個々の書類や手続きについて学習していきましょう。

❶輸出者からみた貿易取引の流れ

①売買契約書（注文書 or 注文請書）
②信用状通知
③為替買予約
④輸出検査依頼
⑤輸出検査証明書
⑥輸出承認申請書
⑦輸出承認書
⑧通関・船積依頼
⑨船腹予約
⑩船積指図書（運送契約書）
⑪海上保険申込書
⑫海上保険証券
（⑪⑫：契約により輸出者が保険を付保する義務のある場合に行います。）
⑬検量依頼
⑭重量容積証明書

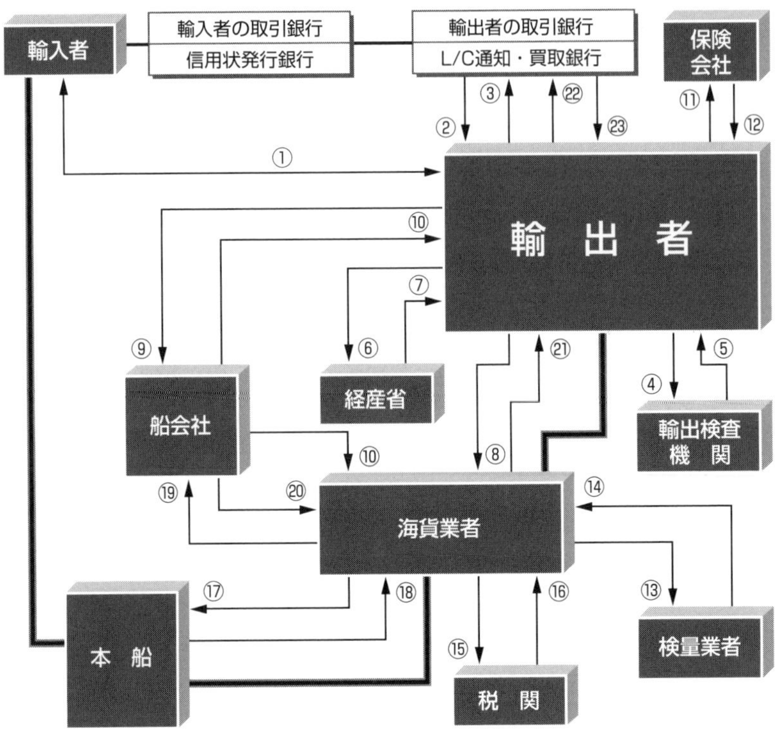

⑮輸出申告書
⑯輸出許可書
⑰船積指図書・船積
⑱本船貨物受取証（本船→海貨業者）
⑲本船貨物受取証（海貨業者→船会社）
⑳船荷証券（B/L）
㉑船荷証券・その他船積書類
㉒荷為替手形（為替手形＋船積書類）
㉓代金支払（立替払）

※輸出の主な手続・業務は「**通関・船積**」と「**銀行への手形買取依頼**」の2つで構成されていることをまず理解してください。

❷為替予約

A．為替予約とは

輸出者は、将来の荷為替手形買取りのため、あらかじめ為替予約を行います。

為替予約とは、外貨建て手形を銀行に買い取ってもらうときの**将来の相場をあらかじめ予約**しておくことです。

これは**為替変動リスク**を回避し、採算を確定するために行います。

また、為替変動リスクとは、外国為替相場変動（輸出の場合は円高）により、為替差損が生じるリスクのことです。

外貨建て手形の買取り依頼をし、代金を円貨に交換してもらい受け取ることになりますので、**先物買予約**となります。

たとえ、円高となっていても、予約した相場が適用されるため、為替差損を回避し、採算を確定することができます。

B．先物相場の受渡し時期

a）**順月確定日渡し**

直物為替の引渡日から1か月単位による応答日を引渡日とする方法です。たとえば、9月9日に3か月の順月確定渡しの為替予約をすると、起算日は翌々営業日の9月11日になりますから、引渡日は12月11日となります。

b）**確定日渡し**

将来の特定日を引渡日とする方法です。

c）**暦月オプション渡し**

特定月を設定し、その月の銀行営業日であれば、いつでも引渡日とすることができる方法です。たとえば、10月渡しとすれば、10月の銀行営業日内であれば、自由に予約を行使することができます。

d）**順月オプション渡し**

契約日を基準として特定日までの間であれば、いつでも自由に予約を行使することができます。

e）**特定期間渡し**

一定の特別期間を定めておき、その間であれば自由に為替の受渡時期を決定できる方法です。たとえば、5月10日から20日というように特別の期間を定めます。

C．**為替予約手続**

新規の場合は、「**銀行取引約定書**」や「**先物外国為替取引約定書**」を外国為替を取り扱う銀行へ差し入れます。

恒常的取引の場合は、**電話**による為替予約申込みが可能です。

ただし、この場合、あとから書面で予約内容を確認することがトラブルを防ぎます。通常は、**予約スリップ**（為替予約表〈Exchange Contract Slip〉）を差し入れます。

なお、予約スリップ上に“**No Margin Allowed**”と記載されていますが、これは**受渡期間内に予約した為替は、すべて実行しなければならない**という意味です。

❸他法令の許可・承認

貨物を輸出する場合には、関税法により、税関長に**輸出申告**をし、**輸出許可**を受けなければなりません。そのためには、**関税法以外の法律**により**許可・承認等**が必要とされている貨物については、**輸出申告の時**に、許可・承認等を受けていることを税関に**証明**しなければなりません。このため、通関手続に入る前に、これらの手続が必要となります。この中で、**外為法**は特に重要です。

A．**外為法による輸出の許可・承認**

a）輸出の許可

外為法および輸出貿易管理令により、経済産業大臣の輸出許可が必要な貨物とは、**国際的な平和・安全の維持を脅かすもの**であり、具体的には、**輸出貿易管理令別表第1**に定められています。

●許可を受けるために提出する書類

・**輸出（許可・承認）申請書**　　　　**2通**

・**申請理由書** **2通**

・**契約書** **〈原本および写し〉** **2通など**

●提出先

・経済産業省本省、経済産業局、沖縄総合事務局商品担当輸出課

b）輸出の承認

外為法および輸出貿易管理令により、経済産業大臣の輸出承認が必要な貨物とは、**国内需給物資・過当競争物質・輸出禁制品・国際協定による規制物質・国連制裁措置の対象国への貨物・委託加工貿易**のため輸出される一定の材料などです。

●承認を受けるために提出する書類

・委託加工貿易の場合→**委託加工貿易契約による輸出承認申請書**

・その他の場合 →**輸出（許可・承認）申請書**

●提出先

・経済産業省本省、経済産業局、沖縄総合事務局商品担当輸出課

B．その他の法令による許可・承認

文化財保護法	➡	文化庁長官の許可書（禁止）
鳥獣保護及び狩猟法	➡	適法捕獲証明書
大麻取締法	➡	厚生労働大臣の許可書（禁止）
覚醒剤取締法	➡	厚生労働大臣の許可書（禁止）
麻薬及び向精神薬取締法	➡	厚生労働大臣の許可書（禁止）
あへん法	➡	厚生労働大臣の許可書（禁止）
アルコール事業法	➡	経済産業大臣の許可書
植物防疫法	➡	植物防疫所の合格証明書
狂犬病予防法	➡	動物検疫所の検疫証明書
家畜伝染病予防法	➡	動物検疫所の検疫証明書
etc.		

❹梱包から荷印

貨物自体の輸出準備です。

A．輸出梱包

運送方法・貨物の形態や性質を考慮し、変質や損傷をしないようにするため、最も適した梱包方法を検討します。

B．荷印（マーキング）

貨物の宛先・内容・数量がわかるよう梱包の表面に、独自の印をつけます。

①メインマーク
②仕向地マーク（仕向港マーク）
③ケース・ナンバー
④原産地

このほか、必要に応じて副マークとして、オーダー・ナンバー、品番、重量、注意マークがつけられます。

注意マークの例

Keep Dry（湿気注意）
Fragile（こわれもの注意）
No Flame（火気厳禁）
This Side up（天地無用）
Handle With Care（取扱注意）

C．梱包（包装）明細書（パッキング・リスト）の作成

梱包ごとの貨物の内容を記載した書類（**梱包（包装）明細書：Packing List**）を作成します。これは、**通関時**にも必要なもので、輸出者が作成することとされていますが、実際は梱包業者が輸出者に代わって作成することがほとんどです。

❺貨物の通関・船積手続

通関・船積手続については、通常、**海貨業者**に依頼します。

A．海貨業者とは

港湾運送事業法により、**個品運送契約貨物**（定期船に複数の荷主の貨物を混載する契約に基づく貨物）を取り扱うことの**認可**を受けたものをいいます。

現在、海貨業者は、荷主の便宜をはかって**通関業**や**倉庫業**、**陸運業**の免許も併せて持つものも増えています。

通関手続の代理・代行は**通関業の許可を受けた業者しか行うことができません**。そこで、通関手続から船積までを、通関業の許可を持つ海貨業者に依頼します。

B．輸出作業依頼書（S/I：Shipping Instructions）

輸出者が海貨業者に船積作業を依頼する場合の指図書を「**輸出作業依頼書：シッピング・インストラクションズ**」と呼んでいます。

このS/I（シッピング・インストラクションズ）は、所定の様式がなく、**輸出者または海貨業者**が独自に作成します。記載内容は、**依頼する作業内容**や**貨物の情報**、**書類に関するものなど**です。

なお、**船荷証券（B/L）**や**ドック・レシート**等、運送人が通常発行する書類は、このS/I（シッピング・インストラクションズ）に記載された情報をベースに作成します。

C．貨物の流れ

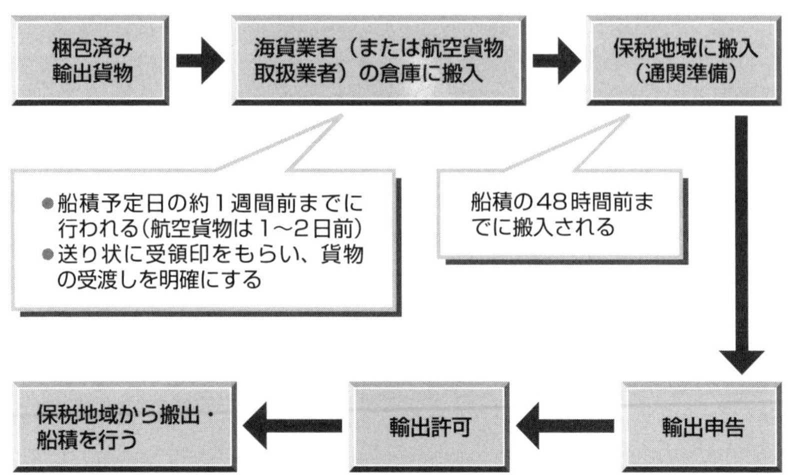

D．商業インボイスの作成

a）輸出者が輸入者宛てに作成する**出荷案内書**で、**内容明細書・代金請求書・包装明細書**としても使用されます。

インボイスの主な記載事項
●貨物の記号、番号、品名・品種、数量、価格 ●（インボイスの）作成地、作成年月日、仕向地、仕向人 ●契約条件など

b）信用状取引の場合、**インボイスに記載された商品名と信用状の商品名**とが**一致**していなければなりません。もし、**不一致**であれば、**ディスクレ**が生じます。したがって、**信用状条件通りの商品名でインボイスを作成する**必要があります。

E．通関用書類の作成

現在は、通関の際に通関用インボイスの提出は、原則として不要ですが、必要に応じ、税関が求めることも少なくありません。

また、貨物の種類により、通関の際、外為法に基づく経済産業大臣の**輸出許可書**、**輸出承認書**などが必要となります。

❻その他の輸出手続

A．輸送手配

輸出者は、取引条件がインコタームズ（P128参照）の**EXW、FCA、FAS、FOB以外の条件**で輸入者と契約した場合、またはそれらの条件で契約しても**慣例として行っている場合**は、自分で船舶その他の運送を手配し**スペース・ブッキング（船腹予約）**をしなくてはなりません。

a）船舶の選択

ア）**定期船（Liner）による個品運送契約**

主に、**小口貨物**の場合（例：100トン以下の貨物）に利用されます。

運賃は、「**バース・ターム**」が通例です。「バース・ターム」とは、本船への積込費用および輸入地の陸揚費用込運賃のことです。特に定期船のバース・タームを、**ライナー・ターム**（Liner Term）と呼んでいます。

イ）**不定期船（Tramper）による用船契約**

主に、大量貨物や石炭・穀物・木材などに利用されます。

たとえば、タンカー（油送船）、ドライカーゴ・ボート（一般貨物船）、スペシャルカーゴ・ヴェッセル（専用船）です。

運賃は、**輸出者と船会社とでその都度、個別に決めます**。

用船契約の運賃の仕組み

- バース・ターム（積込・陸揚費用込み）
- FO（＝Free Out　積込費用込み）
- F I（＝Free In　陸揚費用込み）
- FIO（＝Free In and Out　積込・陸揚費用含まず ）

b）ブッキング（Booking）

配船表により船舶を選択し、個別貨物のスペースの申込みをすることを「**ブッキング（Booking）**」と呼んでいます。

通常、**電話でスペース・ブッキング（船腹予約）**を行います。以下の内容について、**船会社**と確認します。

ア）輸出者名（Shipper）

イ）海貨業者名（Forwarder）

ウ）仕向地（Destination）

エ）通関貨物搬入場所

オ）本船名（Vessel）

カ）航海番号（Voy. No.）

キ）出港予定年月日（ETD）

ク）貨物の内容(Commodities, Gross Weight & Measurement, Mode of Packing)

ケ）船積予定地および積込作業の方法

コ）運賃（Freight Rate）

サ）支払方法（Payment）

シ）その他の事項

B．海上保険契約

インコタームズの**CIF条件・CIP条件**による契約の場合には、**輸出者に保険付保義務**があるので、輸出者が保険会社と保険契約を結びます。

また、それ以外の取引条件の場合でも**慣例**として行っている場合には、輸出者は自ら保険契約を結びます。

❼貨物の船積

ここでは貨物の船積について、コンテナ船の場合と在来船の場合に分けて、その手続を見ていきます。

A．コンテナ船の場合

a）**FCL貨物**（Full Container Load：大口貨物）とは、一荷

主の貨物のみでコンテナ一単位が満載された貨物のことです。FCL貨物を輸出する場合には、通常、空のコンテナを船会社から借り受けて荷主の倉庫まで運び、そこでコンテナ詰めを行い、コンテナごとCY（コンテナ・ヤード）に搬入します。このCYは、保税蔵置場等の許可を受けています。

この場合、輸出者がコンテナ詰めを行い、コンテナに施封（シール）し、コンテナ内の貨物の内容を示した**CLP**（コンテナ内積付表：Container Load Plan）を自ら（あるいは受託者が）作成します。

b）**LCL貨物**（Less than Container Load：小口貨物）とは、一荷主の貨物だけではコンテナ一単位を満載できない小口貨物のことです。LCL貨物を輸出する場合には、**CFS**（コンテナ・フレート・ステーション）に持ち込まれ、ほかの**LCL**貨物と混載され、**CY経由で**船積みされます。

この場合は、混載なので、**CLP**は、**CFS**で作成し、**CFS**でコンテナに施封（シール）されます。

c）コンテナ船積み込みまでの書類の流れは、次の通りです。

まず、輸出者は、**船会社**に電話等により**船腹予約**をします。

↓

次に、**海貨業者**にS/I（シッピング・インストラクションズ）で**通関・船積手続**の依頼をします。

↓

依頼を受けた**海貨業者**はS/Iに基づき、船会社へD/R（Dock Receipt：ドック・レシート<複写式>）により**船積み申込み**を行います。

↓

また、海貨業者は税関に**輸出申告書**(E/D：Export Declaration)により**輸出申告**を行います。

↓

保税地域であるCYなどに搬入された後、税関は、輸出貨物の**検査**を行い、問題がなければ、**輸出許可**をして**輸出許可書**（E/P：Export Permit）を交付します。

↓

また、海貨業者は、船会社から運送契約書の写しであるD/R**の複写の必要部分**を受け取ります。

↓

そして、海貨業者は、D/R・E/P（**FCL貨物の場合はCLPも必要となります**）と、輸出する貨物をCY（**FCLの場合**）またはCFS（**LCLの場合**）に持ち込みます。

↓

輸出貨物がCYから船会社によって船積みされます。
税関は、E/PとD/R（**税関用**）により船積みを**確認**します。その後、CYまたはCFSで、海貨業者に、D/R（**荷主控用とB/L交換用**）・E/Pが返却されます。

↓

海貨業者は、船会社へD/R（**B/L交換用**）を提出し、船会社よりB/L（船荷証券）の交付を受けます。
この際のB/Lは、CYまたはCFSの**運送人**に貨物を引き渡した際に発行されるので、単に船会社が貨物を受け取ったことを示す**受取式**B/L（Received B/L）となります。
しかし、信用状取引においては、具体的に船舶にその貨物を積み込んだことを示す**船積式**B/L（Shipped B/L）が必要となるので、受取式B/Lに船会社の**船積証明**（On Board Notation）を付してもらいます。

↓

海貨業者が輸出者にB/L・D/R（**荷主控用**）・E/Pを返却します。

B．在来船の場合

a）**大口貨物**の場合は、**荷主の責任**で本船側まで持っていって、船積する方法をとります。これを**自家積み**（あるいは**直積み**）といいます。

実際は、**海貨業者**が輸出者の依頼を受け、通常**はしけ**により本船の海側から積み込みます。

b）**小口貨物**の場合は、船会社の指定した倉庫に貨物を持ち込み、**船会社**が他の貨物とまとめて本船に積み込む方法がとられます。これを**総積み**といいます。

c）積込みまでの書類の流れは、次の通りです。

まず、輸出者は、電話等により船会社に**船腹予約**をします。

↓

次に、輸出者は、**海貨業者**にS/I（シッピング・インストラクションズ）で**通関・船積手続**の依頼をします。

↓

海貨業者は、S/Iに基づき**船積依頼書**(S/A：Shipping Application)を作成し、船会社へ**船積申込**を行います。また、貨物の**検量**を行います。

↓

その後、海貨業者は、**税関**に**輸出申告書**(E/D：Export Declaration)により**輸出申告**を行います。

↓

貨物を保税地域に搬入後、税関は、貨物の**検査**後、**輸出許可**をして**輸出許可書**(E/P：Export Permit)を交付します。

↓

海貨業者は、船会社から**船積指図書**（S/O：Shipping Order）を受領します。

↓

そして、海貨業者は、貨物を**保税地域**から搬出し、**自家積みの場合は本船**で、**総積みの場合は船会社の倉庫**で、S/O・E/Pとともに、貨物を船会社へ引き渡します。

↓

船会社へ引き渡された貨物は、**本船側と荷主側との検数人**が立ち会って貨物をチェックします。チェックにより問題がなければ、**本船側の検数人**がS/O・M/R（Mate's Receipt：**本船貨物受取証**）を**一等航海士**に提出します。

↓

一等航海士は、M/Rにサインして**検数人**に返却します。

↓

検数人は、返却されたM/R・E/Pを**税関**に提出し、**船積確認**を受けます。

↓

船積確認を受けた後、検数人は、**海貨業者**にM/R・E/Pを返却します。

↓

海貨業者は、返却を受けたM/Rを**船会社**へ提出します。

↓

船会社は、M/Rと引き替えに、B/Lを海貨業者に交付します。

↓

海貨業者は、輸出者へB/L・E/Pを返却します。

注 意

近代的な輸送システムであるコンテナ船の場合は、在来船の船積手続に利用される船積依頼書、船積指図書、本船貨物受取証は、すべてD/R（ドック・レシート）に組み込まれています。

C．輸出しようとする貨物に瑕疵（かし）（キズ）がある場合

輸出者の持ち込んだ貨物にキズがある場合には、**D/R（B/L交換用）やM/R（メイツ・レシート）**にその旨が追記されます。これを**リマーク（Remark）**と呼んでいます。

リマークのついたこれらの書類を船会社へ持ち込むと、発行されるB/Lは、**Foul B/L（故障付きB/L）**となります。Foul B/Lでは、信用状取引の場合、**荷為替手形の買取りを拒否**されてしまいます。なぜなら、通常、信用状取引において要求されるB/Lは、**Clean B/L（無故障B/L：リマークのないB/L）**だからです。

このため、実務上、輸出者は船会社に**補償状（L/I：Letter of Indemnity）**を差し入れ、リマークを削除してもらう場合もあります。

<補償状（L/I：Letter of Indemnity）>

輸出者が船会社に対し、貨物に瑕疵（かし）=キズがあることを起因としたた運送上のトラブルが生じた場合には、輸出者が一切の責任を補償することを確約した補償状のことです。

輸出者が船会社にこのL/Iを差し出すことにより、Clean B/Lが発行されます。もっとも、実際にキズが消えたわけではありませんので、いぜん輸入者とはトラブルになる可能性があります。

コンテナ（FCL）貨物をCYに持ち込んだ場合

B/L上に "Shipper's load and count" または "said to contain" というリマークがつけられますが、これは、**キズを表すものではなく**、「荷主によりコンテナ詰めがされ、かつ封がされたので、中身の状態・数量については、船会社は確認できない」という但書きのことです。

よって、この場合は、**Clean B/Lと同様に扱われることとなり、銀行の手形買取りに何の支障もありません。**

D．船積通知

船積が終了すると、輸出者は輸入者にその旨を通知します。これを**船積通知（Shipping Advice）**といいます。これにより輸入者は貨物の受け入れの準備を開始します。

方　　法：FAX・電子メールなどにより、速やかに行います。

通知内容：貨物の明細・金額・船名・出港日等です。

a）**輸入者が保険を付保する取引条件**の場合、輸入者は船積通知により**予定保険**から**確定保険**に切り替えることになります（P154参照）。

b）**信用状決済**や**D/P・D/A決済**（P99、148参照）の場合、**銀行経由**で船積書類が輸入者宛てに到着するため、日数がかかります。そこで、船積書類のコピーを**船積案内に添付して**、航空便・クーリエ・サービス（書類宅配便）等により**直接送付**します。

c）**航空貨物**の場合、**航空運送状（Air Waybill）・インボイス**は、**貨物と一緒に送られる**ので、輸入者の荷受けの準備のために、できるだけ早く船積通知することが必要です。

❽荷為替手形による輸出代金の回収

貿易の代金決済方法で最も一般的なものは、「**荷為替手形**」による方法です。

A. 荷為替手形の作成

輸出者は、輸出貨物代金を回収するため**荷為替手形**を振り出し、これに船積書類を取り揃え、銀行に持ち込み、手形を買い取ってもらいます。これにより、輸出した後、速やかに輸出代金を回収することができます。

a）荷為替手形の記載事項

荷為替手形は、2通1組で作成されます。

BILL OF EXCHANGE

NO. ①

FOR ②

③ PLACE ④ DATE

AT ⑤ SIGHT OF THIS **FIRST** BILL OF EXCHANGE

(SECOND OF THE SAME TENOR AND DATE BEING UNPAID)

PAY TO ⑥ **THE ABC BANK, LTD.** OR ORDER

THE SUM OF ⑦

VALUE RECEIVED AND CHARGE THE SAME

TO ACCOUNT OF ⑧

DRAWN UNDER ⑨

L/C NO. ⑩ DATED ⑪

TO ⑫

⑬

①為替手形の番号

②額面金額（インボイス金額と同額）

③発行地

④発行日

⑤手形期日

⑥買取銀行名（THE ABC BANK, LTD.）

⑦額面金額（②の金額を英語で表記）

⑧買手（輸入者）名

⑨信用状発行銀行名

⑩信用状番号

⑪信用状の発行日

⑫手形の名宛人（通常、輸入者または信用状発行銀行）

⑬手形振出人（輸出者）の署名

B．信用状決済手形の買取依頼

為替手形の買取依頼は、**外国為替を取り扱っている輸出者の取引銀行**に対し行います。新規の場合には、「**銀行取引約定書**」、「**外国為替手形取引約定書**」等の所定の書類の差し入れが必要です。そして、買取りの都度、「**信用状付荷為替手形買取依頼書**」、「**荷為替手形**」、「**信用状（D/A、D/Pの場合は、輸出契約書）**」、「**船積書類**」を提出します。

為替手形の買取依頼は、Restricted L/C（買取銀行指定信用状）でなければ、どこの銀行でも差し支えありません。

もっとも、Restricted L/C（買取銀行指定信用状）でも、手数料を支払えば、指定銀行以外でも買取りに応じてもらえます。

C．D/P・D/A手形の買取と取立依頼

信用状なしの手形の場合、**手形を取り立ててもらうか**、あるいは**手形を銀行に買い取ってもらうか**、いずれかの方法により代金を回収します。信用状のない**D/P・D/A手形は**、買取依頼人（輸出者）に相当の信用力がなければ、銀行は買取りの実行をしてくれません。

ところで、**D/P（Documents against Payment）**手形とは、**為替手形決済と同時に船積書類を輸入者に引き渡す条件**の手形です。また、**D/A（Documents against Acceptance）**手形とは、輸入者が為替手形を引き受けた場合に船積書類を輸入者に引き渡す条件の手形です。

手形の引受（Acceptance）とは、輸入者が手形面に署名をして、期日に決済する旨の意思表示をすることです。

なお、荷為替手形の買取（B/B：Bill Bought）依頼は、「荷為替手形買取依頼書」により行い、取立（B/C：Bill for Collection）依頼は、「荷為替手形取立依頼書」により行います。

手形取立の場合は、「取立統一規則」（国際商業会議所が作成した国際ルール）により処理されます。

D．船荷証券と保険証券の裏書

a）船荷証券の裏書

船荷証券（B/L）は、船会社に対し貨物の引き渡しを請求する権利を証券化した有価証券の1つです。B/Lがなければ、貨物の引き渡しがされません。後で学習するAWB（P207参照）と対比してください。

したがって、輸出した貨物を輸入地で輸入者が引き取るためには、輸入者の手にB/Lが渡らなければなりません。この際に注意しなければならないのは、そのB/L上の貨物の受取人（荷受人＝Consignee）が輸出者の指図人となっているにもかかわらず、輸出者が指図のための裏書をしていない場合です。この場合には、輸入者は貨物を受け取ることはできません。

すなわち、

貨物の所有権は船荷証券（B/L）に記載された受取人（荷受人：Consignee）にあります。

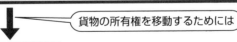

裏書が必要です。

たとえば、荷受人が輸出者の指図人になっているB/Lの場合は、裏書をしないと輸入者は貨物を引き取れません。
具体的に、輸出者の裏書を必要とする場合は、B/Lの荷受人欄が「to order」または「to order of shipper」とされている場合です。
裏書の方法としては、**白地裏書**(Blank Endorsement)、すなわち、輸出者がB/Lの裏面に**単純にサイン**をすればよいのです。
これにより、B/Lの権利は「輸出者の指図人」(白地裏書されたB/Lの保持者）へ移転するのです。

b）保険証券の裏書

CIF、CIPの取引条件により**輸出者が保険料を支払った**場合、保険証券上、保険金受取人は「**輸出者**」となっています。しかし、貨物の危険負担はCIF条件のときは船積時に、CIP条件のときは運送人への貨物引渡時に、すでに輸出者から輸入者へと移っていますし、輸出者は、荷為替手形の買取りにより輸出代金をすでに受け取っています。したがって、保険金は輸入者が受け取れるようにしなければなりません。そこで、**保険証券に輸出者による裏書**が必要となります。

この裏書の方法は、**白地裏書（Blank Endorsement)**、すなわち、輸出者が**保険証券の裏面に単純にサインをすればよく**、これにより保険金の受取人は「**輸入者**」へ移転します。

⑵輸入手続と書類

貿易取引において輸入者が行う手続、すなわち信用状の開設（信用状取引の場合）から、貨物が到着し、その貨物を引き取るまでの全体像を学習し、個々の手続の方法、そしてその手続で使用される書類について理解を深めていきましょう。

❶輸入者からみた貿易取引の流れ

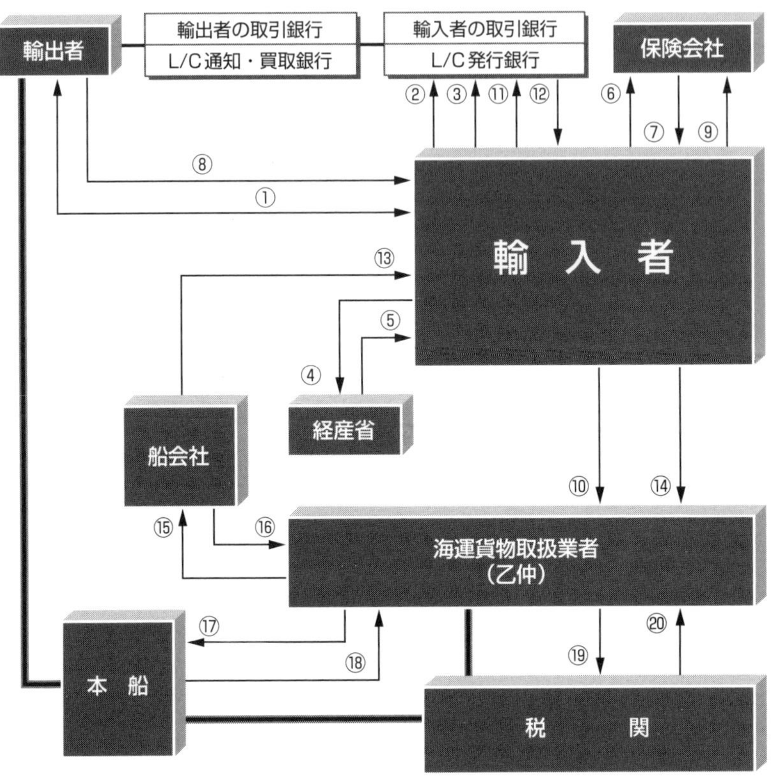

①売買契約書（注文書 or 注文請書）

②信用状発行依頼

③為替売予約

④輸入承認申請書

⑤輸入承認

⑥予定保険申込

⑦予定保険証書

⑧船積通知

⑨予定保険→確定保険に

⑩通関・荷受依頼

⑪代金支払
⑫船積書類引渡し
⑬着船通知
⑭船荷証券・船積書類
⑮船荷証券引渡し
⑯荷渡指図書
⑰荷渡指図書
⑱カーゴ・ボート・ノート
⑲輸入（納税）申告
⑳輸入許可（保税地域でカーゴ・ボート・ノートを呈示して貨物を引き取る）

※輸入の主な手続・業務は、「貨物代金の支払」と「通関・引取り」の2つで構成されていることをまず理解してください。

❷為替予約

手続方法は、輸出時の場合と同様ですが、銀行に円を支払い、外貨を買うので、「**為替売予約**」となります。

❸保険契約

輸入者が保険を付保する条件で契約した場合には、「**貨物海上保険契約**」を保険会社と結びます。

この貨物海上保険契約を締結する際には、貨物の**数量**、**性質**、**積載船名**、**輸送機関**等が確定されている必要があります。しかし、実際には、輸出者からの**船積通知が届かない**と、確定できない内容があります。かといって、**船積通知後に付保した場合**には、**危険開始時からのリスクがカバーできません**。このような弊害を解決するために**予定保険制度**が設けられています。

予定保険制度の仕組み

保険契約締結の時点で不確定な項目（たとえば、積込船名・貨物の数量等）があるが、貨物損害をカバーするために、貨物の船積前に保険を付保する必要がある場合、

↓

不確定事項はそのままで、**予定保険**をかけます。
この際、「**予定保険証券**」が発行されます。

↓

輸出地の船積み後、**船積通知**が到着したら、この通知により、**不確定事項**を保険会社に通知し、**確定申込**を行い、**確定保険**に切り替えます。
この際、「**確定保険証券**」が発行されます。

なお、予定保険契約は、**個別取引ごとに行う方法**（Provisional Insurance）と、一定期間中のすべての船積みに対して**包括的に行う方法**（Open Cover）があります（P154参照）。

❹信用状の開設

信用状取引の場合、取引銀行へ依頼し**信用状**を発行してもらいます。

❺他法令の許可・承認

A．外為法による輸入の承認

現在、外為法では、ア）**輸入割当**を要する貨物を輸入する場合、イ）**特定の原産地・船積地域**から、**特定貨物**を輸入しようとする場合、または ウ）**特定の貨物**で**全地域**を**原産地または船積地域**とするものには、**経済産業大臣**の承認が必要です。

a）輸入承認が必要な貨物

ア）**輸入割当品目（IQ品目）〈1号承認品目〉**

輸入割当品目とは、輸入できる**数量**があらかじめ政府により定められている品目で、これらを輸入する場合には、割当を受け、輸入承認書（I/L：Import License）を取得

しなければなりません。たとえば、次のようなものがIQ品目として輸入公表の第1号に定められています。

①残存輸入制限品目―魚介類、海草の一部

②モントリオール議定書に定めるオゾン層を破壊する特定フロンなど

イ）**特定の原産地または船積地域からの特定貨物の輸入（2号承認品目）**

たとえば、**国際条約**や**協定非加盟国**からの鯨、コーヒー、魚介類等が輸入公表の第2号に定められています。

ウ）**特定の貨物で全地域を原産地または船積地域とするもの（2の2号承認品目）**

ワシントン条約附属書Ⅰに定める野生動植物とその加工品等です。

b）輸入承認手続

輸入承認を受けるためには、次のような書類を提出します。

・輸入承認申請書（T－2010）〈2通〉

・申請理由書〈1通〉

・輸入割当証明書（輸入割当品目で割当申請と承認申請を同時に行えない場合のみ）
〈原本および写し1通〉

・契約書類→原本および写し1通

・その他法令により書類

これらの書類の提出先は次の通りです。

・鯨加工品・絹織物→経済産業局等の各輸入担当課

・ワシントン条約附属書Ⅱ・Ⅲ→貿易局輸入課（野生動植物管理班）

・その他→貿易局輸入課（特殊貿易班ほか）

c）輸入承認書の期間延長

輸入承認書の有効期間は、原則として**6か月**です。この6か月以内に、通関のための**輸入申告**を税関へ行う必要があります。

6か月以内に輸入申告ができない場合には、輸入承認書の有効期間を延長してもらわなければなりません。

B．その他の法令による許可・承認

外為法以外にも輸入に関して許可・承認が必要な場合があります。

銃砲刀剣類所持等取締法	➡	都道府県公安委員会の許可書（禁止）
印紙等模造取締法	➡	財務大臣の許可書（禁止）
毒物及び劇物取締法	➡	輸入業登録票及び登録品目書
医薬品医療機器等法※	➡	輸入販売業許可書、輸入承認書等
火薬類取締法	➡	都道府県知事の火薬類輸入許可書
高圧ガス取締法	➡	都道府県知事の検査合格証等
化学物質検査及び製造規制法	➡	厚労大臣及び経産大臣の確認通知書
特定石油製品輸入暫定措置法	➡	経産大臣の登録通知
etc.		

※旧薬事法のこと。

❻代金の支払いと船積書類

輸入代金の決済は、「**信用状を利用する方法**」と「**信用状を利用しない方法**」に分けて見ることができます。

A．信用状を利用して決済する方法

この場合は、輸入者は、外国為替の業務を行っている取引銀行に信用状の開設を申込み、**信用状**を発行してもらう必要があります。のちに、輸出者から信用状条件と合致した**荷為替手形**が届きます。その手形決済（または引受）を行うことにより、**船荷証券**等の船積書類を手に入れることができます。また、手形決済の時期を猶予するため、輸入者は輸入ユーザンスや**つなぎ融資**を受けることもあります。

B．信用状を利用しない方法

信用状を利用しない決済方法は、次の方法等があります。

a）ネッティング（相殺方式）による方法

b）送金による方法

c）現金支払いによる方法

d）D/P手形・D/A手形による方法

e）クレジットカードによる方法

これらについてはP146以降でまた解説していきます。

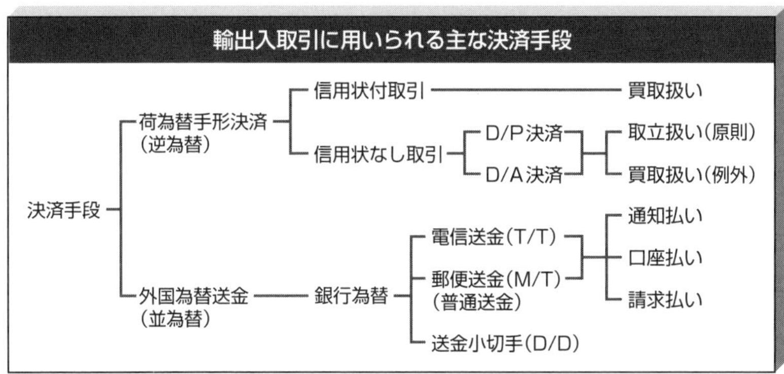

C．輸入金融

輸入者が荷為替手形の決済をして、船積書類を入手するときに、銀行はその**代金を融資**したり、代金決済までに一定の猶予期間を与えたり（**輸入ユーザンス＝支払猶予**）します。

a）輸入ユーザンス

輸入ユーザンスは、誰が支払猶予するかによって、銀行ユーザンスとシッパーズ・ユーザンスの2つに大別できます。

ア）銀行ユーザンス

銀行ユーザンスには、自行ユーザンス（本邦ローン）と外銀ユーザンス（アクセプタンス）方式があります。

●自行ユーザンス（本邦ローン）

輸出地の買取銀行から荷為替手形を受け取った信用状発行銀行が、輸入者が経済的な余裕のないときには、**買取銀行への支払いは自行のリスクで済ませる**一方、**輸入者に対しては輸入代金の決済までに時間的な猶予を与える**ことを**自行ユーザンス**といいます。

これは輸入国の国内で銀行が輸入者に対して融資している国内ローンと同じことなので、**本邦ローン**とも呼ばれています。

輸入者は本邦ローンを受けるため**輸入担保荷物保管証（Trust Receipt：T/R）**と、荷為替手形と同じ額面の約束手形（担保）を銀行に差し入れます。

●外銀ユーザンス（アクセプタンス方式）

信用状条件に基づいて輸出者が振り出したニューヨークやロンドンの銀行を引受人とする**期限付手形**は、輸出地の買取銀行で通常通り買い取られた後、信用状に定められた引受人（外国銀行）に引き受けられます。その手形は期日になって輸入者に決済のために呈示されるまで、海外の銀行の手に委ねられます。つまり、**手形期限までは外国の銀行が輸入者に支払猶予を与えている**ことになるので、**外銀ユーザンス方式**と呼ばれています。

イ）シッパーズ・ユーザンス

シッパーズ・ユーザンスとは、輸入代金の決済について、銀行の信用を利用しないで**輸出者が直接**、輸入者に対して**支払猶予**を与える方法です。つまり、輸出者が**代金回収リスク**を負うものです。**D/A手形**を利用した場合と、**後払い送金**の場合があります。

●D/A手形（Documents against Acceptance：引受時書類渡）

D/A手形を利用した場合、輸入者は輸出者の振り出した**期限付き手形**を**引き受ける**ことにより、**船積書類の引き渡し**を受けることができます。すなわち、輸入者が手形の決済を済ます前に、貨物の引き渡しがされることになります。このように、**代金決済まで輸出者がリスク**を負います（なお、信用状付きD/A手形の場合は、銀行の信用を利用しているので、シッパーズ・ユーザンスにはなりません）。

●後払い送金

輸出者が貨物を出荷した後、代金が送金されるものです。つまり、輸出者は、輸入者に代金の支払猶予を与え**代金回収リスク**を負います。

b）つなぎ融資

今まで見てきた輸入金融の供与を受けても、なお輸入者が期日に代金決済ができない場合には、銀行は、決済できるまでの期間、今度は**邦貨による金融**を行います。これを**輸入跳ね返り金融**と呼んでいます。

❼貨物の引取り

貨物が本邦に到着したら、税関長の輸入許可を受け貨物を引き取ります。貨物の引き取りは、通関手続を含め、**通関業の許可**を受けている**海貨業者**に依頼することがほとんどです。

A．海貨業者へ通関・荷受け依頼

〈手続に必要な書類〉

- **B/L**または**L/G**（後述）、航空貨物の場合は**リリース・オーダー**
- **インボイス**
- 他法令関連書類（他の法令により許可・承認などを必要とする貨物の場合）：**輸入許可書**、**承認書**、**検査証**など
- その他（必要に応じて税関により提示を求められる書類）
注文書・カタログ・運賃証明書・保険料証明書・原産地証明書など

B．輸入作業依頼書

海貨業者に荷受け作業を依頼する場合には、「**輸入作業依頼書**」という**指図書**を渡します。

これは、**所定の様式がなく**、輸入者または海貨業者が独自に作成したものを使用することになります。

〈**記載内容**〉

a）依頼する作業内容

b）貨物の情報

c）書類に関するもの

C．B/Lなしでの貨物の引取り

海上貨物は、**船荷証券（B/L）**と引き替えに貨物を引き取ることになっています。

しかし、銀行経由の船積書類が到着する前に貨物が到着し、B/Lなしの状態で貨物を引き取りたい場合には、**L/G（Letter of Guarantee：保証状）**を提出することにより引き取ることができます。これを**保証状荷渡し**といいます。

L/Gとは、B/Lなしの状況で貨物を引き取ることにより、船会社に損害を与えるような事態が生じた場合に、その**損害を補てんすることを約束した保証状**で、**輸入者の取引銀行が連帯保証しているもの**です。

注 意

輸出者がディスクレ書類を買い取ってもらうときに買取銀行に差し入れる保証状（L/G）と混同しないようにしましょう（P81参照）。

・L/Gにより貨物を引き取る方法は、次の通りです。

船会社が**L/Gの用紙を交付**します。

↓

内容（**船名・貨物の明細等**）を記載し、**輸入者自身が署名**します。

↓

「**輸入担保荷物引取保証に対する差入証**」および「**約束手形（担保）**」を銀行に差し入れて、**連帯保証のサイン**をもらいます。

↓

L/Gを船会社へ提出して、貨物を引き取ります。
その後、**B/L到着後**、船会社でL/Gと交換して、L/Gを銀行に返却し、連帯保証期間に応じた**保証料**を銀行に支払います。

D．コンテナ船の貨物の引取り

コンテナ船の貨物の引取りの一巡は、次の通りです。

①**通関業者**に通関・荷受けを委託する。その際、**輸入作業依頼書**と貨物の引取りに必要な**船積書類**を通関業者に引き渡します。

②通関業者は、税関に**輸入申告**（**Import Declaration：I/D**）を行い、**輸入許可書**（**Import Permit：I/P**）の交付を受けます。

③船会社に対し、**B/L**（**船荷証券**）または**L/G**（**保証状**）を呈示し、**荷渡指図書**（**Delivery Order：D/O**）を交付してもらいます。**FCL貨物**の場合は**CY**宛、**LCL貨物**の場合は**CFS**宛の指図書になります。

④通関業者は、CYまたはCFSオペレーターに対し、上記の

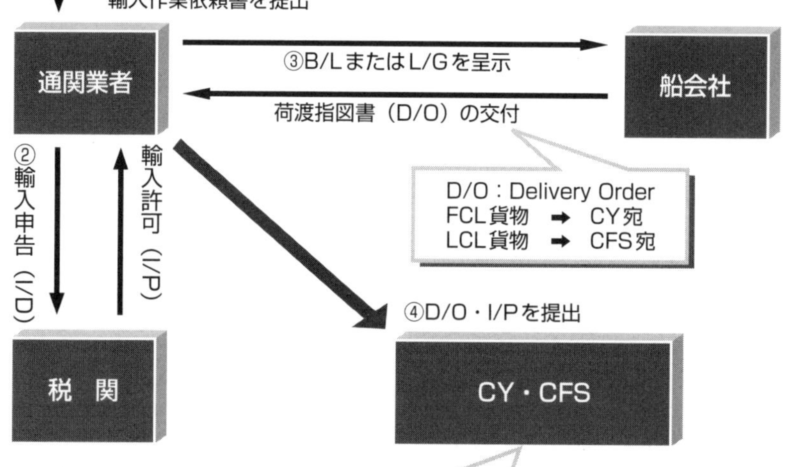

このとき、貨物の状態を記載したデバンニング・レポート(D/R：Devanning Report)が作成され、**船会社および荷受人が署名**します。これは、荷受人がCYやCFSから**貨物を受け取ったという証明**であり、そのときの**貨物の状態を示す証拠書類**となります。

また、FCL貨物の場合には、「**コンテナ内積付表（CLP：Container Load Plan）**」も一緒に交付されます。

D/O（荷渡指図書）および**I/P（輸入許可書）**を提出し、貨物の引き渡しを受けます。

E．在来船貨物の引取

a）自家揚げ（Shipside Delivery）

船腹を借り切って運送する**用船契約（C/P：Charter Party）の場合**や**貨物の重量があるような場合**には、**荷主の責任**で船から貨物を引き取る方法をとります。これを**自家揚げ**といいます。

この場合、**D/O（Delivery Order：荷渡指図書）**は**船長宛て**に発行されます。これを船長に呈示して貨物を引き取り、自ら保税地域に搬入し**通関手続**を行います。

また、貨物引取時に**輸入者側の検数人が検数票（Tally Sheet）**を作成した後、船会社側の検数人が確認し、これに基づき「**ボート・ノート（Cargo Boat Note：貨物受渡書）**」が作成されます。

この「ボート・ノート」とは、荷受人が貨物を受け取ったことを示す**船卸票**で**本船に対して提出されるもの**です。また、**受取時の貨物の状態の証拠**ともなります。

b）総揚げ（Shed Delivery）

船会社によって、貨物を全部一括して陸揚げする方法をいいます。通常この作業は、**船内荷役事業者（ステベドア：Stevedore）**により行われ、そして**保税地域内**において、貨物の引き渡しがされます。貨物は、船会社がまとめて保税地域に搬入します。

また、総揚げの場合は、**D/Oは、陸揚代行業者（ランディング・エージェント：Landing Agent）宛て**に発行されますので、保税地域で業者にD/Oを呈示します。そして、**エージェント側の検数人**が立会い検数を行い、**検数票**を作成し、これに基づいて「**ボート・ノート**」が作成されます。

F．航空貨物の場合（信用状取引の場合）

信用状取引の場合、**船積書類**は**銀行経由**となるため、通常貨物より遅れて到着します。しかし、輸入者は、いち早く貨物を引き取りたいと考えます。この場合、「**リリース・オーダー（Release Order：貨物引渡指図書）**」を銀行から発行してもらい、貨物を引き取るという方法がとられます。

下図がその仕組みを示しています。なお、下図中で「**輸入担保荷物保管証（丙号）（航空貨物用）：AIR T/R = Air Trust Receipt**」、および、**約束手形**または**担保**を銀行に提出するのは、まだ、輸入者が**荷為替手形の決済をしていない**ために、**輸入貨物の所有権**およびこれに基づく**貨物引渡請求権**が、銀行にあるからです。

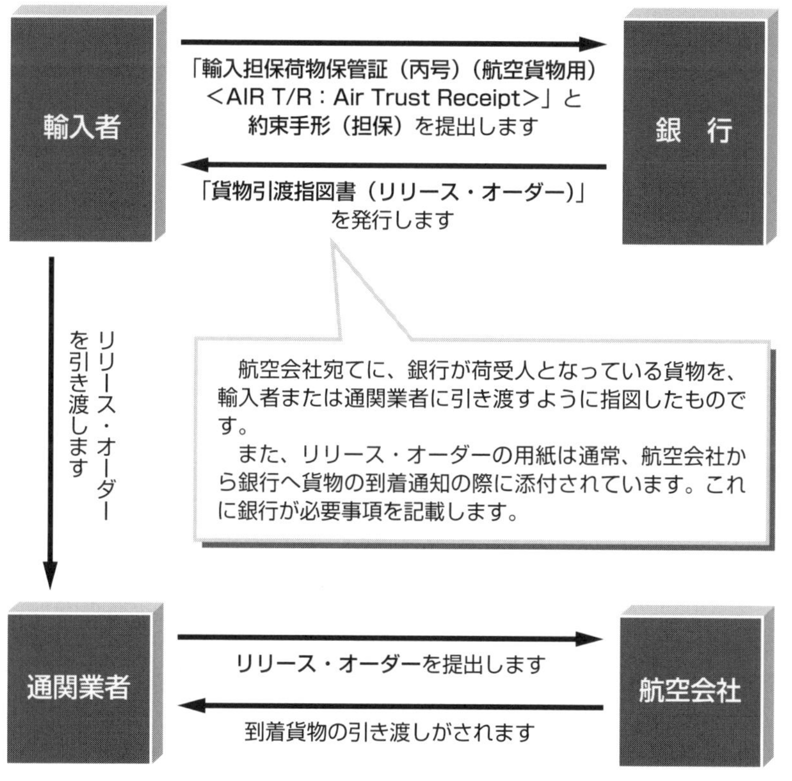
輸入者
銀　行
「輸入担保荷物保管証（丙号）（航空貨物用）
<AIR T/R：Air Trust Receipt>」と
約束手形（担保）を提出します
「貨物引渡指図書（リリース・オーダー）」
を発行します
リリース・オーダーを引き渡します
航空会社宛てに、銀行が荷受人となっている貨物を、輸入者または通関業者に引き渡すように指図したものです。
また、リリース・オーダーの用紙は通常、航空会社から銀行へ貨物の到着通知の際に添付されています。これに銀行が必要事項を記載します。
通関業者
航空会社
リリース・オーダーを提出します
到着貨物の引き渡しがされます

注意

AIR T/Rと、本邦ローン（後述）を受けるときに差し入れるT/R（Trust Receipt：貨物保管預り証書）とを混同しないようにしましょう。

また、リリース・オーダーは海上輸送のL/Gと異なり、その発行銀行は保証債務は負わないことに留意しましょう。

3－1 Challenge

次の各文章について、（　）内に示した2つの語句のうち、正しいものを選んでください。

① 信用状の開設通知は輸出者に（A．輸入者　B．通知銀行）から行われる。

② 船荷証券やドック・レシートは（A．Shipping Instructions　B．Shipping Advice）にもとづいて発行される。

③ 利用航空運送事業者が個々の荷主に対して発行するエア・ウェイビルを（A．マスター・エア・ウェイビル　B．ハウス・エア・ウェイビル）という。

④ 自家揚げの際、検数票にもとづき作成され、貨物を本船から引取ったことの証として本船に提出されるのが（A．メイツ・レシート　B．ボート・ノート）である。

⑤ 輸出の場合、コンテナ単位に満たない小口貨物は（A．CFS　B．CY）に持込まれ、他の小口貨物と混載される。

3－1 Challenge　解答および解説

①－B

信用状の開設通知は、通知銀行から輸出者に行われます。もし、万一、信用状を輸入者から直接入手した場合、信用状が偽造されているおそれがあり、その場合、輸出者はその信用状が真正なものかどうか確認できません。しかし、通知銀行経由の場合、通知銀行が真偽を確認しているので安心できます。

②－A

船荷証券やドック・レシートは、Shipping Instructions（船積依頼書）に基づいて作成されます。

③－B

利用航空運送事業者が個々の荷主に対して発行するエア・ウェイビルは、ハウス・エア・ウェイビルと呼ばれます。マスター・エア・ウェイビルとは、航空会社が利用航空運送事業者に対して発行するものです。

④－B

自家揚げの場合は、直接本船のところまで行って貨物を引き取ることになりますが、その際、輸入者側と船会社側の検数人が立ち合い、検数票を作成します。そして、これに基づき貨物の受取証であるボート・ノートが作成されて本船に提出されます。

⑤－A

輸出の場合、コンテナ単位に満たない小口貨物はCFS（Container Freight Station）に持ち込まれ、他の小口貨物と混載されます。一方、コンテナ単位のFCL貨物はCY（Container Yard）に運び込まれます。

3－2 Challenge

次の文章は、輸出手続に関するものですが、正しいものには○印を、誤っているものには×印をつけてください。

① 輸出者の持ち込んだ貨物に瑕疵があった場合、コンテナ船ではMate's Receiptにリマークされる。

② 貨物を無償で輸出する場合、輸出申告書に記載すべき申告価格は、ゼロである。

③ 税関長に対する輸出申告は、原則として保税地域に搬入する前に行う。

④ 輸出申告価格は、実際の取引がCFRやCIF等の場合には、そ

れらの金額から予定される運賃や保険料を差し引き、FOB価格に換算しなければならない。

⑤ 輸入代金決済について銀行の信用を利用せず、輸出者が直接、輸入者に代金決済の支払猶予を与える方法を本邦ローンという。

3－2 Challenge 解答および解説

①－×

輸出者の持ち込んだ貨物に瑕疵があった場合、コンテナ船のLCL貨物ではDock Receipt（ドック・レシート）に、在来船ではMate's Receipt（メイツ・レシート）に、それぞれリマークされます。

②－×

貨物を無償で輸出する場合、輸出申告書に記載すべき申告価格は、有償で輸出されるものとした場合の貨物の価格です。

③－○

関税法の規定により、輸出申告は、輸出しようとする貨物を保税地域に搬入する前に行うことができます。

④－○

輸出申告価格は、実際の取引がCFRやCIF等の場合には、それらの金額から予定される運賃や保険料を差し引き、FOB価格に換算しなければなりません。

⑤－×

輸入代金決済について銀行の信用を利用せず、輸出者が直接、輸入者に代金決済の支払猶予を与える方法をシッパーズ・ユーザンスといいます。本邦ローンとは、本邦の銀行が輸入業者に対し、外貨建てで対外決算資金を貸し付ける方式をいいます。本邦ローンのことを自行ユーザンスともいい、銀行はすでに対外的には決済を終えていて、この支払猶予は単に本邦の銀行と輸入者との間だけのローン（融資）ということになります。

3－3 Challenge

次のA欄に掲げる語句と関連のある文章をB欄より選んでください。

〈A欄〉

①D/P
②D/A
③Shipping Advice
④Import Permit
⑤Shipping Instructions

〈B欄〉

(a) 為替手形決済と同時に船積書類を輸入者に引き渡す条件のこと
(b) 輸出作業依頼書のこと
(c) 輸入者が期限付きの手形を引き受けると、それと引き替えに船積書類が引き渡される条件のこと
(d) 船積通知のこと
(e) 輸入申告のこと
(f) 輸入許可書のこと

3－3 Challenge　解答および解説

①－(a)

D/Pとは、「Documents against Payment：手形支払書類渡し」のことで、一覧払手形が輸入者に呈示した場合に手形代金の支払いと引き替えに船積書類が引き渡される条件のことです。

②－(c)

D/Aとは、「Documents against Acceptance：手形引受書類渡し」のことで、輸入者が期限付の手形を引き受けると引き替えに、貨物の引取りに必要な船積書類が引き渡される条件のことです。

③－（d）

Shipping Adviceとは、船積通知のことです。

④－（f）

Import Permit（I/P）とは、輸入許可書のことです。

通関業者は、税関に輸入申告（Import Declaration：I/D）を行い、輸入許可書（Import Permit：I/P）の交付を受けます。

⑤－（b）

Shipping Instructions（S/I）とは輸出作業依頼書のことです。

記載内容は、依頼する作業内容や貨物の情報、書類に関するものなどです。

3－4 Challenge

次の各文章について、（　）内に示した2つの語句のうち正しいものを選んでください。

① 輸出者の持ち込んだ貨物に瑕疵があった場合、コンテナ船では（A．Mate's Receipt　B．Dock Receipt）にその旨が記載されるが、これをリマークという。

② 外国為替および外国貿易法により輸出入の許可・承認が必要な場合は、通関手続の（A．前　B．後）に許可・承認の申請を行う。

③ 輸入者の行う為替予約は、外貨の（A．買予約　B．売予約）である。

④ 輸入許可を受けたコンテナ貨物の引渡しの際に作成されるのが、貨物の状態を記録した（A．ドック・レシート　B．デバンニング・レポート）である。

⑤ 在来船の貨物の引取り方法について、貨物の重量が大きかったり、サイズが大きなものである場合には、荷主の責任で貨物を引き取ることになるが、これを（A．Shed Delivery　B．Shipside Delivery）という。

3－4　Challenge　解答および解説

①－B

輸出者の持ち込んだ貨物に瑕疵があった場合、コンテナ船ではDock Receiptにその旨が記載されますが、これをリマークといいます。なお、在来船の場合、Mate's Receiptに追記されることになります。

②－A

輸出入に際して外為法等により許可や承認が必要な場合には、輸出入申告の際に、経済産業大臣の許可・承認を取得している旨を証明する必要があります。したがって、その申請は通常手続の前に行っておく必要があります。

③－B

輸入者の行う為替予約は、外貨の売予約となります。外国為替でいう売予約や買予約とは、銀行からみて外貨を売るか、買うかという意味です。輸出者から外貨建ての荷為替手形が呈示された場合、輸入者は本邦通貨を外貨に両替し、為替手形を決済します。

この場合、銀行からみると、輸入者に対し外貨を売ることになります。したがって、売為替（売予約）となります。

④－B

輸入の許可を受けたコンテナ貨物の引渡しの際に作成されるのが、貨物の状態を記録したデバンニング・レポート（Devanning Report：D/R）です。ドック・レシート（Dock Receipt：D/R）とは、輸出の際、海貨業者がShipping Instructionsに基づいて作成し、船積申告書として船会社に提出する書類のことです。

⑤－B

在来船の貨物の引取方法について貨物の重量が大きかったり、サイズが大きなものである場合には、荷主の責任で貨物を引き取ることになりますが、これをShipside Delivery（自家揚げ）といいます。この場合は、Delivery Orderである荷渡指図書は船長宛に発行され、船長にこれを提出して貨物を引き取り、原則として自身で保税地域に搬入して通関手続を行うことになります。

3－5 Challenge

次の文章は、輸入手続に関するものですが、正しいものには○印を、誤っているものには×印をつけてください。

① 定期船の運賃形態であるバース・タームとは、積込費用のみが含まれている運賃である。

② シッパーズ・ユーザンスとは、輸入代金決済について銀行の信用を利用せず、輸出者が直接輸入者に代金決済の支払猶予を与える方法で、たとえば、後払送金を利用する場合があげられる。

③ B/Lが到着する前に、本邦に到着している貨物を引き取る場合には、船会社にL/Gを差し入れるが、このL/Gは、B/Lなしの状況で貨物を引き取ることにより、船会社に損害を与えるような事態が生じた場合には、その損害を補てんすることを約束するもので、輸入者の銀行も連帯保証しているものである。

④ コンテナ船へFCL貨物を積み込む場合には、CFSに持込まれ船積みされる。

⑤ 信用状に基づく航空貨物の引取りの際には、輸入者は銀行に輸入担保荷物保管証（丙号）（AIR T/R）を差し入れてリリース・オーダーの発行を受け、これを航空会社に提出して貨物の引渡しを受ける。

3－5 Challenge　解答および解説

①－×

「バース・ターム（Berth Term）」とは、輸出港における積込費用（Loading Charge）および輸入港における陸揚げ費用（Unloading Charge）が含まれている運賃体系です。

②－○

シッパーズ・ユーザンスとは、輸入代金決済について銀行の信用を利用せず、輸出者が直接輸入者に代金決済の支払猶予を与える方法で、たとえば、後払送金を利用する場合があげられます。

③－○

問題文にあるL/G（Letter of Guarantee：保証状）は、B/Lなしの状況で貨物を引き取ることにより船会社に損害が生じた場合に、その損害を補てんすることを輸入者および連帯保証人である銀行が約束した書面です。

④－×

FCL貨物とは、一荷主貨物でコンテナ一単位に満載された大口貨物のことで、直接CY（コンテナ・ヤード）に運び込まれるものです。なお、貨物の量がコンテナ一個に満たない小口貨物をLCL（Less than Container Load）貨物といいますが、この貨物の場合には、CFS（コンテナ・フレート・ステーション）に持ち込まれます。

⑤－○

問題文の通り、輸入者は銀行にAIR T/Rを差し入れてリリース・オーダー（貨物引渡指図書）を受け取り、これにより貨物を航空会社から引き取ります。

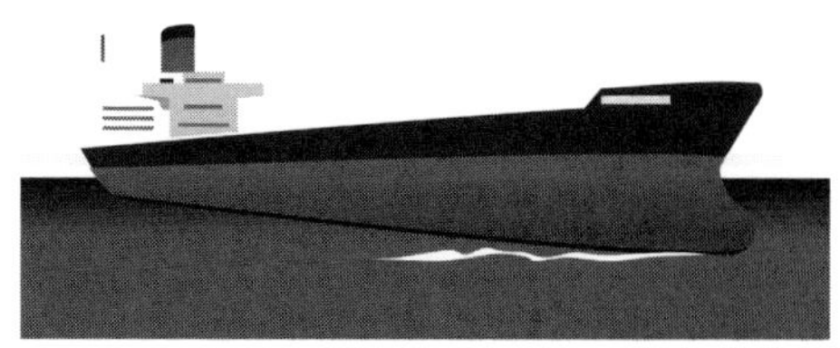

4 貿易法務

この項目は、B級・C級ともに試験項目となっていますので、しっかりと理解しましょう。

(1)貿易契約の成立

貿易契約（売買契約）は、当事者の申込み（Offer）と承諾（Acceptance）の意思の一致により成立する諾成契約と考えられています。ここでは、取引見込客の選定後、契約締結までの過程を説明していきます。

❶勧誘（PROPOSAL）

PROPOSALは、**外国の商工会議所に取引先の紹介依頼をする**、あるいは、**海外業界・専門誌などへの広告掲載**をするといった**積極的な売込活動**のことで、これは**申込み（OFFER）**という意思表示とは異なります。

❷引合い（INQUIRY）

INQUIRY（インクワイアリー）とは、取引見込先（買手）が、輸出者（売手）の**勧誘（PROPOSAL）**を受け、詳細を問い合わせることです。たとえば、**商品の価格表・見積・納期などの問い合わせ**や**サンプル送付依頼**をすることです。**申込み（Offer）**という意思表示とは異なります。

❸申込み（OFFER）

A．オファーとは

契約成立のための当事者一方の意思表示です。つまり、相手方へ**具体的な条件を示し、契約締結をしたいという意思表示が**

オファーです。具体的には、次のような条件提示を行います。

具体的な条件提示の例
●取引対象となる商品の規格・品質 ●数量・価格・納期・支払条件・運送条件　など

なお、売手側から申込みを行うことを「**Selling Offer**」といい、買手側からのものを「**Buying Offer**」といいます。

B．オファーの種類

a）**ファーム・オファー（Firm Offer＝確定申込み）**

回答の到着期限を限定する条件をつけたオファーのことです。**有効期限内は、提示した条件の変更や撤回もできません**。

b）**反対申込み（Counter Offer）**

先方のオファーに対し、**部分的変更を加えた新たな申込み（オファー）**を行うことです。反対申込みを行うことで先のオファーは失効し、改めて新しいオファーについて承諾の有無を検討します。

通常、**反対申込み**（**Counter Offer**）を双方で繰り返し行いながら互いに条件を歩み寄らせ、契約へと結び付けていきます。

c）**サブコン・オファー（Offer subject to (Seller's) Final Confirmation）**

買主の承諾があっても、直ちに契約が成立するのではなく、売主の**確認により、契約が成立する**という条件をつけたオファーのことです。

d）**先売り御免オファー（Offer subject to Prior Sale** or **Being Unsold）**

相手方の承諾前に**商品の在庫がなくなった場合に、オファーの効力は消滅する**という条件付きオファーのことです。

❹承諾（ACCEPTANCE）

売手と買手のどちらか**一方が示したオファーを、他方が受け入れる意思表示のこと**です。**承諾（ACCEPTANCE）**をすることにより、契約が成立します。

承諾（ACCEPTANCE）の通知は、**口頭で伝えるだけでも有効**ですが、一般的に内容を明確にし、トラブルを避けるために**文書記録が残る方法**（電子メール、ファックス、郵便による文書など）で次のような文書により契約内容を明確にし、双方で再確認します。

- **注文書〈(Purchase Order)＝買手側が作成する書式〉**
- **注文請書〈(Sales Contract)＝売手側が作成する書式〉**

また、契約にあたり、当事者間で取り決めのない事項や解釈に不一致が生じた場合には、**どこの国の準拠法により解決をはかるか**も明確にするとよいでしょう。

さらに、契約書には紛争が起こった場合の解決方法として、仲裁機関や仲裁地、仲裁規則について定めた仲裁条項を盛り込んでおくことが一般的です（P167参照）。

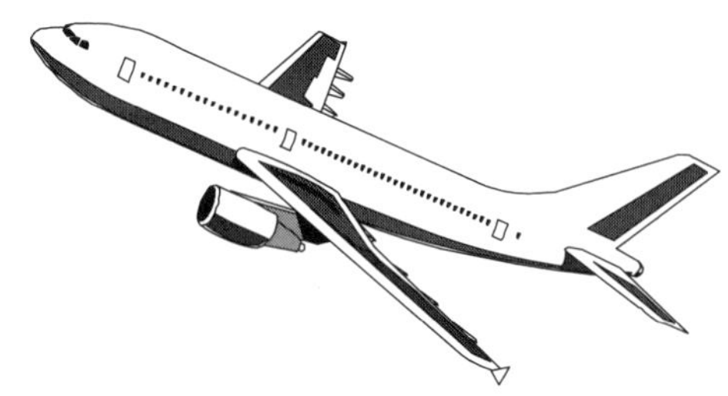

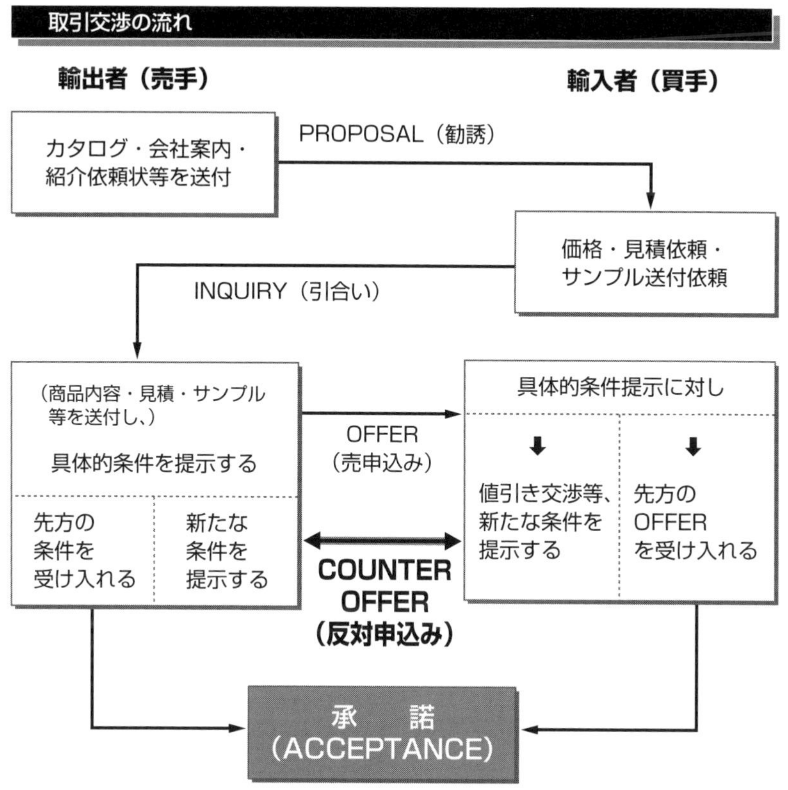

⑵国際売買契約書の契約書類

売買契約は、前項で説明した通り、一方が提示した条件を他方が承諾すれば成立するわけですが、国際売買の場合は、特に合意事項を明確にし、契約の履行を円滑に行い、後々トラブルの原因とならないよう契約書を作成しなくてはなりません。この国際契約書の基本的記載事項や、国内における売買契約書との相違点を考えていきます。

❶国際売買契約書の特色

A．契約書の解釈

国際的な解釈基準を契約書に取り入れ、解釈の不一致がないように努めることが大切です。

・貿易条件→**インコタームズ**〈費用・危険負担の範囲〉

・運送条件→**船荷証券統一条約**〈船会社の責任範囲〉

・複合運送→**信用状統一規則**〈銀行が受理する運送証券〉

・保険条件→**協会貨物約款**〈保険条件〉

・決済条件→**信用状・取立統一規則**〈荷為替手形による決済〉

B．紛争解決方法

紛争が発生した場合には、**協議**により解決をはかりますが、解決できない場合には、**契約により取り決めた方法**により解決をはかります。

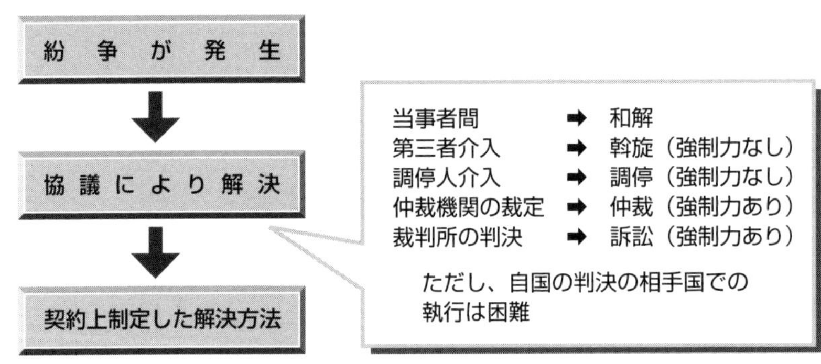

❷個別契約書

A．一般取引条件

売買契約締結に先立ち、一般的な取引の基準となる**一般取引条件**（General Terms and Conditions）についてあらかじめ協定するのが本来のやり方です。

しかしながら、通常、一般取引条件については、協議しません。これらについては、**注文書・注文請書型契約書の裏面に印刷してあり**、これを使用するのが一般的です。裏面に印刷されている条件のことを**印刷条項**、または**裏面約款**と呼びます。もし、印刷条項と異なる条件としたい場合やそこにない条項を付け加えたい場合は、契約書等の表面にタイプで記載されることになるので**タイプ条項**または**表面条項**と呼ばれます。また、もしタイプ条項と印刷条項に矛盾がある場合には**タイプ条項が優先**されます。

売買契約に関わる一般取引条件の主な協定事項

a）取引形態	e）保証事項	i）譲渡禁止条項
b）貿易条件	f）クレーム	j）紛争解決方法
c）船積条件	g）契約不履行	k）準拠法　　など
d）決済条件	h）不可抗力	

❸ウィーン売買条約

ウィーン売買条約（国際物品売買契約に関する国際連合条約：United Nations Convention on Contracts for the International Sale of Goods、「CISG」）は、国際的な物品売買契約を規律する統一ルールとして採択された国連条約です。わが国では2009年8月1日に発効し、国際物品売買契約についてCISGの適用を受けることとなりました。

【国際売買契約における規定の適用優先順位】

①国際私法（適用される国内法）

②当事者の合意

③CISG

CISGには、契約の成立、当事者の契約違反に対する救済に関する規定が設けられ、インコタームズにはない規定があります。また、当事者が排除しない限りCISGが適用されるため、CISGの適用を受けない場合には、その適用を排除する旨の文言を契約書上に明文化する必要があります。

(3)インコタームズと貿易条件

貿易とは国際間の取引のことですが、各国の法制度や商習慣が異なっているにもかかわらず、**国際間の統一された商法や国際条件は存在しません**。そこで生まれたのが、**インコタームズ**です。

ここでは、貿易条件の**国際的な解釈基準**であるインコタームズに規定されている**費用負担の範囲**および**貨物の危険負担の範囲**を理解するとともに、通常、**多く利用される貿易条件**とは、どのようなものなのかを見ていきます。

❶インコタームズとは

インコタームズ2010年版と2020年版の比較

インコタームズ2010年版			インコタームズ2020年版	
EXW	Ex Works 工場渡条件	グループI	EXW	Ex Works 工場渡し
FCA	Free Carrier 運送人渡条件	グループI	FCA	Free Carrier 運送人渡し
CPT	Carriage Paid to 輸送費込条件	グループI	CPT	Carriage Paid to 輸送費込み
CIP	Carriage and Insurance Paid to 輸送費・保険料込条件	グループI	CIP	Carriage and Insurance Paid to 輸送費・保険料込み
DAT	Delivered at Terminal ターミナル持込渡条件	グループI	DAP	Delivered at Place 仕向地持込渡し
DAP	Delivered at Place 仕向地持込渡条件	グループI	新DPU	Delivered at Place Unloaded 荷卸込持込渡し
DDP	Delivered Duty Paid 関税込持込渡条件	グループI	DDP	Delivered Duty Paid 関税込持込渡し
FAS	Free alongside Ship 船側渡条件	グループII	FAS	Free alongside Ship 船側渡し
FOB	Free on Board 本船渡条件	グループII	FOB	Free on Board 本船渡し
CFR	Cost and Freight 運賃込条件	グループII	CFR	Cost and Freight 運賃込み
CIF	Cost, Insurance and Freight 運賃・保険料込条件	グループII	CIF	Cost, Insurance and Freight 運賃・保険料込み

新は、2020年版の新しいインコタームズ規則
グループI：いかなる単一または複数の運送手段にも適した規則
グループII：海上および内陸水路運送のための規則

インコタームズとは、**ICC**（International Chamber of Commerce〈国際商業会議所〉）が、貿易条件の解釈に関する**国際規則**として制定した**解釈基準**のことです。

1936年の誕生以来、8回改定し、**2020年版**が最新版です。インコタームズは法律でも国際協定でもありませんので、契約にあたっては、採用の可否、または採用する場合に**何年版のインコタームズによる貿易条件かを明示すべきです**。

2020年のインコタームズの取引条件の構成は、2グループ11規則です。以下にインコタームズ2020について概要を説明します。なお、試験では、インコタームズ2020が出題されます。

❷2020年版インコタームズ取引条件

〈Ⅰ．いかなる単数または複数の輸送手段にも適した規則〉

コンテナ船、航空機、陸上運送、複合一貫輸送の場合に使用

①EXW（Ex Works）

工場渡しのことで、輸出地（積み地）の工場や倉庫等（売主の施設または指定場所）で引き渡す条件です。

物品の積込は買主の義務で、貨物を買主に引き渡した時点で危険負担が売主から買主へ移ります。

②FCA（Free Carrier）

運送人渡しのことです。

指定された場所で買主の指定した運送人に貨物を引き渡した時点で危険負担が売主から買主に移転します。**引き渡すとは、具体的にコンテナ貨物をCYやCFSで引き渡した場合や複合一貫運送で貨物を複合運送人に引き渡すような場合**をいいます。

引渡場所が売主の施設内であるならば、貨物の積込みは売主の義務・責任で、**そのほかの場所ならば、貨物の荷卸しは買主の義務・責任**となります。

③CPT（Carriage Paid to）

輸送費込みのことです。

危険負担は、売主**の指定した運送人に貨物を引き渡した時点**で移転します。これは、コンテナ船の場合によく使用される条件です。費用負担については、指定仕向地までの輸送費を含め売主が負担します。

④CIP（Carriage and Insurance Paid to）

輸送費・保険料込みのことです。

危険負担は、売主**の指定した運送人に貨物を引き渡した時点**で移転します。この条件も、コンテナ船の場合によく使用されます。費用負担については、指定仕向地までの輸送費および保険料を含め売主が負担します。

⑤DAP（Delivered at Place）

仕向地持込渡条件のことです。

輸入地の指定場所に到着した輸送手段の上で貨物が引き渡された時に、貨物の危険負担、費用負担が売主から買主に移転します。荷卸し作業および輸入通関や輸入税の納付は買主負担です。

⑥DPU（Delivered at Place Unloaded）

荷卸込持込渡しのことです。

輸入地の指定仕向地に到着した運送手段から売主により荷卸しされた後、物品が買手に引き渡された時点で、危険負担と費用負担が売主から買主に移転します。この場合、指定仕向地は、いかなる場所（any place）でもよいとされています。

また、輸入通関費用、輸入税は、買主負担です。

⑦DDP（Delivered Duty Paid）

関税込持込渡しのことです。

売主が指定仕向国における輸入通関と輸入税の納付を済ませ、輸入地の指定場所(コンテナ・ターミナル、倉庫、工場、事務所等）まで貨物を持ち込み、到着したその輸送手段の上で貨物を買主に引き渡します。売主はその指定場所までの輸送に伴う一切の費用と危険を負担します。荷卸し作業は買主が行います。

DAP、DPU、DDPの比較

インコタームズ	荷卸し義務	輸入通関
DAP(仕向地持込渡し)	買主	買主
DPU(荷卸込持込渡し)	売主	買主
DDP(関税込持込渡し)	買主	売主

〈Ⅱ．海上および内陸水路輸送のための規則〉

在来船の場合に使用

⑧FAS（Free alongside Ship）

船側渡しのことです。

積載予定船舶の側面に貨物をつけた時に危険負担および費用負担は売主から買主へ移ります。ただし、**輸出通関の義務は売主側**にあります。木材などの取引の際に使用される条件です。

⑨FOB（Free on Board）

本船渡しのことです。

貨物が輸出港に停泊中の本船の船上に置かれた時に危険負担および費用負担は移転します。

通常の在来船に、よく使用される条件です。

⑩CFR〈C&F〉（Cost and Freight）

運賃込みのことです。

危険負担はFOBと同様に、**貨物が本船の船上に置かれた時**に移転します。また、費用負担は輸入港までの運賃を含め売主が負担します。

⑪CIF（Cost, Insurance and Freight）

運賃・保険料込みのことです。

FOBと同様で、**貨物が本船の船上に置かれた時**に危険負担も移転します。また、費用負担は輸入港までの運賃・海上保険料を含め売主が負担します。通常の在来船に、よく使用される条件です。

通常、貿易取引に使用されるインコタームズは、

- 在来船の場合→**FOB・CFR・CIF**
- コンテナ船・航空輸送・陸上運送・複合一貫輸送の場合→**FCA・CPT・CIP**

各規則の費用と危険の移転時期

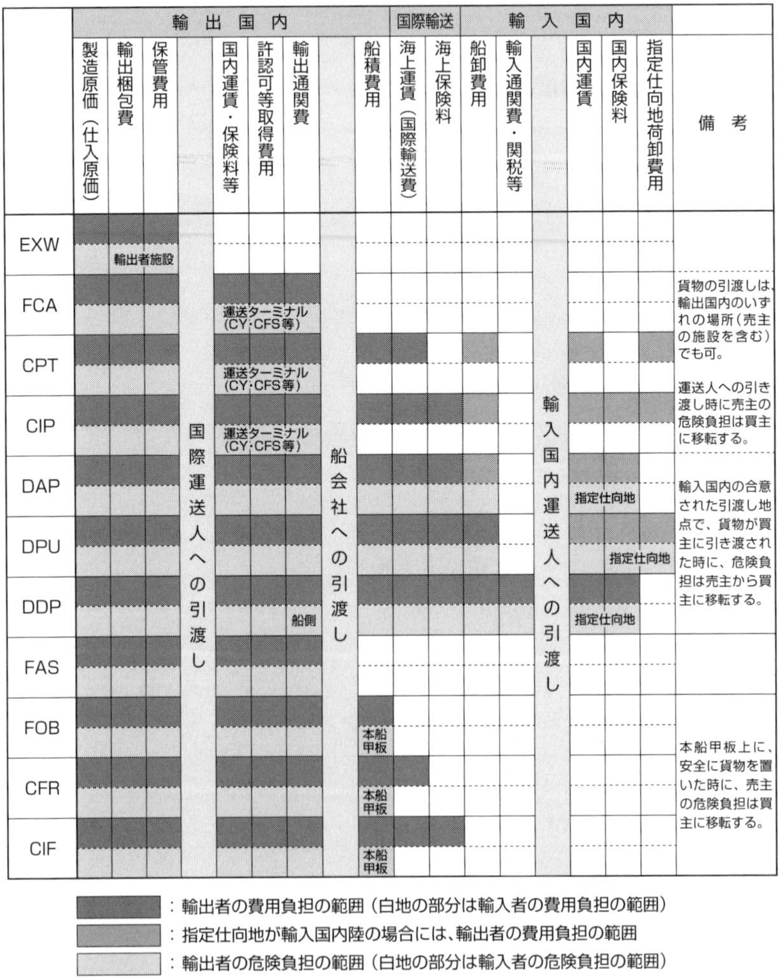

	輸出国内									国際輸送		輸入国内						備考
	製造原価（仕入原価）	輸出梱包費	保管費用		国内運賃・保険料等	許認可等取得費用	輸出通関費		船積費用	海上運賃（国際輸送費）	海上保険料	船卸費用	輸入通関費・関税等		国内運賃	国内保険料	指定仕向地荷卸費用	
EXW		輸出者施設																
FCA					運送ターミナル（CY･CFS等）													貨物の引渡しは、輸出国内のいずれの場所（売主の施設を含む）でも可。
CPT					運送ターミナル（CY･CFS等）													運送人への引き渡し時に売主の危険負担は買主に移転する。
CIP					運送ターミナル（CY･CFS等）													
DAP				国際運送人への引渡し				船会社への引渡し						輸入国内運送人への引渡し	指定仕向地			輸入国内の合意された引渡し地点で、貨物が買主に引き渡された時に、危険負担は売主から買主に移転する。
DPU																指定仕向地		
DDP							船側								指定仕向地			
FAS																		
FOB									本船甲板									本船甲板上に、安全に貨物を置いた時に、売主の危険負担は買主に移転する。
CFR									本船甲板									
CIF									本船甲板									

：輸出者の費用負担の範囲（白地の部分は輸入者の費用負担の範囲）

：指定仕向地が輸入国内陸の場合には、輸出者の費用負担の範囲

：輸出者の危険負担の範囲（白地の部分は輸入者の危険負担の範囲）

注1：EXW以外は、売主が輸出地での通関を行う
注2：CPT、CIPは、輸出国内で国際運送人に貨物を引き渡した場合には、危険負担も同時点で移転する
注3：DDPは、輸入地の内陸部まで持ち込む場合として表示

⑷貿易に関する法規制

輸出入に関し、各種の行政法規が定められています。これらのうち主なものについて見ていきましょう。

❶外国為替および外国貿易法

輸出や輸入にあたって、**経済産業大臣の許可**や**承認**が必要な場合が定められています。具体的な品目等は、外為法の政令である**輸出貿易管理令**や**輸入貿易管理令**に定められています。

A．輸出貿易管理令

ａ）**輸出許可**が必要な貨物

「国際的平和および安全の維持を妨げることとなるもの」

①大量破壊兵器関連物資

これには、核兵器、化学兵器、生物兵器およびミサイルの各関連物資があります。

②武器、通常兵器関連物資

これは**ワッセナー・アレンジメント**に基づくもので、地域紛争につながる武器、通常兵器関連物資があります。

③キャッチオール規制対象物資

2002年4月より、ほとんどすべての製品を対象に、大量破壊兵器に利用されるおそれがないことを確認する「**キャッチオール規制**」が導入されました。

キャッチオール規制では、輸出者が輸出しようとしている貨物が、⑴大量破壊兵器の開発などに用いられると知っている場合（**客観要件**）、②大量破壊兵器の開発等に用いられるおそれがあるとして経済産業省から通知された場合（**インフォーム要件**）、のいずれかに該当する場合には、**経済産業大臣の輸出許可**が必要となります。

※許可が不要な場合の特例も定められている〈少額特例等〉

ｂ）**輸出承認**が必要な貨物

・輸出貿易管理令**別表2**の貨物

ダイヤモンド〈**国連決議**〉

血液製剤等〈**国内需給物資の確保**〉

ワシントン条約の動植物、冷凍のあさり（米国への輸出の場合）など

麻薬、偽造貨幣、特許権等侵害物品など

水銀に関する水俣条約に関するもの

・輸出貿易管理令**別表2の2〈北朝鮮向け〉**の**一定の貨物**

一定の貨物とは、冷凍牛肉、キャビア、たばこ、香水、ヨットなど（2020年3月現在、北朝鮮向けの貨物はすべて輸出が禁止されています。）

・**委託加工貿易契約**により、特定加工のため輸出される一定の**原材料**

皮革関係の製品製造など

〈100万円以下の場合は、承認不要〉

B．**輸入貿易管理令**

〈**輸入承認**が必要な貨物〉

a）**IQ（輸入割当）品目〈輸入公表1号品目〉**

コメ関係、魚介類、海草の一部、「モントリオール議定書」に定める特定フロンなど

b）**2号承認品目〈輸入公表2号品目〉**

国際条約や協定非加盟国からの鯨、コーヒー、魚、甲殻類、絹糸、絹織物、「ワシントン条約附属書ⅡおよびⅢ」の動植物、「モントリオール議定書附属書CのグループⅡおよびD」の製品、特定有害廃棄物など

c）**2号の2承認品目**

原子力関連武器火薬類、**ワシントン条約附属書Ⅰ**に規定する動植物など

〈**事前確認**を必要とする貨物〈**輸入公表3号品目**〉〉

事前確認が必要なもの→わかめ、絹糸など

通関時確認が必要なもの→けしの実など

❷植物防疫法

植物とその生産物につく病原菌や害虫などが輸入貨物とともに国内に入り込むのを防ぐために、特定の貨物に対して検査を行うことが規定されています。

対象品目：植物、植物の加工品、漢方薬など

対象品目の輸入には輸出国の検疫機関が発行した植物検疫証明書が必要です。また、輸入できる港湾や空港が指定されます。

※輸出貨物についても、日本の検疫が必要です。

❸食品衛生法

輸入食品だけでなく、添加物、調理用器具、容器包装、幼児用玩具などを対象とし、港湾、空港を管轄する検疫所に食品等輸入届出書を提出して合格しないと輸入できません。

❹家畜伝染病予防法

動物の伝染病の病原菌が国内に入り込むのを防止することを目的として、動物検疫所が配置されている特定港湾、空港で検査することが規定されています。指定検疫物を輸入しようとする場合には、輸出国の政府機関が発行した輸出検疫証明書が必要です。

輸出時についても、植物検疫と同様に輸入地での検査、検疫に備えた動物検疫が必要です。

❺関税に関する法律

通関手続や関税については、関税法、関税定率法、関税暫定措置法など関税に関する法律により規制されています。また、関税法では、「輸入してはならない貨物」や「輸出してはならない貨物」も規定しています。

⑸知的財産権侵害物品の水際取締り

関税法では、知的財産権の侵害物品を水際で阻止するための規定を置いています。

❶「輸入してはならない知的財産権侵害物品」と「輸出してはならない知的財産権侵害物品」

ア）特許権、実用新案権、意匠権、商標権（これらを**産業財産権**という）を侵害している物品

イ）著作権、著作隣接権を侵害している物品（**著作権法**に規定されている権利）

ウ）育成者権を侵害している物品（**種苗法**に規定されている権利）

エ）回路配置利用権を侵害している物品（**半導体集積回路の回路配置に関する法律**に規定されている権利）

この回路配置利用権は、「輸入してはならない貨物」に規定され、「輸出してはならない貨物」には規定されていません。

オ）次の**不正競争防止法**違反物品

・周知表示混同惹起行為を組成する物品
・著名表示冒用行為を組成する物品
・形態模倣行為を組成する物品
・営業秘密不正行為を組成する物品
・視聴等機器技術的制限無効化行為を組成する物品
・視聴等機器技術的制限特定無効化行為を組成する物品

この技術的制限無効化行為とは、アクセスコントロールおよびコピーコントロールを無効にすることをいい、具体的には、DVDのコピーガードを解除する装置等が該当します。特定無効化行為とは、CATVや衛星放送など「特定」の契約者に対するサービスの提供を目的としているものに対し、契約者以外が視聴できるように細工を施したチューナーなどが該当します。

❷税関長による認定手続

上記の**知的財産侵害物品**か否かは、**税関長の認定手続**により決まります。すなわち、権利者から「**輸入差止申立て**」もしくは「**輸出差止申立て**」があった場合や**税関**において知的財産権侵害物品と思料した場合、認定手続をとり、侵害物品か否かを決めます。

なお、回路配置利用権者は、「**輸入差止申立て**」を行うことはできません。

4－1 Challenge

次の文章は、貿易契約に関するものですが、正しいものには○印を、誤っているものには×印をつけてください。

① 国際貿易売買契約は、当事者一方の申込みと相手側の承諾という意思の一致のほか、代金の引渡しにより成立する。

② 承諾回答の到着期限を定めたファーム・オファーでは、期限までに相手から承諾回答がなかった場合、そのオファーは有効とされ、承諾されたものとみなされる。

③ 契約事項に定めない事柄について紛争が生じた場合で、契約により紛争が生じた場合の準拠法に定めがないときは、買主の国の法律が適用される。

④ インコタームズは、売買する当事者間の費用負担および貨物の危険負担の範囲を同時に示していて、所有権の移転については規定していない。

⑤ メーカーが、自社ブランドをつけた製品を海外メーカーに製造させて輸入することをOEM輸入という。

4－1 Challenge　解答および解説

①－×

売買契約は、当事者の意思の一致のみで成立する諾成契約とされています。なお、当事者の意思の一致のほか、目的物の引渡しが必要とされている契約を要物契約といいます。

②－×

承諾回答の到着期限を定めたファーム・オファーでは、期限までに相手から承諾回答がなかった場合は、オファーは失効します。

③－×

契約事項に準拠法の定めがない場合には、お互いにどちらの国の法に基づいて解決をはかるかを紛争時に決めなければなりません。場合によっては、相手方の国の法律に基づいて解決をはかることもあります。

したがって、事前に相手国の売買や損害賠償などに関する条項を調べておくとよいでしょう。

④－○

インコタームズは、売買する当事者間の費用負担の範囲および危険負担の範囲を同時に示していて、所有権の移転については規定していません。

⑤－○

メーカーが、自社ブランドをつけた製品を海外メーカーに製造させて輸入することをOEM輸入といいます。

4－2 Challenge

次の記述は、2020年版インコタームズに関するものですが、正しいものには○印を、誤っているものには×印をつけてください。

① インコタームズとは国際商業会議所（ICC）が貿易条件の解釈に関する国際規則として制定した国際協定であり、貿易取引を行うときは必ず使用しなくてはならない。

② FOB SHANGHAI と表示されている場合は、上海に向け日本から輸出するということを表す。

③ コンテナ輸送の場合、CIFやFOBの条件を使用すべきである。

④ FCA条件の場合、危険負担は、指定場所で買主の指定した運

送人に貨物を引き渡した時に売主から買主に移転する。

⑤　CIP条件の場合、売主、買主が合意した仕向地に到着した時に危険負担は、売主から買主に移転する。

4－2　Challenge　解答および解説

①－×

インコタームズは国際協定ではなく、取引条件として採用するかどうかは、当事者の自由です。

②－×

FOB SHANGHAI と表示されている場合は、上海から輸入する場合に使われます。

FOBの後には、指定された船積港（輸出港）が表示されます。したがって、これは上海港で船積みされることを意味します。

③－×

コンテナ輸送の場合、「いかなる単数または複数の輸送手段にも適した規則」のグループのインコタームズを使用すべきです。したがって、CIFではなくCIPを、また、FOBではなくFCAの条件を使用すべきです。

④－○

FCA条件の場合、危険負担は、指定場所で買主の指定した運送人に貨物を引き渡した時に売主から買主に移転します。なお、費用負担も同様です。

⑤－×

CIP条件の場合は、CPTの場合と同様に、指定場所で売主の指定した運送人に貨物を引き渡した時に、危険負担は売主から買主に移転します。一方、費用負担は、売主、買主が合意した仕向地に到着した時に売主から買主に移転します。

4－3　Challenge

次の文章は、知的財産権侵害物品の水際取締りに関するものですが、正しいものには○印を、誤っているものには×印をつけてください。

① 形態模倣されたスクーターは、輸入してはならない貨物であるが、輸出してはならない貨物には、該当しない。
② 育成者権侵害物品は輸出してはならない貨物である。
③ 税関長は、検査により商標権を侵害している物品であると思料したときは、直ちに当該物品を没収して廃棄することができる。
④ 商標権者は自己の商標権を侵害する物品が輸出される場合でも、輸入の場合と異なり輸出差止め申立てはできない。
⑤ 回路配置利用権侵害物品は、輸出してはならない貨物である。

4－3 Challenge 解答および解説

①－×

形態模倣行為を組成する物品は、輸入してはならない貨物であり、また、輸出してはならない貨物に該当します。

②－○

育成者権侵害物品は、輸出してはならない貨物に該当します。

③－×

税関長の認定手続を経ないで、直ちに没収して廃棄を行うことはできません。

④－×

商標権者は、自己の商標権を侵害する物品が輸出される場合、差止め申立てを行うことができます。

⑤－×

回路配置利用権の侵害物品は、「輸入してはならない貨物」に該当しますが、「輸出してはならない貨物」には該当しません。

5 外国為替と代金決済

この項目は、B級・C級試験ともに出題項目となっていて、非常に重要な項目の1つです。

(1)為替の種類

貿易取引は異国との取引なので、当然それぞれの国の経済事情や通貨の単位も異なります。そこで、国際間の代金の決済は、「外国為替」という方法を用いて行います。

そもそも、「為替」とは、現金を直接移動せず、支払いなどの「指図」のみで、資金を送る仕組みのことです。

国際間の取引において行われる「外国為替」について、考えていきましょう。

❶代金決済における並為替と逆為替とは

A．並為替（順為替）

送金人から受取人に資金を送金する為替は、**資金移動の指図と資金の流れが同一**であることから、**並為替（または順為替）**と呼んでいます。

B．逆為替

輸出者が自ら**荷為替手形**を輸入者宛てに振り出し、代金を輸入者側から取り立てる為替を**逆為替**と呼んでいます。

資金移動の指図は輸出者側から行われますが、資金自体は輸入者側から輸出者側へと移動します。このように、**資金移動の指図と資金の流れが逆**になることから逆為替と呼ばれます。

(2)外国為替相場と外国為替市場

「外国為替相場」とは、貿易取引代金決済における**異なる通貨間**

の交換比率のことです。この「外国為替相場」の種類と、相場に強く影響する「外国為替市場」について見ていきます。

❶外国為替相場とは

異なる通貨間の交換比率のことをいいます。

これは、**外国為替市場**での対象通貨の**需要と供給のバランス**でたえず変動しています。

❷外国為替市場の仕組み

外国為替相場は、銀行や為替ブローカー間をつなぐ電話回線やコンピュータにより構成されています。そして、このようなネットワークを**インターバンク**といいます。

また、インターバンクでの変動相場を「**インターバンク**（銀行間）**相場**」と呼びます。

この**インターバンク相場**を基準とし、一定の銀行のマージンを加えて決定するのが、「**対顧客相場**」（1日の固定相場を決めて輸出入取引等に適用している相場）です。

参考：「売相場」と「買相場」

銀行からみて外貨を顧客に売る　➡　「売相場」
（EX：代金決済が外国通貨建で、輸入者が銀行から外貨を購入し輸出者へ支払う場合）

銀行が外貨を顧客から買う　➡　「買相場」
（EX：代金決済が外国通貨建で、輸出者が受け取った外貨を銀行に購入してもらう場合）

❸外国為替相場の種類

外国為替相場は、その受渡しの時期により**直物相場（Spot Rate）**と**先物相場（Forward Rate）**の2つに分かれています。

A．直物相場〈Spot Rate〉

外貨の売買契約の成立の時にその対価の受渡しが行われる取

引に適用する相場のことを直物相場といいます。

a）対顧客相場仲値

当日午前10時前後の**インターバンク市場からその日の対顧客向け固定相場の基準として設定**されるレートです。

b）TTS（電信売相場）〈Telegraphic Transfer Selling Rate〉

このレートは、外貨と円貨との交換がその場で行われ、**銀行に資金立替えが発生しない取引で、銀行が外貨を売る場合**に適用されます。たとえば、海外送金、旅行小切手の売渡し、輸入本邦ローンの決済等は、このレートにより行われます。

ここでは、対顧客仲値に**1円／1ドル**のマージンが加えられています。

c）TTB（電信買相場）〈Telegraphic Transfer Buying Rate〉

外貨と円貨の交換がその場で行われ、**銀行に資金立替えが発生しない取引で、銀行が外貨を買う場合**に適用されるレートです。ここでは対顧客仲値に**1円／1ドル**のマージンが差し引かれています。たとえば、海外からの送金（被仕向送金）の支払代金、取立済の仕向代金取立手形の支払代金、外貨預金の払戻し等に、このレートが適用されます。

d）アクセプタンス・レート（一覧払輸入手形決済相場）〈Acceptance Rate〉

輸入信用状に基づく一覧手形の決済に使用される相場をいいます。これは、TTSに「**メール期間金利**」が加えられたレートとなります。

信用状取引の場合は、輸出者が、手形と船積書類を持ち込んだ時点で代金が支払われます。信用状発行銀行の口座から直ちにその代金が回収された場合、発行銀行はその**手形と船積書類が郵送されてくるまでの期間**、代金を立替えることとなり、その郵送期間の**利息（金利）を上乗せ**した相場となります。

外国為替相場表（EXCHANGE QUOTATIONS）の例

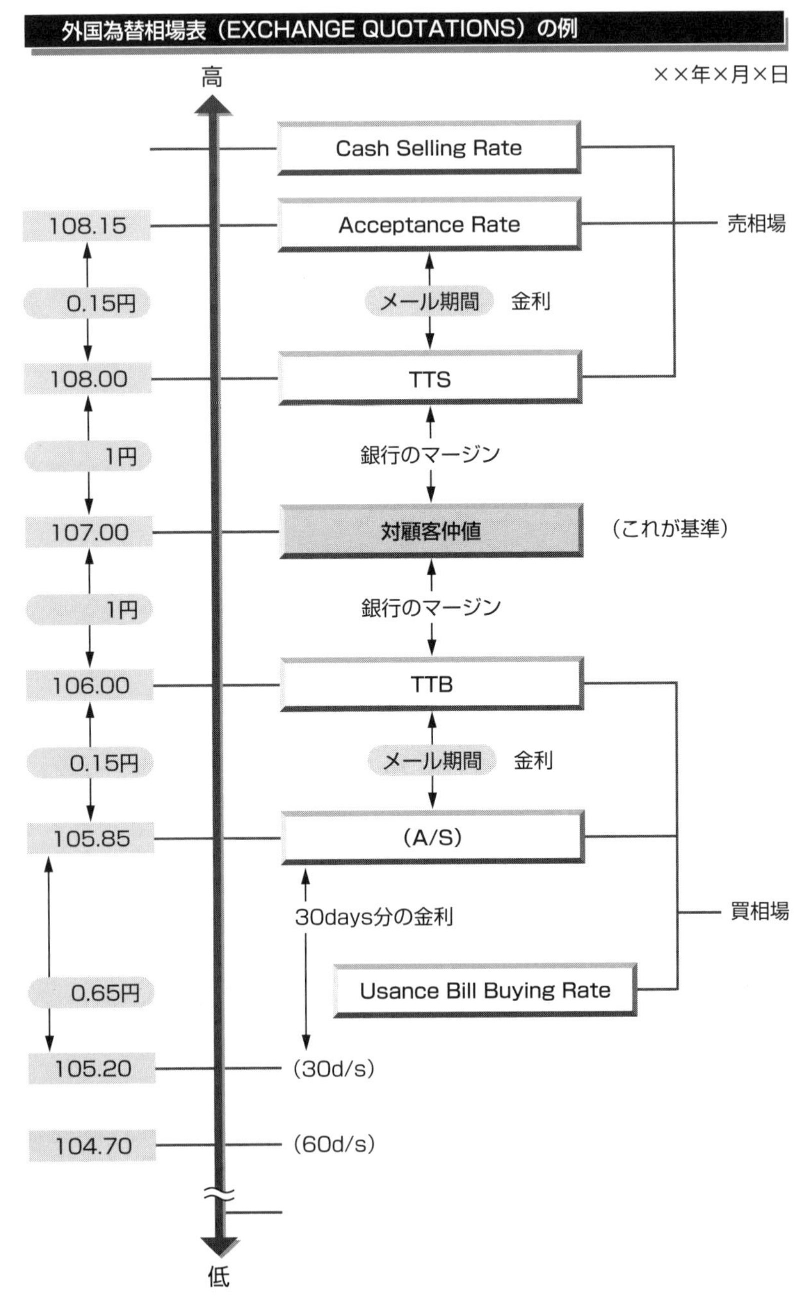

e）A/S（一覧払輸出手形買相場）〈At Sight Rate〉

一覧払手形の買取に使用される相場です。これは**TTBから「メール期間金利」**を差し引いたレートとなります。

f）Usance Bill Buying Rate（期限付手形買相場）

銀行が輸出者から**期限付手形を買い取った場合の相場**で、手形期間に応じて、**TTBから「メール期間金利」**および**「手形期間分の金利」**が差し引かれています。

B．先物相場〈Forward Rate〉

将来の一定の日、または一定期間内に為替の受渡しをする場合に適用する相場のことをいいます。

「**為替予約**」は、「**為替変動リスク**」を回避するために行われます。

為替予約の実行時期の決め方

順月確定日渡：将来の何月何日という特定日
暦　月　渡：特定の月
順　月　渡：月をまたいでの１ヵ月
特定期間渡：特定期間

なお、先物為替取引は、実際の取引に基づいたものでなければならないという「実需原則」が1984年4月以降、廃止されています。

「通貨オプション」とは

通貨オプションとは、**為替変動リスクを回避する方法**で、最近はこの方法を用いることが増えています。

これは、**「通貨を売買する権利」を売買する取引**のことです。

すなわち、オプション料を支払うことにより、オプション（通貨を売買する権利）を実行して、予約したレートで売買するか、その時のスポット相場のほうが有利であるならば、スポット相場により売買するかの選択ができるのです。

⑶代金決済

外国為替を用いる貿易取引の代金決済について、その方法と内容を見ていきます。

❶貿易代金回収方法

貿易代金の回収の各種方法は、次の通りです。

A．前受（払）方式

貨物の代金の全部・一部を船積前に決済する方法です。

この方法は、輸入者にとっては、リスクが大となります。

B．現金引換方式（COD：Cash on Delivery）

商品の引き渡し時に現金で支払いをする方法をCODといいます。輸出地に出向いて直接買付をする場合などに使用される方法です。

C．ネッティング

取引ごとの代金決済は行わず、取引先の勘定を設定し、一定期間の勘定を一括して支払う方法で、相互に輸出入を行う場合は、帳簿上で、輸出入額を相殺し、差額のみを決済する方法です。

この方法は、本支店間の取引などに利用されます。

D．後払い方式

貨物が輸入者に引き渡された後に代金決済を行う方法です。

この方法は、輸出者にとっては、リスクが大となります。

プラント輸出の場合等に利用されることがあります。

E．分割・延払方式

巨額のプラント・鉄道車両等の決済に使用される方法です。

F．委託販売方式

委託商品の販売がされた時に、販売代金の回収がされる方法です。

❷荷為替手形を利用した決済

A．荷為替手形とは

貨物の売主（輸出者）が、買主（輸入者）または信用状発行銀行を名宛人とし、売主の取引銀行を受取人として振り出した**運送書類（B/L、SWB（Sea Way Bill）、AWB）・保険証券・インボイス（商業送り状）等の船積書類**を添付した為替手形のことです。

通常、この手形は、**2通1組（組手形）**で作られています。

銀行が、この手形を船積書類とともに輸入地の銀行宛てに送付する際に、送付中の事故（未到着や遅延）に備えて、各手形を**別便にて**送付します。

この手形には、**先着**した手形により支払い・引受けがされ、一方の手形が有効となると、他方が「Unpaid（無効）」となる旨が記載されています。

B．一覧払手形と期限付手形

a）**一覧払手形（At Sight手形：Sight Bill）**

手形の支払人が手形を一覧した時に代金を支払う手形をいいます。

手形に、 At ×××× Sight と記載（タイプ）します。

b）**期限付手形（ユーザンス手形：Usance Bill）**

手形の支払人が手形を一覧してから、あるいはある確定日付から、一定期間支払いが猶予される手形のことで、次の2種類があります。

・一覧後定期払い（At ○○ days after sight）

手形の支払人が手形を一覧後、指定された期間後に支払う方法です。手形に、

At ○○ days after sight と記載（タイプ）します。

→ ○○には、30・60など30日単位の期間が設定されています。

・確定日後定期払い（At ○○ days after △△ date）

設定された確定日後、指定された期間後に支払う方法です。手形に、

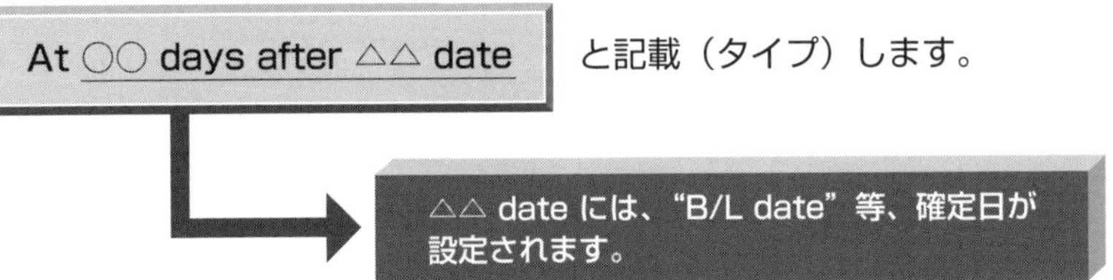

At ○○ days after △△ date
と記載（タイプ）します。
△△ date には、"B/L date" 等、確定日が設定されます。

C．信用状に基づく手形の決済

L/CとL/C条件通りの荷為替手形を呈示すれば、銀行はこの手形を買い取り、輸出貨物の代金が輸出者に支払われることになります。ただし、銀行が手形の買取りに応じてくれるのは、手形や船積書類がL/C条件と一致している場合なので、**L/C条件と一致していない場合（ディスクレ）**は、買取りはされず、"代金取立手形"として処理されることになります。

D．信用状がない場合の決済

a）**D/P手形による決済（Documents against Payment：手形支払書類渡し）**

支払人が手形の支払いを行うと同時に、船積書類を引き渡す条件の手形を**D/P手形**といいます。

一般的にD/P手形というと信用状のない取引で使用される手形のことを指します。

〈"At Sight手形"はD/P条件の手形です。〉

b）**D/A手形による決済（Documents against Acceptance：手形引受書類渡し）**

支払人が期限付手形の引受けを行うと同時に、船積書類を引き渡す条件の手形を**D/A手形**といいます。

〈"期限付手形"はD/A条件の手形です。〉

いずれの場合も、信用状がないために代金回収のリスクが

高いので通常は取立扱いとなりますが、もし銀行が買取に応じるならば、その買取銀行は「**輸出手形保険**」に加入します。

輸出手形保険とは

L/C（信用状）を伴わない荷為替手形を買取銀行が買い取り、その手形が不払いになった場合に、**買取銀行の損失をてん補する**保険です。

この保険の**保険者**は**経済産業省傘下の株式会社日本貿易保険**で、**被保険者**は**買取銀行**です。もっとも、保険料は、輸出者が負担します。

また、この保険を付保できる場合は、「海外商社名簿」によるG・EE・EA等に格付けされたいわゆる政府機関や優良企業とされるバイヤー宛てに振り出されたものに限られます。

そして、万一、不渡りになった場合には、その原因が輸出者にない限り、その代金は日本貿易保険によりてん補されることとなります。

なお、てん補の範囲は、買取銀行の損失額の95%が上限で、差額分は買取人（輸出者）に償還請求されます。

E．代金取立による決済

輸出者は、**信用状取引でない場合**や**信用状付荷為替手形であるがディスクレの場合**、そして**小口の債権回収で債権回収を急がない場合**等には、**銀行**に手形代金の取立を依頼します。

この場合、銀行は代金取立についての委任を受けたものと解釈されています。したがって、銀行に民法上の「善良なる管理者の注意義務」が求められますが、**手形上の権利・義務等は、発生しません**。

❸送金による決済

銀行を通しての外国送金の方法は、次の3つの方法があります。

A．電信送金（T/T：Telegraphic Transfer）

仕向銀行（送金の依頼を受けた銀行）から支払銀行（支払指図を受けた銀行）への**支払指図**が**電信**（**Telegraph＝Cable**）により行われる方法です。3つの中で、一番早く送金ができますが、手数料も最も高くなります。

a）通知払い

送金到着を受取人に通知し、口座振込みをする方法です。

b）請求払い

支払銀行が、受取人からの請求により支払う方法です。

この方法は、支払銀行に受取人が口座を持たない場合に利用されます。

c）口座払い

支払銀行が、指定の受取人の口座に入金します。

B．普通送金〈郵便付替〉（M/T：Mail Transfer）

仕向銀行（送金の依頼を受けた銀行）から支払銀行への支払指図が郵便により行われる方法です。

この方法は、電信送金より送金手数料は安いのですが、時間がかかります。支払銀行からの支払方法は電信送金の場合と同じです。

C．送金小切手（D/D：Demand Draft）

仕向銀行が支払銀行宛てに作成した送金小切手による方法です。

この送金小切手を輸入者が輸出者へ直接送付し、輸出者は支払銀行へ持参して換金します。

5－1 Challenge

次の各問について、正しい答えを1つ選んでください。

① 輸出者が振出したドル建ての荷為替手形を銀行が買い取る場合の相場は次のうちどれか。

A．買相場

B．アクセプタンス・レート

C．売相場

② 為替変動リスクの回避方法として、適当でないものはどれか。

A．リーズ・アンド・ラッグス

B．通貨オプション

C．直物相場による後払い

③　輸入者が商品代金を海外送金で支払う場合は次のどれに該当するか。

A．逆為替

B．被仕向為替

C．並為替

④　下表は、取引銀行の対顧客用の直物相場（SPOT RATE）を示すものである。輸出者が振り出したユーロ建ての一覧払いの荷為替手形を銀行が直物相場で買い取る場合、1ユーロあたり、いくらになるか。

外国為替直物相場表（SPOT RATE）

（IN YEN PER UNIT）

CURRENCY	T.T.S.	ACCEPT.	CASH SELLING	T.T.B.	A/S	D/P D/A	CASH BUYING
USD	145.72	146.07	147.52	143.72	143.37	143.07	141.72
EUR	143.62	143.86	146.12	140.62	140.38	140.13	138.12
GBP	168.01	168.40	176.01	160.01	159.62	158.92	152.01

A）143.86円

B）140.38円

C）138.12円

5－1　Challenge　解答および解説

①－A

銀行は輸出者の持ち込んだドルを買って、輸出者には円で支払うことになるので「買相場」が適応されます。

②－C

為替変動リスクとは、貿易取引において外貨決済を行う場合に外国為替相場の変動により為替差損を被るかもしれないリスクのことです。後払いの直物相場による方法は、為替変動リスクを回避する方法としては適当ではありません。相場の変動は100%予測することは不可能であるからです。

③－C

資金移動の指図と実際の資金の動きが同一方向のものを「並為替」、逆方向のものを「逆為替」といいます。送金は指図を行った輸入者が代金も支払うので「並為替」となります。手形の買取は代金の受取り手である輸出者から支払指図を行い、実際の代金は逆に輸入者から輸出者に流れるので「逆為替」となります。

④－B

輸出者が振り出した外貨建ての一覧払いの荷為替手形を銀行が直物相場で買い取る場合の相場は、一覧払輸出手形買相場（A/Sレート＝At Sight Rate）です。よって、1ユーロあたり140.38円となります。

5－2 Challenge

次の記述の①～③の（　）内に入る語句を下表の語群より選んでください。

① 商品の引渡し時に現金で支払いをする方法を（①）という。
② TTSにメール期間金利が加えられたレートを（②）という。
③ 外貨建てで海外送金を行う場合に適用される相場を（③）という。

ⓐ COD（Cash on Delivery）	ⓓ At Sight Rate
ⓑ ネッティング	ⓔ TTS
ⓒ Acceptance Rate	ⓕ TTB

5－2 Challenge 解答

①－ⓐ　COD（Cash on Delivery：代金引換決済）
②－ⓒ　Acceptance Rate（一覧払輸入手形決済相場）
③－ⓔ　TTS（電信売相場）

6 貨物海上保険と貿易保険

この項目は、B級・C級試験ともに出題項目です。

(1)貨物海上保険

貿易取引の場合、貨物の運送は、航空機や船舶によるため、運送中に万一事故が発生し損害が生じた場合のことを想定して、貨物海上保険をかけることとなります。そこで、その保険の申込方法から、保険の種類、保険範囲を具体的に見ていきましょう。

❶申込方法

貿易契約に基づき、輸出者または輸入者は、保険会社と海上保険契約を結びます。

申込みの際に必要となる事項は次の通りです。

海上保険申込書記載事項
●被保険者名（保険契約者と異なる場合は、契約者名） ●予定申込番号（予定保険がある場合） ●特約書番号（Open Policyがある場合） ●商業送り状番号 ●保険金支払い希望地 ●保険条件 ●本船への接続手段（奥地から運送してくる場合） ●保険の開始地 ●積載船（機）名 ●積込港（地） ●出発日 ●荷卸港（積替港） ●最終仕向地および運送手段 ●荷印（インボイス添付の場合は不要） ●貨物の明細 ●要求書類の種類と通数 ●保険金額付保割合 ●Invoice金額 ●保険申込者サイン（自署・記名捺印）など

❷予定保険契約と確定保険契約

申込みに必要な項目が**すべて確定**している場合には、「**確定保険契約**」を締結します。

しかしながら、輸入者が保険を付保する場合に、正確な数量や船名が事前にわからない場合など、「**1項目でも確定していない項目**」がある場合には、「**予定保険契約**」を締結し、確定後「確定保険」に切り替えます。

なお、**保険料は「確定保険」に切り替えた時に支払います。**

A. 個別予定保険（Provisional Insurance）

個別取引に係る保険契約時に予定保険契約をした場合、「個別予定保険証券（Provisional Policy）」が発行されます。未定であった項目が確定した後、「**確定保険証券（Definite Policy）**」が発行されます。

B. 包括予定保険（Open Cover）

継続的でかつ多大な量の貨物の輸出入取引の場合に、一定期間内すべての取引に対し予定保険契約を行っておき、個々の船積ごとに確定通知を保険会社へ行う方法です。

契約時に「**包括予定保険証券（Open Policy）**」または「**包括予定保険特約書（Open Contract）**」が発行されます。

さらに、確定申込時に「**確定保険証券**」または「**保険承認状（Certificate of Insurance）**」が発行されます。

なお、「保険承認状」とは、**保険証券の内容を簡略化**したもので、保険証券と同様の効果を持ちます。通常、輸入貨物の場合は、この「保険承認状」を発行するのが一般的です。

❸保険金額と保険料率

A. 保険金額（Amount Insured）

保険金額は、売買契約により定められている場合はその金額としますが、定められていない場合には、**CIF（CIP）価額＋〈CIF（CIP）価額の10％〉**（**インコタームズ**および統一規則により定められています）とします。

B．保険料率

保険料率については、次の3つの制度があります。

a）自由料率

b）協定料率

c）戦争・ストライキ料率

通常の場合は各保険会社が定めた料率（**自由料率**）となります。

また、戦争・ストライキ危険の料率は、**戦争保険料算定委員会（ロンドン）**により算出された料率を使用しています（**戦争・ストライキ料率**）。

C．保険料請求書（Debit Note）

保険証券（保険承認状）の発行と同時に作成され、これに基づき保険料を支払います。

また、この保険料請求書は、**輸入申告の際の保険料の証明書**として提出されます。

❹貨物海上保険の基本条件

ここでは、損害の種類と保険で損害をカバーすることのできる範囲について見ていきます。

A．旧ICCと新ICC

ICCとは、ロンドン保険業者協会制定の協会貨物約款（Institute Cargo Clauses）のことで、現在、1963年改訂版のいわゆる**旧ICC**と、1982年改訂版のいわゆる**新ICC**が存在します。

わが国の保険会社は、**特別に新約款（新ICC）を適用する旨の記載がない限り、旧約款（旧ICC）を適用しています**。

基本的な保険条件

保険条件	カバーされる危険範囲 救助料・損害防止費用 梱包一個ごとの全損 沈没・火災・座礁 全損・共同海損	海水濡損	盗難・不着・抜荷	雨・淡水濡損	破損・湾曲・へこみ	不足・漏れ	その他
Institute Cargo Clauses (FPA)＝新ICC（C）	■						
Institute Cargo Clauses (WA)＝新ICC（B）	■	■					
Institute Cargo Clauses (All Risks)＝新ICC（A）	■	■	■	■	■	■	■

追加付保条件

		付保険することによりカバーされる危険
別約款	War Clauses	戦争・反乱等による損害
	S.R.C.C. Clauses	ストライキ・暴動などによる損害
付加危険	T.P.N.D	盗難・不着・抜荷による損害
	RFWD	雨などの水漏れによる損害
	Breakage & Bending	不足・破損・湾曲・へこみによる損害
	Shortage & Leakage	漏出による損害
	Contamination	汚染損害

B．物的損害の種類

ａ）**共同海損**（General Average）

他の貨物のために、船長の判断により海中投棄された貨物の損害を、船会社および**荷主全員**で共同負担します。

ｂ）**単独海損**（Particular Average）

他の貨物に関係なく**単独**で損害を被ることをいいます。

・**全損**（Total Loss）

→**運送契約貨物の全部**について、**海上固有**の危険（船の沈没・座礁など）により損害を受けた場合、全損といいます。

・**分損**（Partial Loss）

→**貨物が部分的**に損害を受けることです。

C．基本条件（旧ICC）

ここでは、旧ICCの保険条件とそれぞれのカバー範囲について見ていきましょう。なお、相当する新ICCの各条件とはカバー範囲が一部異なります。

ａ）FPA（Free from Particular Average）〈単独海損不担保〉

全損と共同海損をてん補する条件です（新ICC（C）に相当）。

ｂ）WA（With Average）〈単独海損担保〉

FPAのてん補範囲に加えて、**海固有の危険（海水濡れ・荒天による荷崩れ等）による分損をカバーする条件**です（新ICC（B）に相当）。

ｃ）A/R（All Risks）

海上運送により生じる可能性がある損害をすべてカバーする条件です（新ICC（A）に相当）。

しかし、戦争・暴動・ストライキによる危険はカバーしません。

ｄ）特約条項

戦争・革命・ストライキ・暴動などによる損害は、A/Rにおいてもカバーされません。これらについては、特約を結んでおくことが必要です。

・「**War Clauses**」→戦争・革命・反乱・だ捕など

・「**S. R. C. C. Clauses**」→ストライキ・暴動・一揆など

e）付加危険

人為的危険や**特殊危険**をカバーするために、基本条件に付加して、保険条件を設定することがあります。たとえば、WAに付する条件には、次のようなものがあります。

・「Shortage」→不足損害

・「RFWD」（Rain and/or Fresh Water Damage）
→雨・淡水による濡れ損

・「Breakage」→破損

・「Bending & Denting」→曲損・へこみ損など

⑵貿易保険

貿易保険とは、損害保険会社の保険会社が対象としない貿易取引上の金銭的な危険を政府などがカバーするものです。その概要を見ていきます。

❶信用危険と非常危険

貿易保険の対象となるリスクは、**信用危険**と**非常危険**に分けられます。

A．取引先の信用危険

契約当事者の責任から発生する代金などの回収不能・輸出不能による危険のことです。

たとえば、取引先の倒産により代金回収不能の場合や相手方が一方的に契約破棄をする場合などです。

B．非常危険

政策変更や戦争などによる**不可抗力な事由によって起こる回収不能・輸出不能による危険**のことです。

たとえば、法令改正・戦争などにより輸出入規制がされた場合がこれに該当します。

❷貿易保険のあらまし

貿易保険とは、このような危険により発生する損害をカバーする保険で、**経済産業省関連の株式会社日本貿易保険**により保険引受けがされています。

貿易保険を付保することができるのは、取引先が日本貿易保険の公表している**「海外商社名簿」**（信用状態を格付けした名簿）に登録されていて、かつ信用危険の場合は一定の基準を満たしていることが条件です。

もし、取引先が記載されていない場合は、「海外商社登録申請書」に信用調査書を添付し、日本貿易保険に登録申請を行います。

現在、貿易保険は**7系統の約款**に基づく保険種目があります。

これらのうち、最も一般的のものが、**貿易一般保険**と**輸出手形保険**です。なお、投資企業に係る**海外投資保険**、長期事業貸付資金に係る**海外事業資金貸付保険**といった輸出入取引を対象としていない保険もあります。

(3)PL保険

PL保険とは、「生産物賠償責任保険」のことで、生産物の欠陥による損害が生じた場合に、その生産物の製造者および販売者に生じた賠償責任における損害をてん補するものです。国内においては、1995年に「製造物責任法」（いわゆるPL法）が施行されました。

ここでは、このPL法と貿易との関連を理解するとともに、PLに対する保険の概要をつかんでください。

❶PLとは

Product Liability（生産物責任）のことで、製品により、第三者に対して損害を与えた場合に、その製品の製造者および流通業者等は、被害者に対し損害賠償責任を負うというものです。

1995年の**製造物責任法**の施行により、国内においても、米国、EU諸国などと同様に、製造者、流通業者等の無過失責任の制度が導入されました。この法律が施行されてから国内においても輸入品に対する製造物責任に対するPL保険に関心が集まるようになりました。

❷PL保険の種類

A．輸出PL保険（輸出生産物賠償責任保険）

輸出生産物による賠償義務が生じた場合による損害をてん補する保険です。

英文の賠償責任保険証券（GENERAL LIABILITY POLICY）の「**生産物責任保険特別約款**」を採用しています。

B．国内PL保険（生産物賠償責任保険）

輸入製品を含む国内で販売されるすべての生産物を対象としています。

「賠償責任保険普通保険約款」に、「生産物特別約款」と「生産物特別約款追加特別条項」が添付され引き受けられています。

6－1 Challenge

次の文章は、貨物海上保険に関するものですが、正しいものには○印を、誤っているものには×印をつけてください。

① 貨物海上保険の保険者は、政府である。

② 貨物海上保険で保険会社は、予定保険から確定保険に切り替えたときに、はじめて保険証券を発行する。

③ 貨物海上保険を誰が付保するかは、貿易条件により異なるが、FOB条件の場合、輸出者が付保する責任を負う。

④ 盗難、抜荷、不着損害の危険に対してはA/R、WAでは一括担保されているが、FPAには付保されていない。

⑤ 保険証券といっしょに発行されるDebit Noteとは、保険料請

求書のことで、輸入申告の際の保険料の証明書となる。

6－1 Challenge 解答および解説

①－×

貨物海上保険の保険者は、民間の海上保険会社です。なお、輸出手形保険等の貿易保険の保険者は、株式会社日本貿易保険です。

②－×

保険証券は、保険契約時に予定保険の段階で「予定保険証券」が発行され、確定保険に切り替えた後に「確定保険証券」等が発行されます。保険締結時の際には、貨物の数量、性質、積載船名が確定している必要がありますが、輸入者が付保する条件での売買契約では、輸出者から船積通知が届かないと確定できない内容があります。

かといって、船積通知後に付保した場合には、危険開始時からのリスクをカバーできないため予定保険制度が設けられています。

③－×

FOB条件の場合、輸出者には付保義務はありません。一方、貨物が本船に積み込まれた後は、その危険負担は輸入者へと移るので、輸入者は自分の貨物の損害をカバーするために必要があれば付保することになりますが、付保するかどうかは任意です。

④－×

盗難、抜荷、不着損害の危険に対して、A/Rでは一括担保されていますが、WA、FPAには付保されていません。

⑤－○

保険証券あるいは保険承認状と同時に発行されるDebit Noteとは、保険料請求書のことで、輸入申告の際の保険料の証明書となります。

6－2 Challenge

次の文章は、貿易保険およびPL保険に関するものですが、正しいものには○印を、誤っているものには×印をつけてください。

① 貿易保険の対象となる非常危険とは、政策変更や戦争などによる不可抗力な事由によって起こる代金回収不能、輸出不能による危険をさしている。

② 輸出PL保険のてん補範囲には、訴訟費用、弁護士費用、身体障害の応急手当費用は含まれるが、米国における懲罰的損害賠償金は含まれない。また、保険期間は、原則として1年であり、保険者のてん補責任は損害賠償請求ベースである。

③ 輸出手形保険は、信用状付き荷為替手形でも付保は可能であり、その場合に信用状にもとづき振り出される手形の名宛人は、信用状発行銀行、信用状確認銀行、輸入者であることが必要である。

④ 米国、EU諸国は、PL責任は無過失責任としているが、日本では、過失責任主義を採用している。

⑤ 貿易保険を利用するには、取引相手が日本貿易保険が公表している海外商社名簿に登録されていなければならない。

6－2 Challenge 解答および解説

①－○

貿易保険の対象となる非常危険とは、仕向国における輸入の制限・禁止・戦争など、取引の相手方に責任がない不可抗力な事由によって起こる輸出代金回収不能、輸出不能による危険をいいます。

②－○

輸出PL保険のてん補範囲には、訴訟費用、弁護士費用、身体障害の応急手当費用は含まれていますが、米国における懲罰的損害賠償金は含まれません。また、保険期間は、原則として1年であり、保険者のてん補責任は損害賠償請求ベースです。一方、国内PL保険の保険期間も同じく1年ですが、てん補責任は事故発生ベースです。

③－×

輸出手形保険は、信用状付き荷為替手形でも付保は可能ですが、その場合に信用状に基づき振り出される手形の名宛人は、信用状発行銀行、信用状確認銀行、補償銀行であることが必要です。輸入者ではありません。

④－×

日本においても1995年に製造物責任法が施行され、生産者や流通業者の無過失責任が認められるようになりました。

⑤－○

貿易保険を利用するには、取引相手が日本貿易保険が公表している海外商社名簿に登録されていなければなりません。

参考

懲罰的損害賠償とは

懲罰的損害賠償とは、主に不法行為訴訟において、加害行為の悪性が高い場合に、加害者に対する懲罰および一般的抑止効果を目的として、通常の損害賠償のほかに認められる損害賠償をいう。

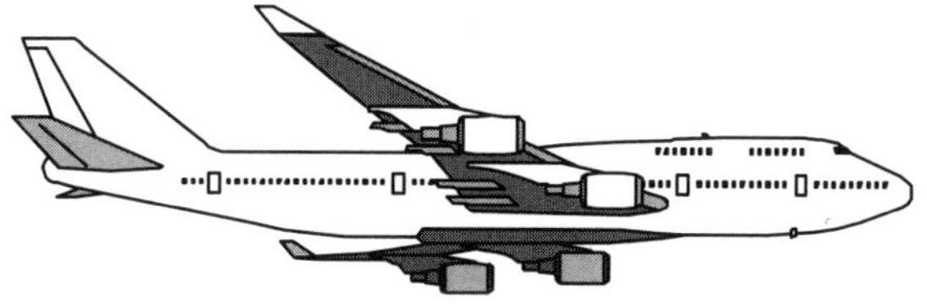

7 貿易クレーム

この項目は、C級試験では出題項目となっていませんが、B級試験での出題範囲となっています。

(1)貨物の点検とクレームの申立て

ここでは、トラブルが生じた場合のクレーム処理について考えていきます。

❶クレームの種類

損害が発生した場合には、まずその事故の原因、損害の内容等により**責任の所在を明確**にしなければなりません。

もし、損害の原因が船会社に責任がある場合、**船会社宛てに「運送クレーム」**を申し立てます。航海中の海難による事故の場合には、**保険会社へ「保険クレーム」**を申し立てます。ただ、実際には運送クレームによる損害でも、**保険によりカバーできる場合**には、輸入者は**保険会社へ保険金請求**を行い、これを受けて保険会社は、保険金支払分を船会社へ損害賠償することとなります。これを「代位請求」といいます。

違約品や**個数不足**などの保険でてん補されない輸出者の責任による損害の場合には、あらかじめ契約で決めていた方法で解決をはかり、輸出者に対し**クレーム**を申し立てます。

❷船会社へのクレーム

A. 損害発生の確認

貨物に**損傷がある状態**で本船から荷卸しされた、または、倉庫から搬出された場合には、証拠として**リマーク**のある書類を必ずとりつけることが必要です。

在来船の場合には**ボート・ノート**（貨物受渡書：Cargo Boat Note）に、LCL貨物の場合には**デバンニング・レポート**（コンテナ用貨物受渡書：Devanning Report）に、それぞれリマークをつけて、損傷状態を客観的に明らかにしています。これにより、**責任の所在を明確**にします。

B．事故通知（予備クレーム）

無故障B/L（リマークのない船荷証券）なのにもかかわらず、荷渡時にボート・ノートに"リマーク"があるという場合は、船積時には損傷がなく、輸送中に貨物が損傷したことになります。

この場合には、受荷主は、**3日以内**に船会社に書面で「**事故通知（Notice of Damage and/or loss）**」を行います。3日以内に行うのは、損害賠償請求権には時効があり、その請求権を確保するためです。また、「事故通知」は、クレームする意志を船会社へ伝え、損害賠償請求権を確保することから、「**予備クレーム（Preliminary Claim）**」ともいいます。

その後、船会社の責任を調査し、船会社の責任を立証できた場合には、「**確定損害賠償の請求（本クレーム：Final Claim）**」を行います。

C．保険会社への通知と損害検査

船会社への「事故通知」と同時に、保険会社にも「事故通知」を行います。そして、通知に基づき、**損害検査**（Survey：サーベイ）が必要か、保険会社との打ち合わせをします。

もし、**損害検査**が必要な場合には、貨物の損傷の状況や時期を客観的に評価する専門機関である**サーベイヤー**（Surveyor：損害鑑定人）が、保険会社により指定され、その指示に基づき荷主により起用されます。

この費用は、荷主がいったん負担しますが、保険金請求の際に、併せて保険会社へ請求されるのが通例です。

なお、検査結果は、**サーベイ・レポート**（Survey Report：

鑑定報告書）にまとめられます。

このサーベイ・レポートの記載内容は、貨物の明細、引渡し明細、損害の状態と程度、損害の原因、処分の方法と付帯費用の明細などです。

しかしながら、損害の種類や規模によってはサーベイの起用が省略されることもあります。この場合は、保険会社と被保険者間で損害額を協定します。

D．保険金の請求

被保険者はサーベイ・レポートに基づき、**損害額・費用損害・サーベイ料**を保険会社へ任意の請求書により、保険証券、B/L、インボイス、そのほかの必要書類を添付して請求します。なお、「事故通知」は絶対に必要です。

E．保険金の支払

保険会社は、荷主のクレームに基づき保険金を支払います。

この場合、保険会社は、船会社に対する損害賠償請求権を荷主に代わり代位することになります。そして保険会社は、この代位した請求権に基づき船会社へ求償を行います。

船会社は、損害の責任がある場合には、国際海上物品運送法等の法律に基づき、保険会社へ一定限度の支払いをします。

❸保険会社へのクレーム

サーベイ機関を利用し調査した結果、船会社に責任がなかったり、責任を認めなかった場合や、売手（輸出者）にも責任がない場合には、保険会社へ**求償状（請求書）**により、保険金支払いを求めることになります。

なお、この求償状に添付する書類は、保険証券、B/Lの写し、インボイス、ボート・ノート、検数票、船会社への事故通知、船会社からの賠償拒絶書面、サーベイ・レポートなどです。

❹売手へのクレーム

売手に責任がある場合には、売手に対してクレームを申し立てます。

A．クレームの種類

売主へのクレームは、次のようなものが考えられます。

「品質（Quality）に関するクレーム」に関するものには、**品質不良、品質相違**などがあげられます。また、「受渡し（Delivery）に関するクレーム」に関するものには、**船積違反、船積遅延**などがあげられます。

売買契約の際に、契約の条件としてこれらのクレームが生じた場合には、**クレーム通知（契約違反時の損害賠償請求）を提出すること**に関して、**契約書上に明記する**必要があります。

B．クレームの解決方法

クレームの解決方法は契約書に明確に規定する必要があります。

a）**調停**

第三者の示す調停案に両当事者が合意して、成立します。この合意事項により解決がはかれます。

しかし、調停には法律的な強制力がないので合意に達せず、仲裁・裁判となることが多いのが現状です。

b）**訴訟**

特定国の裁判所の裁判により解決する方法です。

裁判管轄権の問題や、結審までに時間がかかることから、裁判により解決することは難しいと考えられます。

c）**仲裁**

・**仲裁機関（Arbitral Institution）を利用する方法**

契約書上に仲裁条項として、**仲裁地、仲裁機関などを定めておくこと**が必要です。

・**仲裁人（Arbitrator）**

仲裁機関を利用する場合には、その仲裁機関の規定により仲裁人が選定されます。

個別仲裁の場合には、契約書上に**仲裁人選定につき個別の取り決めを行うことを定めておき**、これに基づいて解決をはかります。

いずれの場合も、仲裁裁定（判断）は、「仲裁に関する国際条約」により法的有効性が認められており、条約加盟国間においては法律的な拘束力を持ちます。

7 Challenge

次の文章は、クレームについてですが、正しいものには○印を、誤っているものには×印を、つけてください。

① サーベイ・レポートとは、事故の原因、損害の程度、内容を損害鑑定人が鑑定・調査した結果をまとめた報告書のことである。
② 在来船から貨物を陸揚する際に、貨物の損傷が発見された場合、ボート・ノートに損傷がある旨のリマークを取り付ける必要がある。
③ クリーンB/Lであるにもかかわらず、荷渡時にボート・ノートにリマークがあるという場合には、荷卸時に貨物が損傷したと推定できる。
④ 保険会社が、船会社の過失による損害について荷主のクレームに基づき保険金を支払った場合でも、保険会社に船会社に対する求償権は発生しない。
⑤ 仲裁による裁定は、法的有効性を持たないということである。

7 Challenge 解答および解説

①－○

サーベイ・レポートとは、損害鑑定人が検査機関により、事故の原因、損害の程度、内容を鑑定、調査した結果をまとめた報告書のことです。

②－○

問題文のように在来船貨物に損害がある場合には、ボート・ノート（貨物受取書）にリマークをつけてもらい、損害状態を客観的に明らかにしておく必要があります。これにより、船会社などの責任の所在を明らかにしておきます。一方、LCL貨物の場合には、リマークはデバンニング・レポートに記されます。

③－×

クリーンB/Lの船積船荷証券の場合は、船積時には、何ら損傷がない証明になります。にもかかわらず、ボート・ノート（貨物受取書）にリマークがある場合には、輸送中に損傷が発生したものと一応推定できます。

④－×

保険会社は、荷主のクレームに基づいて保険金を支払うと、荷主の船会社に対する損害賠償請求権を代位します。したがって、船会社に対して求償権を有することになります。

⑤－×

仲裁については、「仲裁に関する国際条約」により法的有効性が認められています。

8 貿易と環境

この項目は、B級・C級とも共通の試験項目で、貿易の規制に関わる環境問題の基本的な内容について出題されています。

(1)貿易と環境

環境問題に関する代表的な国際協定および国際基準の種類とその内容について、また、これらに準ずる国内法等との関連および国内での取組みとその内容について、理解しましょう。

❶ワシントン条約（1975年発効）とは

「絶滅のおそれのある野生動植物の種の国際取引に関する条約」のことで、「希少動植物の輸出入取引の制限および禁止」を目的としています。

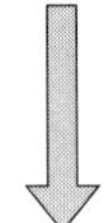

（国内法における具体的規制）

ワシントン条約の規制品を**輸出**する場合には、「**外為法**」・「**輸出貿易管理令**」により、**経済産業大臣の承認**が必要です。

また、ワシントン条約附属書Ⅰに掲げられた規制品を**輸入**する場合にも、「**外為法**」・「**輸入貿易管理令**」により、**経済産業大臣の承認**が必要です。

❷モントリオール議定書とは

「ウィーン条約」（1988年発効）に基づき、1989年に発効されたもので、フロン・ハロン等の特定物質によるオゾン層の破壊からオゾン層を保護すること（特定フロン・ハロン・四塩化炭素等の全廃）を目的としています。

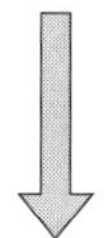

（国内法における具体的規制）

「**オゾン層保護法**」（「特定物質等の規制等によるオゾン層の保護に関する法律」）が制定され、国内において実施されています。

また、**輸出**をする場合には、「**外為法**」・「**輸出貿易管理令**」により、**経済産業大臣の承認**が必要です。**輸入**に関しても、「**外為法**」・「**輸入貿易管理令**」により、**経済産業大臣の承認**が必要です。

❸バーゼル条約（1992年発効）とは

「有害廃棄物の国境を越える移動及びその処分の規制に関する条約」のことで、有害廃棄物の移動および処分の規制を目的としています。

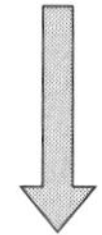

（国内法における具体的規制）

「**特定有害廃棄物等の輸出入等の規制に関する法律**」を制定（1993年）しています。

また、輸出をする場合には、「**外為法**」・「**輸出貿易管理令**」により、**経済産業大臣の承認**が必要です。**輸入**に関しても、「**外為法**」・「**輸入貿易管理令**」により、**経済産業大臣の承認**が必要です。

❹生物多様性条約

1992年に採択された「生物の多様性に関する条約（生物多様性条約）」では、多様な生物をその生息環境とともに保全することを目的としています。ワシントン条約等のように、特定の行為や生息地のみを対象としない包括的な保全と持続可能な利用が目的です。

そして、生物多様性保全には地球温暖化防止と外来種侵入防止が重要であると提起されており、今や地球温暖化は世界各国で大きな問題となっています。国際的な取組みとして、生態系や食料生産等が適応できるように、急激な地球温暖化を防止し、最終的な温度の上昇幅も安全な範囲に抑えることを目的とした気候変動枠組条約（気候変動に関する国際連合枠組み条約）が1992年に採択されました。この条約は、日本を含む約190ヵ国・地域が締結し、具体的な活動として、1997年に先進国に温室効果ガスの排出削減を義務付けるいわゆる京都議定書が採択され、2008年〜2012年の温室効果ガスの排出量を1990年比で、先進国全体で平均5％以上削減することを目標に掲げました。一方、2009年12月にコペンハーゲンで開かれた第15回締約国会議（COP15）では、2013年以降のポスト京都議定書の枠組みを決めることになっていましたが、先進国側と途上国側の対立は激しく、具体的な内容の決定には至りませんでした。京都議定書は、先進国に温室効果ガスの排出削減を義務付けましたが、途上国の排出量が増えており、世界全体で削減に取り組まなければ効果がありません。そこで、2015年の年末にパリで開かれる第21回締約国会議（COP21）では、すべての国が2020年以降の排出削減目標を自主的に掲げ、新たな温暖化対策の国際的合意を目指しています。2015年6月にドイツで開かれた主要国首脳会議（サミット、G7）では、長期目標ではありますが、温室効果ガスを「世界全体で2050年までに10年比で40〜70％の幅の上方で削減する」ことを首脳宣言に盛り込みました。先進国が足並みをそろえ、パリでの合意を主導する姿勢を示しています。

また、外来種侵入防止については、わが国においても**外来生物**

法で、被害を及ぼすおそれのある生物を特定外来生物に指定し、飼育や栽培、輸入等が規制されています。

❺ISO14000シリーズとは

ISO（国際標準化機構）が定めた企業や団体などの環境管理を目的とするさまざまな手法に関する国際規格の集合体です。企業や団体が環境負荷を低減させ、地球環境保護の観点から活動を管理していくための世界共通基準です。この中で中心となるのが、「環境マネジメントシステムの仕様」を定めているISO14001です。ISO14001は、1996年に発行されました。

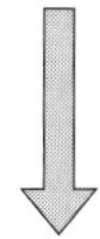

（国内におけるISO14001認証取得の取組み）

わが国では、第三者認証を受けるための審査登録制度が整備されています。環境庁をはじめ、ISO14001認証取得により、環境保全目標を設定し、その取組みを推進する企業・団体が増えています。現在のところ、規格には法的な拘束力はなく、規格に沿った取組みをするかどうかは、企業の自主的な判断に委ねられていますが、この「ISO14001認証取得」が世界的時流になりつつあります。

※HACCP（Hazard Analysis Critical Control Point＝危害要因分析重要管理点）とは

NASAで生まれた食品衛生管理における国際安全基準で、現在多くの国がこの基準を満たした食品のみ輸入するようになっています。最終商品のチェックのみではなく、製造工程全般を管理することを目的としています。

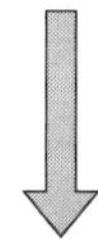

（国内法における具体的規制）

食品衛生法では、「総合衛生管理製造過程」の申請・承認制度が規程（食品衛生法第13条）されています。

❻環境ラベル

環境への関心の高まりを受けて、環境を保護するための政策として制定された環境ラベル制度を取り入れる国が、世界各国で増えてきています。環境に関する情報をラベル等に表示することで、消費者が環境負荷の少ない商品を容易に選択することができ、環境に配慮した商品の消費を相対的に高め、また企業に対しては、環境に配慮した商品の生産および開発を促すことを目的としています。

環境ラベルの国際規格はISO（国際標準化機構：International Organization for Standardization）の主導で行われていますが、環境ラベルの認定基準が各国で異なっていたり、審査方法が不透明であったりと、国際規格作りにはまだ多くの問題が残されています。

わが国における環境ラベルはISOの国際規格をもとにタイプⅠ環境ラベル、タイプⅡ環境ラベル、タイプⅢ環境ラベルの3つのタイプに分けられています。

タイプⅠ——第三者機関が審査、認証しているラベル。（例）エコマーク

タイプⅡ——最も種類が多く、事業者や業界、自治体が自己基準で宣言しているラベル。（例）グリーンマーク等

タイプⅢ——その製品が環境へ与える負荷を消費者に示すラベル。（例）エコリーフ環境ラベル

⑵国際平和と貿易管理

国際的な平和および安全の維持をはかるための国際的規制（国際レジーム）である「ワッセナー・アレンジメント」と日本の輸出規制、および「大量破壊兵器不拡散合意」に基づく日本の輸出規制に

ついて理解しましょう。

❶ワッセナー・アレンジメント（WA：Wassenaar Arrangement 1996年7月発足）とは

COCOM（ソ連解体により1994年廃止。対象：共産国）に代わる新たな輸出管理システムの協約で、全地域を対象とし、以下の2つを目的としています。なお、事務局はウィーンに設置されています。

(1) **通常兵器および機微な関連汎用品・技術の過度の蓄積を防止することによって、地域および国際社会の安全と安定に寄与すること。**
(2) **グローバルなテロとの闘いの一環として、テロリストグループ等による通常兵器及び機微な関連汎用品・技術の取得を防止すること。**

2017年12月現在、日本、米、欧州諸国、露、ウクライナ、アルゼンチン、メキシコ、韓国等を含む42の国々が参加しています。事務局はウィーンにあります。

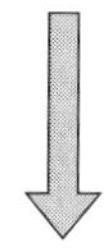

（国内法における具体的規制）

「**外為法**」・「**輸出貿易管理令**」により、

- 対象貨物の**輸出**を行う場合には、仕向地にかかわらず**経済産業大臣の許可**が必要です。
- **地域紛争につながる武器**（爆発物・火薬・軍用の細菌）、**通常兵器関連物資**（先端材料・コンピュータ・工作機械・レーザー等）等の輸出には、**経済産業大臣の許可**が必要です。

❷「大量破壊兵器の不拡散」

テロリストに大量破壊兵器（核、化学、生物の各兵器およびその関連物資等）が渡ることを防ぐ試み（G8グローバル・パートナーシップ）の一環で、2003年のエビアン・サミットにて、**「大量破壊兵器の不拡散：G8宣言」**が採択されました。当時のG8参加国（日・米・英・仏・独・伊・加・露）は、テロリストが、大量破壊兵器および技術を取得または開発することを防止することにコミットし、不拡散の原則の実施に向け主要なイニシアティブとなっています。

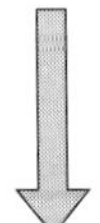

（国内法における具体的規制）

「外為法」・「輸出貿易管理令」により、大量破壊兵器に該当するものを輸出する場合は、**経済産業大臣の許可**が必要となります。

❸キャッチオール規制（Catch-All Controls）とは

大量破壊兵器等の関連汎用品・技術の輸出管理を補完・強化することを目的とした規制です。2002年4月に導入されました。

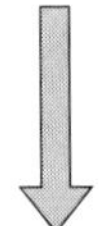

（国内法における具体的規制）

「外為法」・「輸出貿易管理令」により、**輸出管理品目としてリストに載せられていない品目でも**、大量破壊兵器関連の開発に用いられるおそれがあると判断される場合には、**経済産業大臣の許可**が必要となります。

8 Challenge

次のA欄に掲げる語句に最も関連のある文章をB欄より選んでください。

〈A欄〉

①ワシントン条約
②キャッチオール規制
③モントリオール議定書
④HACCP
⑤気候変動枠組条約

〈B欄〉

(a) フロン・ハロン等の特定物質によるオゾン層破壊の保護を目的とする
(b) リスト規制の対象外のものでも大量破壊兵器の開発等のために用いられるおそれのあるものを規制することを目的とする
(c) 企業や団体などの「環境マネジメントシステムの仕様」に関する国際規格
(d) 絶滅のおそれのある野生動植物の種の国際取引に関する条約
(e) 急激な地球温暖化を防止するための国際的な条約
(f) NASAで生み出された安全衛生管理の手法

8 Challenge 解答および解説

①－(d)

希少動植物の種の保存のための国際的な取り決めとして、通称「ワシントン条約」があり、該当する希少動植物の輸出入はこれに基づく国内法で規制されています。

②－（b）

キャッチオール規制とは、輸出管理品目としてリストに載せられていない品目でも、大量破壊兵器関連の開発に用いられるおそれがあると判断される場合には、経済産業大臣の許可が必要とされる規制です。

③－（a）

モントリオール議定書とは、フロン・ハロン等の特定物質によるオゾン層の破壊からオゾン層を保護することを目的とするウィーン条約に基づき採択されたものです。

④－（f）

HACCP（Hazard Analysis Critical Control Point＝危害要因分析重要管理点）は、もともとNASAで生み出された安全衛生管理の手法で、それが世界的な食品製造のシステムとして広まったものです。

⑤－（e）

急激な地球温暖化を防止し、さらに最終的な温度の上昇幅も安全な範囲に抑えることを目的とした国際的な取組みとして採択された条約を、気候変動枠組条約といいます。

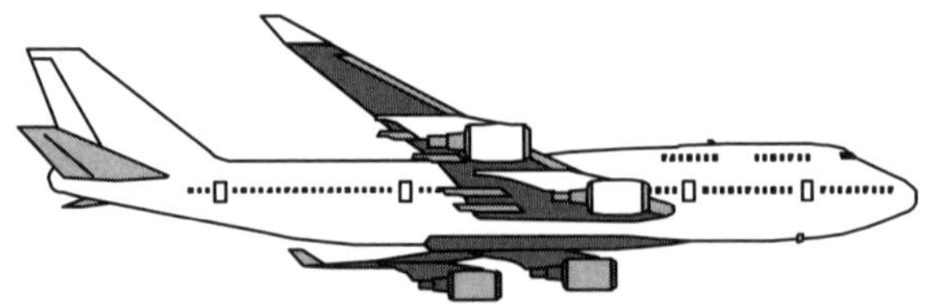

9 貿易経済知識

この項目は、B級・C級とも共通の試験項目で、基本的な経済知識について出題されています。

(1)日本の貿易の現状

日本の貿易の現状についてキーワードとなるのは、①**貿易黒字**、②**貿易摩擦**、③**産業の空洞化**、④**規制緩和**です。それぞれについて、どのようなことなのか理解しましょう。

❶貿易黒字

貿易黒字とは、「**輸出額が輸入額を上回る**」ことを指します。

「外国為替相場」との一般的な関係を見ると、

・**円安**傾向の場合：貿易黒字は**拡大**します（輸出増・輸入減）。

・**円高**傾向の場合：貿易黒字は**緩和**されます（輸出減・輸入増）。

また、貿易黒字が拡大すると、他国との貿易収支にアンバランスが起こり、**貿易摩擦の原因**となります。

❷貿易摩擦

ある国が国内産業の保護のために貿易制限的な不公正な措置をとっている場合、相手国が市場に参入することが困難であるとして、**輸入の拡大や、規制の撤廃ないしは緩和を要求したことによって、両国間に生じた緊張状態あるいは紛争のことをいいます**。また、**一方的な貿易黒字**も貿易摩擦の原因となります。

❸産業の空洞化

国内産業の生産拠点が、海外へ移行することにより、**国内産業が停滞**してしまうことを指します。特に、**円高時**には、海外での現地調達・現地生産のメリットが高まるため、「**産業の空洞化**」が**加速**する傾向にあります。また、輸入規制や国内での各種規制が多いと、これも「産業の空洞化」を招く要因となります。

❹規制緩和

WTO（世界貿易機関）の設立に伴い、国際的な貿易の自由化、開放体制が進んでおり、日本も**規制緩和**に取り組んでいます。

規制緩和を行うメリットは、以下の通りです。

- 消費者のメリット→規制緩和により輸入が拡大し、**内外価格差が是正されます**。
- 産業へのメリット→規制緩和により新規参入が容易になり、**国際競争力が高まります**。
- 国全体のメリット→**貿易摩擦が緩和**され、また、**産業の空洞化**を防ぎ、日本経済の力を高めます。

⑵国際貿易体制

現在、国際貿易において統一的役割を持つのが、**WTO**（世界貿易機関）です。WTO設立までの背景やその内容、日本の法令との関連を理解しましょう。

❶GATTからWTOへ

GATT（「関税と貿易に関する一般協定」1948年１月発効）
- 貿易制限の撤廃　➡　「輸入数量制限の撤廃」
- 無差別の原則　➡　「最恵国待遇の原則」
　　「内国民待遇」

「**ウルグアイ・ラウンド交渉**」の成立

※これまでのGATT交渉とは異なり、モノの貿易のみならず、**サービス貿易**（運送・保険・金融等）の自由化、**知的財産権等の保護、農産物の自由化等**の交渉が行われ、新たな貿易体制が必要となりました。

WTO(「世界貿易機関」1995年1月1日設立)により、サービス、知的財産権等をカバーする**多角的な自由貿易体制**がスタートがしました。

❷WTOと日本の法改正

GATTからWTOへ移行したことにより、国内法も、これに対応するように整備されました。具体的には、鉱工業産品、林・水産物品の**関税引下げ**、農産物の関税化（**輸入数量制限を撤廃**：関税割当制度・国家貿易品目)、**特殊関税制度**（アンチ・ダンピング（不当廉売）関税、相殺関税、緊急関税、報復関税等）の完備、**知的所有権侵害物品**への対応等です。

❸EPA/FTA

FTA（自由貿易協定：Free Trade Agreement）は、日本と特定国との間で関税などを撤廃することにより、両国間の「モノ・サービスの貿易の自由化」を促進することで、経済的協調の強化を目指すものです。一方、**EPA（経済連携協定：Economic Partnership Agreement）**は、FTAの要素に投資、人の移動などさらに広範囲にわたる経済的つながりを付け加えたものであると説明できますが、これらの厳密な区分はなく、現在では同義語として使われています。したがって、本書ではEPAと表示しています。

日本で最初に締結されたのは、2002年のシンガポール協定で、その後、次々にEPA/FTAが締結され、発効しています。近年は、TPP11（CPTPP）、日EU協定、日米貿易協定、日英EPA、RCEP（地域的な包括的経済連携）が締結されています。

9　Challenge

次の各文章のうち、正しいものには○印を、誤っているものには×印を、それぞれつけてください。

① GATTでいう「最恵国待遇」とは、加盟国中の貿易の相手国に対して他のどの国に与えている条件よりもいい条件を与えることをいう。

② 円高傾向にあるときは、日本における輸入の量が増えることから、貿易黒字は一般的に拡大される。

③ 産業の空洞化とは、国内産業の活動が海外へ移ってしまうことである。

④ WTO（世界貿易機関）が成立したため、これまでのGATT（関税と貿易に関する一般協定）は廃止になった。

⑤ ウルグアイ・ラウンド交渉の結果、農産物については、輸入の数量制限は廃止され、原則としてすべて関税化によることとなった。

9　Challenge　解答および解説

①－×

GATTでいう「最恵国待遇」とは、加盟国中どの相手国に対して他の国に与えている条件よりも不利にならない条件を与えることを協定することです。

②－×

円高傾向にあるときは、一般的に日本における輸入量が増える傾向があることから、貿易黒字は縮小されます。逆に、円安傾向にあるときは、一般的に貿易黒字は拡大します。

③－○

産業の空洞化とは、企業が海外へ生産拠点を移し、海外で原材料や部品を調達し、現地の人を雇い、現地で作ることにより、国内産業の活動が海外へ移ってしまうことです。

④－×

WTO体制のもとでは、GATTは、「モノの貿易に関する貿易協定」の一部を構成しており、GATTが廃止になったわけではありません。

⑤－○

ウルグアイ・ラウンド交渉の結果、原則として農産物の輸入数量制限を撤廃し、関税化に移行することとなりました。

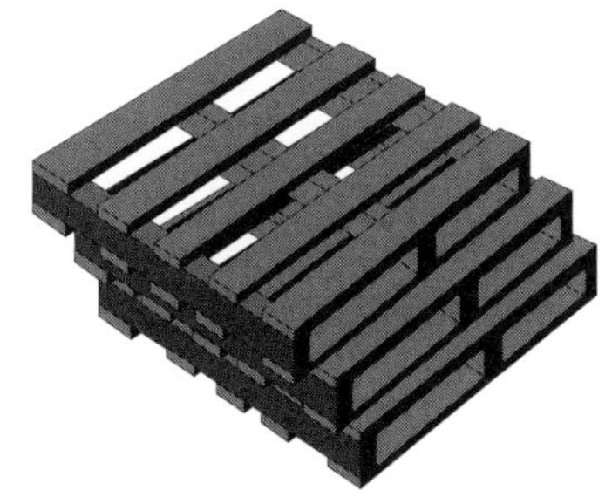

10 通関知識

この項目は、B級・C級ともに試験項目となっていて、基本的内容について出題されます。

(1)輸出入通関

貨物を輸出入するには、原則として税関長に申告して許可を受ける必要があります。この一連の手続を通関手続といいます。この通関手続は、通関業者に依頼して行うのが一般的です。ここでは、この通関手続の基本的知識を理解しましょう。

❶輸出通関

A．貨物の保税地域への搬入

輸出の準備（関税関係法令以外の法令〈いわゆる他法令〉の輸出の許可・承認等の取得、船腹予約・貨物の調達・包装）ができたのち、輸出申告を行い、貨物を**保税地域**に搬入します。

B．通関業者への通関依頼

輸出通関手続は、通常、通関業者に依頼して行います。

依頼時に提出する書類は次の通りです。

- **S/I**（シッピング・インストラクションズ）
- **インボイス**
- **P/L**（パッキング・リスト）

その他、必要に応じて他法令の許可・承認書、貨物の内容が説明できるようなカタログ等です。

なお、輸出申告の際、税関へのインボイス等の提出は、原則として不要です。

C．輸出申告書の提出

通関業者は、輸出者の提出した書類を参考にして、**輸出申告**

書を作成し、**通関士**の審査を経て、税関長へ提出します。

現在、航空貨物は**エアー・ナックス**（Air-NACCS）、海上貨物は**シー・ナックス**（Sea-NACCS）という、税関と各通関業者を結ぶ端末機である**輸出入・港湾関連情報処理センター**（NACCS）を利用して行うことがほとんどです。

なお、輸出申告書に記載する価格は、輸出港における**FOB価格**です。

また、税関長は、輸出貨物の審査・検査をします。そして、問題がなければ**輸出許可書**（**Export Permit：E/P**）を申告者に交付します。

輸出者は、輸出許可を受けると、輸出貨物を保税地域から搬出し、船積みを行います。

D．郵便物の取扱い

国際郵便路線により輸出する場合は、特例があります。**20万円以下**の物品の輸出の場合、輸出申告は不要です。

❷輸出通関とAEO制度

❶では、通常の輸出通関を見てきましたが、2001年9月11日に起きた同時多発テロ事件以降、物流がテロの手段として利用されないように、安全な物流システムの構築が進められました。この安全性を確保するための制度がAEO制度です。

AEO制度では、リスクの低い荷主とそれ以外の荷主を区別することができ、後者を重点的に検査できるようになるため、これまでトレードオフの関係にあった通関の迅速性と安全性の両面を確保することができます。

（特定輸出者）

メーカー等の輸出者による申請に基づき、税関長がコンプライアンスとセキュリティの両面から審査し承認した者を**特定輸出者**といいます。この特定輸出者が輸出を行う場合、輸出しようとする貨物を保税地域に入れずに、輸出申告から輸出許可を受けるまでの手続ができます。

(認定通関業者)

税関長の審査により、コンプライアンスとセキュリティ管理の両面から認定を受けた通関業者を**認定通関業者**といいます。この認定通関業者に輸出者が輸出通関を委託した場合は、輸出しようとする貨物を保税地域に入れずに、**輸出申告（特定委託輸出申告）**から輸出許可を受けるまでの手続ができます。

(認定製造者・特定製造貨物輸出者)

特定輸出者であるメーカーは、輸出しようとする貨物を保税地域に搬入することなく輸出申告ができますが、同じメーカーでも自らは輸出をせずに、「他の者」に輸出させる場合があります。このメーカーを**認定製造者**といい、輸出をする「他の者」を**特定製造貨物輸出者**といいます。このシステムは、認定製造者の管理の下で、特定製造貨物輸出者が製造貨物を輸出することを前提としたものです。

この特定製造貨物輸出者による申告から輸出許可までの手続は、保税地域に搬入せずに行うことができます。

❸輸入通関

A．貨物の保税地域への搬入

貨物を輸入しようとする場合も輸出と同様に、原則として、通関するため船卸後に**保税地域**に搬入しなければなりません。

B．輸入（納税）申告書の提出

保税地域に搬入した後、輸入（納税）申告書を提出して輸入申告します。

・状況に応じて必要なものは、**インボイス・運賃明細書・保険料明細書・価格表等**です。

C．輸入申告を口頭等でできる場合

原則として、輸入申告は、**輸入（納税）申告書**を提出して行いますが、現在は、ほとんどが**NACCS**により行われています。例外として、**旅客や乗組員の携帯品の場合**は、課税標準などの輸入申告を**口頭**で行うことができます。

また、輸入（納税）**申告を申告書以外のもの**で代用できる場合は、**ATAカルネ（通関手帳）**により、**一時輸入される商品見本等の場合**（輸入申告書不要）や、「**自家用自動車の一時輸入に関する通関条約**」に基づき**免税輸入される自家用自動車やその修理用部品**の場合（通関手帳により代用）、そして、**課税価格が1品目20万円以下の場合**（AWB（Air Waybill）や仕入書により代用）などです。

ただし、輸入貿易管理令により輸入承認が必要な場合や関税の減免税の適用を受ける場合は、この限りではありません。

D．郵便物の取扱い

課税価格が**20万円以下**の郵便物については、輸入（納税）申告を行う必要はありません。また、**寄贈品**等については20万円を超えていても不要です。

E．輸入貨物の審査・検査

輸入貨物については、**税関**による審査・検査が行われます。

具体的には、申告書類、納付すべき税額、輸入貨物の法令上の適格性、申告内容と実際の貨物が一致しているかを審査・検査します。

F．輸入の許可

審査・検査の結果、問題がなく、納付すべき税額を完納している場合に、輸入許可がされ、**輸入許可書（Import Permit：I/P）**が交付されます。

輸入許可後、輸入貨物を保税地域から搬出します。

もっとも、**輸入許可前の貨物の引取承認**を受けることにより、輸入許可前にも貨物を保税地域から搬出することができます。

この承認を「**輸入許可前引取承認（BP承認）**」といいます。

❹輸入通関とAEO制度

（1）特例輸入申告

❸で見てきたように、通常「輸入申告」と関税・消費税等に関する「納税申告」とは同時に行われます。この場合には貨物を保税地域等に入れてから申告し、関税等を納付しなければ、原則として輸入の許可を受けることができません。

これに対し、セキュリティ管理、および、コンプライアンスの両面から優れた輸入者に対しては、特例輸入者の承認制度があります。この制度では、輸入申告と納税申告とを分けて行うことができます。通常、輸入申告と納税申告を同時に行いますが、この場合は納税申告を後に行うことから、これを**特例申告**といいます。すなわち、貨物の引取申告をするだけで納税申告前に輸入許可がされます。

特例申告については、貨物引取り後1か月分まとめて翌月末日までに納税用の申告書（特例申告書）を提出して申告し、納税します。

特例輸入申告制度

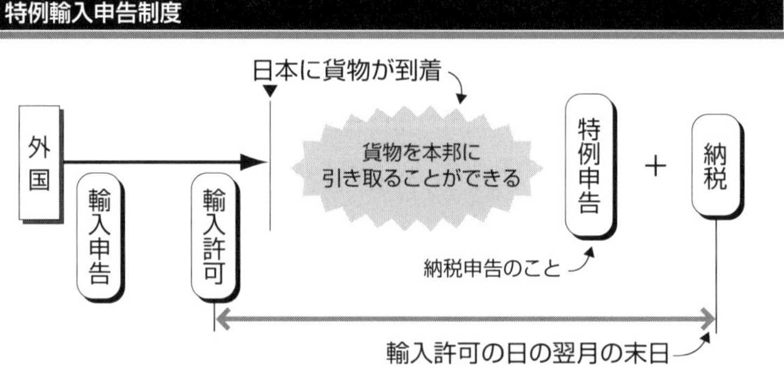

※輸入許可の日の翌月末日までに納税申告および納税を行わなければならない。

ただし、この取扱いを受けることができるのは、あらかじめ税関長の承認を受けた特例輸入者と特例委託輸入者です。特例輸入者は、税に関する犯歴がない等コンプライアンスの優れた者について、申請に基づき承認がされます。

なお、認定通関業者に輸入通関を委託した者（特例委託輸入者）についても、同様に特例申告を行うことができます。

※認定通関業者とは、通関業の許可を受けた通関業者のうち、コンプライアンスやセキュリティ管理等の観点から一定の要件を満たした者に対し、**税関長**が認定したもの。通関業者の申請により審査される。

⑵保税地域とその仕組み

前述したように、輸出入通関は、原則的、保税地域に搬入した後に行うこととなっています。そこで、保税地域とは一体どのような場所なのか、また、保税地域の有効な利用方法について理解すると共に、保税運送とはどのようなものかを見ていきましょう。

❶保税地域とは

現在、保税地域は、**指定保税地域**、**保税蔵置場**、**保税工場**、**保税展示場**、**総合保税地域**の5つがあります。

輸出入通関の際に使用される保税地域は、**財務大臣**が指定した場所である**指定保税地域**と、民間企業が営む**保税蔵置場**があります。

このように一**時蔵置**のために使用される保税地域を**消極的保税地域**といっています。

なお、**保税蔵置場**は、**蔵入承認**を受けることにより、**長期蔵置**（原則2年間）もすることができます。

保税工場は、**保税作業**、すなわち、**外国からの原材料を輸入通関をせずに使用して加工や製造をすることのできる工場**のことです。

保税展示場は、国際展示場として、**外国からの貨物を輸入通関をせずに展示等をすることができる場所**です。

保税地域の種類とその機能

種　類	主な機能	
指定保税地域	通関のための一時蔵置（1ヵ月以内）	消極的保税地域
保税蔵置場（民間）	通関のための一時蔵置（3ヵ月以内） 蔵入承認により、長期蔵置（2年間）できる。	消極的保税地域
保税工場（民間）	保税作業（外国貨物を使用し輸入通関をせず、加工・製造をすること）ができる（2年間）。	積極的保税地域
保税展示場（民間）	輸入通関をせず、外国貨物のまま展示することができる（許可期間）。	積極的保税地域
総合保税地域（第三セクター）	保税蔵置・保税作業・保税展示の機能が集約されている保税地域（2年間）。	積極的保税地域

他所蔵置場所	通関の際、保税地域に置くことが困難または不適当と認められた場合に貨物を置くことができる場所。

総合保税地域は、**保税蔵置場・保税工場・保税展示場のすべての機能が取り揃っている複合施設**です。

このように、貨物の輸入通関をせずに保税状態のまま、保税地域を有効利用することができます。これらの保税地域を**積極的保税地域**と呼んでいます。

また、通関の際に、**保税地域に置くことが困難である**、または、**置くことが不適当である**と認められた貨物については、保税地域に貨物を入れずに、税関長が置くことを許可をした場所（**他所蔵置場所**）に一時蔵置して、通関をすることができます。

❷保税運送

税関長の承認を受けて、輸入通関を行う前に、貨物を開港・税関空港・保税地域・税関官署等の相互間を運送することを**保税運送**といいます。

保税運送は、税関長により承認された運送期間内に行わなければなりません。

なお、認定通関業者または国際運送貨物取扱業者で、コンプライアンスなど一定の要件に該当したもので**税関長の承認**を受けた者（**特定保税運送者**）の場合は、特定区間の保税運送については、保税運送の承認は不要です。

(3)関税の基礎知識

前述した通り、輸入通関の持つ意味合いは、簡単にいうならば、輸入貨物の管理および関税等の輸入税の徴収です。すなわち、輸入しようとする貨物につきその貨物の種類・形状・数量等を申告するだけでなく、通常は、納税に関する申告も併せて行います。そして申告額に相当する金額を納税しないと、原則として輸入の許可はされません。

ここでは、関税の基礎知識を理解するとともに、その関税の減免がされる場合についても見ていきましょう。

❶関税の課税物件・課税標準・税率とは

A．関税の課税物件

通常、関税は、**輸入申告**の時の貨物の性質および数量により、課税されます。

B．課税標準

関税は、輸入貨物の**価格**（**従価税品**）により課税される場合と、貨物の**数量・重量・容積**（**従量税品**）により課税される場合とがあります。

現在、ほとんどのものは従価税品ですが、砂糖、アルコール類、軽油・重油等は、従量税品です。

また、これらが組み合わさったものもあり、**従価従量税品**といわれます。

C．税率

a）一般貨物の場合

少額貨物（**課税価格20万円以下**）や**携帯品・別送品**以外

の貨物の場合は、**一般税率**により課税されます。

一般税率は、**国定税率**と**協定税率**に分かれており、国定税率は**国内法により定められた税率**で、協定税率は**条約**により定められた税率です。

協定税率が適用される場合は、**WTO加盟国からの輸入**、または、便益関税適用国からの輸入の場合などです。

それぞれ、輸入しようとする貨物に、仮にすべての税率が定められていたとするならば、その適用順位を以下のような方法で決定します。

税率の適用順位

①国定税率の候補を決めます。

基本税率 と 暫定税率 が定められている場合は、暫定税率 が適用されます。

特恵税率 は、特恵受益国等から輸入された貨物等の場合にのみ適用することができます。

※それぞれの税率を比較して、より**低い税率**が国定税率となります。

② 国定税率 と 協定税率 （WTO加盟国等から輸入の場合、適用の対象となります）を比較して、

国定税率 ≦ 協定税率 の場合 ➡ 国定税率 が適用

国定税率 ＞ 協定税率 の場合 ➡ 協定税率 が適用

となります。

国定税率は、**基本税率・暫定税率・特恵税率**に分かれています。

基本税率は、関税率の基本です。

暫定税率は、**一定期間**に輸入されるものを対象とした暫定的な税率です。暫定税率適用期間は、基本税率は適用されません。

特恵税率は、**特恵受益国**とされた一定の開発途上国を原産地とした貨物に対して適用される税率です。

重要!!

一般貨物に適用される税率のうち、EPA（経済連携協定）に基づく税率があります。たとえば、シンガポール協定に基づく「**シンガポール協定税率**」や、メキシコ協定に基づく「**メキシコ協定税率**」、日・EU協定に基づく「**日・EU協定税率**」等があります。これらの税率を適用して輸入する場合には、原産地証明書、原産品申告書（協定により手続は異なる）などを提出するなど、原産性を証明する手続が必要です。（※FTAとEPAはP181参照）

※FTA/EPAにおける協定税率を単にEPA税率ということもあります。

b）少額貨物に対する税率

課税価格の総額が**20万円以下**の場合は、少額貨物として「**少額輸入貨物に対する簡易税率表**」による税率を適用することができます。もっとも、少額貨物には、携帯品・別送品は含まれず、**携帯品・別送品の場合**は「**入国者の輸入貨物に対する簡易税率表**」によります。

❷特恵関税制度

経済が発展途上にある国（開発途上国）として政令で定められた国（特恵受益国）からの農水産物や鉱工業産品の中の一定製品の輸入の場合、通常税率より**低税率**または**無税**にすることにより、特恵受益国からの輸入の促進をはかろうとする制度です。

なお、特恵受益国のうち、さらに一定の国（**後発開発途上国**）を**特別特恵受益国**と指定し、これらの国から特恵関税対象品目を輸入する場合、すべて**無税**としています。

なお、特恵関税の適用を受けようとする場合、原則として、輸出国の発給した**特恵関税原産地証明書（GSP Certificate of Origin (Form A)）**が必要となり、輸入申告の際、申告書類に添付する必要があります。

❸減免税・戻し税制度

ある一定の貨物を輸入する場合、もしくは一定の条件をもとに輸出入される場合、その**関税**が**免税・減税・戻し税**となる場合があります。

主な減免税制度

	関税定率法による適用条項および内容
製造用原料品の減免税	13条に定める一定の原料品を輸入し、輸入の許可の日から1年以内に税関長の承認工場において、一定の製造を行い終了する場合は、減免税の対象となります。
無条件免税	14条に定める貨物を輸入する場合は無条件で免税となります。
特定用途免税	15条に定める貨物を輸入した場合で、輸入許可の日から2年以内に用途以外の用途に使用しない場合は、免税となります。
再輸出免税	17条に定める貨物を輸入し、輸入許可の日から1年以内に再輸出される場合は、免税となります。
輸入時と同一状態で再輸出される場合の戻し税	19条の3の規定により、輸入した時と同一状態のまま、輸入許可の日から1年以内に再輸出される貨物については、再輸出貨物に該当する納付した関税額の払戻しが受けられます。
違約品等の再輸出または廃棄の場合の戻し税	20条の規定により、違約品や国内法令により輸入した貨物の使用等が禁止された場合に、再輸出や廃棄をすることにより、納付した関税額の払戻しが受けられます。

❹輸入してはならない貨物（関税法）

関税法では、「**輸入してはならない貨物**」が規定されています。また、下記サ、シの物品については、「**知的財産権侵害物品の水際取扱い**」の制度が厳格に定められています。

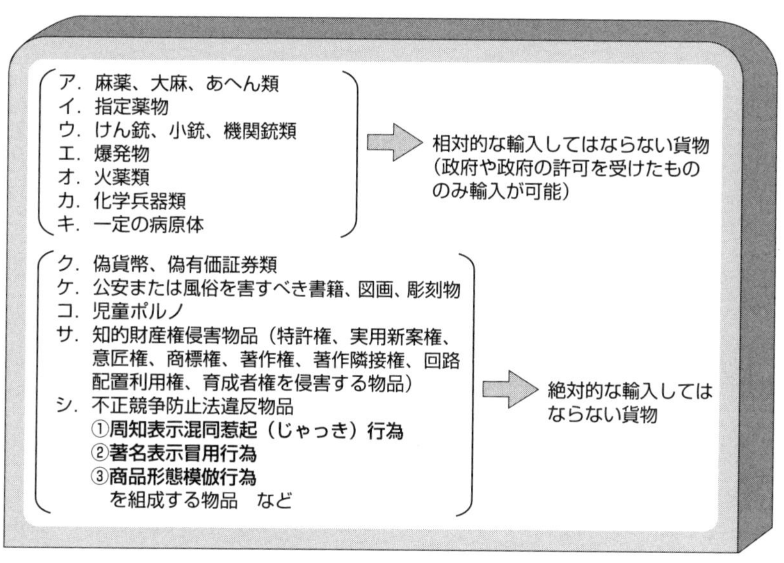

ア．麻薬、大麻、あへん類
イ．指定薬物
ウ．けん銃、小銃、機関銃類
エ．爆発物
オ．火薬類
カ．化学兵器類
キ．一定の病原体
相対的な輸入してはならない貨物（政府や政府の許可を受けたもののみ輸入が可能）
ク．偽貨幣、偽有価証券類
ケ．公安または風俗を害すべき書籍、図画、彫刻物
コ．児童ポルノ
サ．知的財産権侵害物品（特許権、実用新案権、意匠権、商標権、著作権、著作隣接権、回路配置利用権、育成者権を侵害する物品）
シ．不正競争防止法違反物品
①周知表示混同惹起（じゃっき）行為
②著名表示冒用行為
③商品形態模倣行為
を組成する物品　など
絶対的な輸入してはならない貨物

❺輸出してはならない貨物（関税法）

関税法では、「**輸入してはならない貨物**」のほか「**輸出してはならない貨物**」が規定されています。

ア．麻薬、大麻、あへん類

イ．児童ポルノ

ウ．知的財産権侵害物品（特許権、実用新案権、意匠権、商標権、著作権、著作隣接権、育成者権を侵害する物品）

エ．不正競争防止法違反物品（①～⑥の行為を組成する物品）

①周知表示混同惹起（じゃっき）行為

②著名表示冒用行為

③商品形態模倣行為

④営業秘密不正使用行為

⑤視聴等機器技術的制限無効化行為
⑥視聴等機器技術的制限特定無効化行為

❻関税の附帯税

関税は、本税のほかに、ペナルティーに応じた**附帯税**が規定されています。

ア．**延滞税**……………法定納期限までに関税の納付がない場合には、延滞日数に応じ、延滞税が課されます。なお、附帯税に係る延滞税はありません。

イ．**過少申告加算税**…過少申告をした場合に、ペナルティーとして過少申告加算税が課されます。

ウ．**無申告加算税**……本来、納税申告をしなければならないにもかかわらず納税申告がなかった場合に、ペナルティーとして無申告加算税が課されます。

エ．**重加算税**…………納税義務者が隠ぺい、仮装行為により不正に納税申告した場合にペナルティーとして重加算税が課されます。

❼特定輸出申告制度

特定輸出申告制度は、当該法人がこれまで法令を遵守してきたか、法令を遵守するために社内にどのような管理体制を置いているか、これらにつき妥当な実績があるかなどを**税関**が調査し、**輸出通関**に利用しようというものです。

通常、コンテナに積載された貨物はCY（コンテナヤード＝保税地域）に搬入された後に**輸出通関手続**が行われます。一方、特定輸出申告制度では、コンプライアンスやセキュリティ管理の優れた輸出者の工場、倉庫等で、まず**輸出通関手続**（輸出申告から輸出許可まで）を終え、その後CYに搬入することが可能となります。申告は、貨物が置かれている場所等にかかわらず、全国のいずれかの**税関長**に対して行います。また、輸出通関時の税関による審査・検査は、コンプライアンスを反映したものとなりますので、通関のリードタイムの短縮化が期待できます。この制度を利用しようとする者は、**税関長**から「**特定輸出者**」の承認を受けなければなりません。

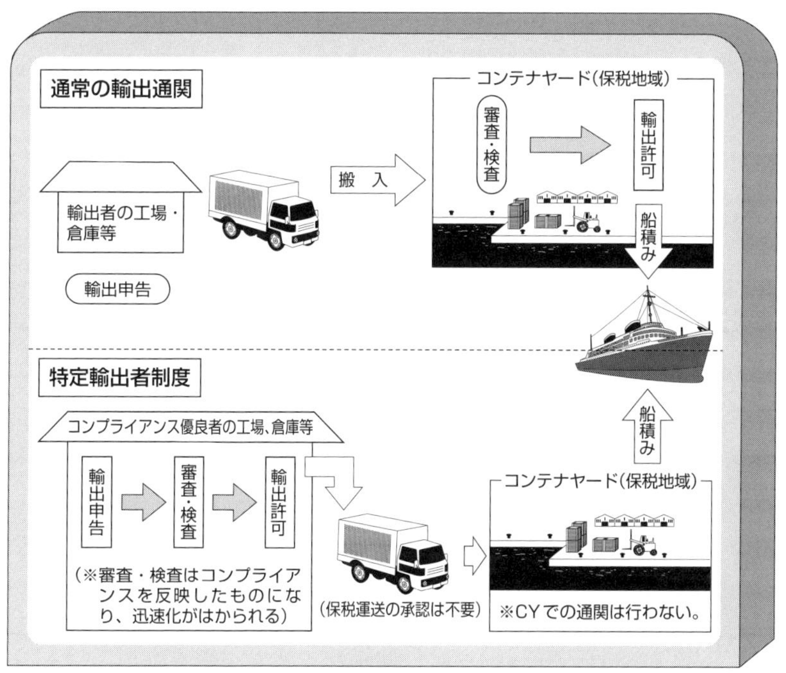

❽特定委託輸出者の場合

特定委託輸出者とは、**認定通関業者**に**輸出通関**を委託した者をいいます。特定委託輸出者の場合、**輸出申告**を自社の工場や倉庫で行うことができます。これは、特定輸出者の場合と同様に、**保税地域**に入れないで輸出申告から輸出許可までの手続を行うことができます。つまり、すべての通関手続を自社の工場や倉庫で行うことができるのです。申告は、特定輸出申告制度の場合と同様、いずれかの**税関長**に対して行います。

なお、特定委託輸出申告に係る貨物を開港などまで運送するにあたり、特定保税運送者を利用しなければなりません。

(4) AEO制度（Authorized Economic Operator）

❶背景

2001年9月に米国で起きた「同時多発テロ事件」を契機に、テロに対するセキュリティの強化が課題となりました。米国では、C－TPAT（Customs-Trade Partnership Against Terrorism：「テロ行為防止のための税関産業界提携プログラム」）というセキュリティ対策プログラムができ、それを受け、WCO（世界税関機構）では「国際貿易の安全確保と円滑化のための基準枠組み」が採択され、その一部に「AEOプログラム・ガイドライン」が組み込まれました。

現在では、日本をはじめ各国にてAEO制度の導入が進められています。

AEO制度には、テロ行為をはじめとした各種の事故防止が期待できるほか、輸出入事業者のサプライチェーンの効率化やリードタイムの短縮化といったメリットもあります。

❷日本版AEO制度

日本におけるAEO制度は、関税法で規定されており、下記プログラムによって構成されています。

A　**荷主**　→　特例輸入者、特定輸出者、認定製造者の各プログラム

B　**通関業者**　→　認定通関業者プログラム

C　**倉庫業者**　→　特定保税承認者プログラム

D　**運輸業者**　→　特定保税運送者プログラム

当該プログラムの参加者になるためには、税関長による認定や承認が必要です。貨物のセキュリティ管理およびコンプライアンスにすぐれた輸出入事業者等であるかの観点から審査されます。

日本版AEO制度

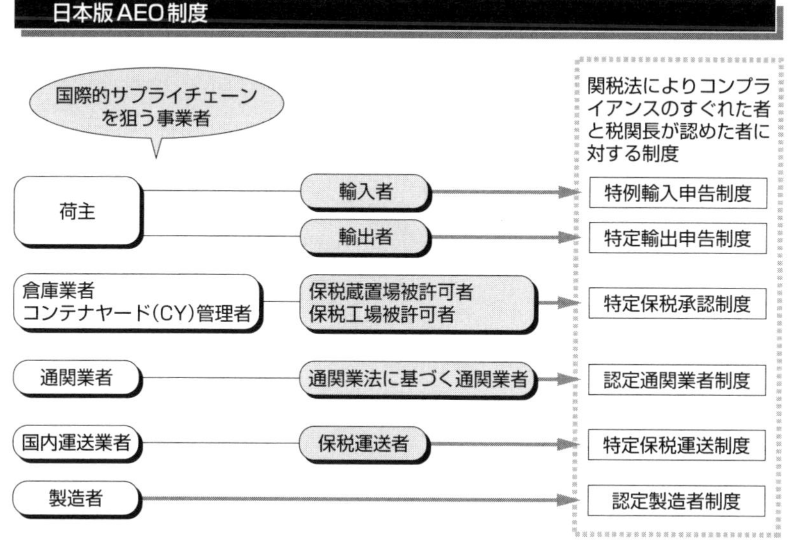

10－1 Challenge

次の記述は、輸出通関手続に関するものですが、正しいものには○印を、誤っているものには×印をつけてください。

① 特定輸出申告制度とは、特定輸出者が輸出を行う場合には、輸出しようとする貨物を保税地域に搬入することなく、自社の工場や倉庫などで、輸出申告から許可を得ることまでができる制度である。

② 輸出申告書に記載すべき貨物の価格は、輸出港におけるCIF価格である。

③ コンプライアンスの側面およびセキュリティ管理の側面から税関が審査し認定した通関業者を、認定通関業者という。

④ 外為法に基づく経済産業大臣の輸出許可が必要な場合には、税関長への輸出申告を行うまでに取得する必要がある。

⑤ 税関長への輸出申告の際は、原則としてインボイスの提出は不要なので、通関業者への通関依頼の際にも原則としてインボイス

を渡す必要はない。

10－1 Challenge　解答および解説

①－○

特定輸出申告制度とは、特定輸出者が輸出を行う場合には、輸出しようとする貨物を保税地域に搬入することなく、自社の工場や倉庫などで、輸出申告から許可を得ることまでができる制度です。

②－×

輸出申告価格は、FOB価格です。

③－○

コンプライアンスの側面およびセキュリティ管理の側面から税関が審査し認定した通関業者を、認定通関業者といいます。

④－○

外為法に基づく許可・承認が必要な貨物を輸出する場合には、輸出申告までに経済産業大臣の許可・承認を受けている旨を税関に証明する必要があります。

⑤－×

通関業者に通関依頼をする場合には、通常、インボイスを提出します。業者はインボイスなどを見て通関書類などを作成します。

10－2 Challenge

次の記述は、輸入通関手続に関するものですが、正しいものには○印を、誤っているものには×印をつけてください。

① 外国から到着した貨物は、原則として輸入（納税）申告前に保税地域に搬入する。

② 指定保税地域においては、外国貨物を入れた日から1か月を超える長期蔵置をすることができる。

③ 関税のうち、延滞税、過少申告加算税、無申告加算税および重加算税を「附帯税」という。

④　不正競争防止法に違反する物品で、他人の商品表示として需要者の間に広く認識されているものと同一又は類似の表示を使用した物品を輸入し、他人の商品と混同させる行為は、著名表示冒用行為に該当する。

⑤　輸入貨物について特恵関税の適用を受ける場合には、原則として税関に輸出国の発給した特恵関税原産地証明書の提出が必要である。

10－2　Challenge　解答および解説

①－○

輸入しようとする貨物が外国から到着した場合には、まず保税地域に搬入し、輸入申告を行うのが原則です。

②－×

指定保税地域は、国、地方公共団体が所有し、管理する土地、建物を財務大臣が指定した保税地域ですが、ここは1か月以内の短期間の蔵置のみ認められており、1か月を超える長期蔵置は行うことができません。

③－○

関税のうち、延滞税、過少申告加算税、無申告加算税および重加算税を「附帯税」といいます。

④－×

不正競争防止法に違反する物品で、他人の商品表示として需要者の間に広く認識されているものと同一または類似の表示を使用した物品を輸入し、他人の商品と混同させる行為は、周知表示混同惹起行為に該当します。著名表示冒用行為とは、他人の著名な商品表示と同一もしくは類似のものを無断で使用する行為をいいます。

⑤－○

特恵関税の適用を受ける場合には、原則として輸入申告時に輸出国の発給した特恵関税原産地証明書を提出しなければならないことになっています。

11 貿易運送と港湾運送事業

⑴貿易運送については、B級・C級試験ともに出題項目です。
⑵港湾運送事業については、B級試験の出題項目です。

⑴貿易運送の種類

日本は島国であるため、貿易取引における貨物の運送方法は、海上貨物輸送（船舶）、航空貨物運送、国際複合一貫輸送に限られます。これら運送に関する知識を学習しましょう。

❶海上貨物輸送

A．用船契約（Charter Party）

穀物、石炭、鉱石等のバラ積貨物（**Bulk Cargo**）については、**船腹の一部および全部を貸し切って運送する方法**をとりますが、このように船腹を貸し切る契約を**用船契約**といい、**不定期船**を利用します。

この用船契約の場合は、荷主と船会社との間で、契約を行い、「**用船契約書**」を作成します。

なお、用船契約の方法は、次の通りです。

a）**期間（定期）用船契約**（Time Charter）

一定期間や一航海に要する期間に限って用船する契約を**期間（定期）用船契約**と呼んでいます。この契約は、船会社が他の船会社との間で結ぶことが多いようです。

b）**航海用船契約**（Voyage Charter）

貨物の積込港および積卸港を定め、その両港間の一航海を荷主が借り切る用船契約を**航海用船契約**と呼んでいます。

この航海用船契約は、船腹の全部を借り切る「**全部用船契約**」と、船腹の一部を借り切る「**一部用船契約**」の場合があります。

B．個品運送契約

これは、**一回の取引量が比較的少量貨物の場合に、航海スケジュール、運賃等が公開されている定期船（Liner）により運送する場合の契約**のことをいいます。

航海スケジュールで、貨物に適した船舶をさがし、スペース・ブッキング（Space Booking）をします。

なお、個品運送契約の場合は、**荷主が船会社へ運送申込をした時に成立し、契約書は作成しません**。

そして、実際に輸送されたり船積みされると、**船荷証券**が発行されます。

C．海運同盟（Shipping Conference、別名：運賃同盟（Freight Conference））

同一定期航路を運航する船会社が協定して運賃表を作成し、その運賃により輸送を行う**国際カルテル**のことを「**海運同盟**」と呼んでいます。

もっとも、同盟に加入せず独自のルートやタリフを定めている船会社もあります。これを「**盟外船（Non Conference Line または Outsider）**」と呼んでいます。

D．海上運賃

a）支払時期

支払時期は、海運同盟ルールにより定められています。

・**運賃前払い**（Freight Prepaid）

船積み完了と同時に支払う方法です。

B/Lに“Freight Prepaid”と表示されます。

・**運賃後払い**（Freight Collect）

貨物が輸入地に到着し、運送完了時に支払う方法です。

なお、互いの通貨を交換できない場合は、この方法を用いることはできません。

b）運賃計算（海運同盟）

運賃の計算は、海運同盟が協定して公表している「**タリフ**

(Tariff：表定運賃率)」によります。

「タリフ」には、運送される貨物を品目別に細かく分類し、主要港間の基本運賃（Base Rate）が定められています。なお、基本運賃は、「**バース・ターム**（Berth Term)」(船舶への貨物積込・積卸費用込）で設定されています。

なお、定期船の「バース・ターム」を「**ライナー・ターム**(Liner Term)」といいます。

c）運賃計算の単位

運賃計算の単位は、重量建て、容積建て、重量／容積建て、コンテナ建ての4種類があります。

・**重量建て**

不定期船の場合は、英トン（ロング・トン）や米トン（ショート・トン）が使用されることもあります。

定期船の場合は、メトリック・トン（M/T＝1,000kg＝2,204lbs）を使用します。

・**容積建て**

1m^3、M、M3（エムスリー）を使用します。

・**重量／容積建て**

重量および容積のトン数の大きいほうを運賃トン（**フレート・トン＝Freight Ton**）として適用します（**W/M**と表記されます)。

・**コンテナ建て**

標準サイズ（**20フィート・40フィート**）により設定します（ボックス・レート（Box Rate）と呼ばれます)。

d）割増運賃（Surcharge：サーチャージ)

基本運賃の実収入を確保するための調整運賃として適用されています。

・**CAF（Currency Adjustment Factor,** 別名**カレンシー・サーチャージ：Currency Surcharge)**

通貨変動による**為替差損（益）を調整する運賃**をいいます。

これは、基本運賃の何%と表示されます。

アジア航路ではYAS（Yen Appreciation Surcharge）と呼びます。

・**BAF**（**Bunker Adjustment Factor**，別名**バンカー・サーチャージ：Bunker Surcharge**）

船舶燃料の急激な変動に対処するための運賃をいいます。

これは、基本運賃の何%または1フレート・トンあたり何ドルと表示されます。FAF（Fuel Adjustment Factor）と呼ばれることもあります。

・**長尺・重量割増運賃**

規定の長さ、重量を超える場合の割増運賃のことです。

・**CFSチャージ**

コンテナ内に混載する費用をいいます。

・**コンテナ・ターミナル・チャージ**

コンテナ・ターミナル内の取扱費用のことです。

E．船荷証券（B/L：Bill of Lading）

船荷証券（**B/L**）は、船積書類の中で**唯一の有価証券**であり、**貨物の引渡し請求権を証券化**した書類です。

船荷証券（B/L）は、次のように分けることができます。

a）指図式船荷証券（Order B/L）と記名式船荷証券（Straight B/L）

ア）**指図式船荷証券**（**Order B/L**）

「**Consignee**（**荷受人**）」欄に、次のように記載されています。

Order
Order of shipper
Order of ＿＿＿（人または銀行）

この場合、**白地裏書**（Blank Endorsement）〈次の権利者を指名しないで自分の署名のみをする〉で、**貨物の引渡**

し請求権が移動します。

イ）**記名式船荷証券（Straight B/L）**

「Consignee（荷受人）」欄に特定人が記入されているため、裏書譲渡を行うことができません。

このような流通性のない**B/Lは為替手形の担保となりません**。

b）船積船荷証券（Shipped B/L = On board B/L）と受取船荷証券（Received B/L）

ア）**船積船荷証券（Shipped B/L = On board B/L）**

貨物が特定の船舶に積み込まれた時に発行されるB/Lのことです。

信用状では、このB/Lが要求されます。

イ）**受取船荷証券（Received B/L）**

貨物が船会社指定の倉庫に搬入された時に発行されるB/Lのことです。

たとえば、コンテナ船により運送される場合で、船会社が管理するCYやCFSにおいて引き渡される場合に発行される**受取B/L**や、**利用運送事業者（NVOCC）**に貨物を引き渡した場合に発行される「**複合運送証券（Combined Transport B/L）**」などが、この受取人船荷証券です。

信用状取引において輸出者が手形の買取りを銀行に請求する際に添付しなければならないB/Lは、**船積船荷証券**です。

そこで、受取B/Lの場合、船積みしたことを証明するために、B/L上に船積完了の旨と船積年月日を記載した船積証明（**On Board Notation**）を記載してもらう必要があります。この証明のある受取船荷証券は船積船荷証券と同等に扱われます。

この船積証明がない場合、手形買取りが拒絶されてしまいます。

c）無故障船荷証券（Clean B/L）と故障付船荷証券（Foul B/L）

ア）**無故障船荷証券（Clean B/L）**

物品や梱包にキズ等があることを示す特記等が記されていないB/Lのことです。

イ）**故障付船荷証券（Foul B/L）**

物品や梱包にキズ等があることを示す特記等が記されているB/Lのことです。

なお、信用状取引の場合、このFoul B/Lでは、**手形の買取りが拒否されてしまいます**。

❷航空貨物運送

A．直接貨物輸送契約

荷主が航空貨物代理店を通して、**航空運送事業者（航空会社）**と直接契約します。

また、**直接貨物輸送契約**は、**IATA（国際航空運送協会）**に基づく運送約款、規則、運賃率により締結され、**航空運送状（AWB：Air Waybill）が発行されます**。

航空貨物代理店

航空会社との代理店契約により集荷、運送引受け、運送状の発行を行います。

国際航空運送協会（IATA：国際民間航空運送事業を行う国際定期航空会社の国際団体で、運送約款、規則、運賃率等を定めている）の代理店資格を取得すれば、IATA加入の航空会社であれば、すべて代理店としての業務を行えます。

B．チャーター（不定期）輸送

荷主と航空会社との間で**運送期間、日時を指定**して、**各航空会社が独自に設定した運賃**で航空機の全スペースを**貸し切る契約**です。

これは、海上運送における不定期船の用船契約と同様です。

C．混載貨物輸送契約

利用航空運送事業者（自ら航空機等の運送手段を持たないが、荷主に対して運送業者として運送を引き受け、航空会社などを利用し輸送を行うもの〈**混載業者＝フォワーダー**〉）が、複数の荷主から**小口貨物**の運送依頼を受け、自らが代表荷主となり、集約した**小口貨物**を**大口貨物**として、航空会社へ運送させる方法をいいます。

利用航空運送事業者は、独自の運送約款、運賃率により荷主と運送契約締結をします。

運送契約を締結すると、**混載運送状（House Air Waybill：HAWB）**が利用運送事業者から荷主に対して発行されます。

航空会社からみると荷主となる利用運送事業者には、航空会社から**マスター・エアウェイ・ビル〈Master Air Waybill：MAWB〉**が発行されます。

D．航空運送状（Air Waybill）

航空貨物運送状とは、航空運送契約をし、荷主から貨物を受領したことを示す**証拠書類**です。

これは、B/L（船荷証券）と異なり、貨物の受取りに絶対に必要な書類ではありません。単なる「**証拠証券**」で、「**有価証券」ではありません**。

そして、この航空貨物運送状は、受取式、記名式なので、記載されている荷受人（Consignee）に貨物が引き渡されることになります。

信用状取引の場合、荷受人が「信用状発行銀行」となっているので、輸入者は、貨物を受け取るためには、銀行に貨物代金を支払い、「**航空貨物引渡指図書（Release Order）**」に銀行の署名を受けます。

❸国際複合一貫輸送

A．国際複合一貫輸送とは

複数の運送手段を用いて、貨物受取人の指定地までの運送を一人の運送人（複合運送人）が**一貫した責任体制**のもとに行う方法をいいます。

たとえば、コンテナ輸送において、輸出者の工場からコンテナに積み込んだ状態で、複数の輸送手段を用いて、内陸部の輸入者のところまで、輸送するような方法です。

また、この方法により、国際輸送手段を持たない**利用運送事業者（NVOCC：Non-Vessel Operating Common Carrier）**がさまざまな輸送手段の輸送業者を用いて、船会社と同様に一貫運送責任によるサービスをすることができるようになりました。

ところで、**代表的複合一貫輸送ルート**を見てみましょう。

ａ）船会社による北米向けルート

・**IPI（Interior Points Intermodal）**

北米西海岸経由、北米内陸部向け

〈船舶と鉄道・トラック輸送の組み合わせ〉

・**MLB（Mini-Landbridge）**

北米西海岸経由、北米東海岸・メキシコ湾岸向け

〈船舶と鉄道の組み合わせ〉

ｂ）NVOCC（Non-Vessel Operating Common Carrier）による**シベリア・ランド・ブリッジ**

欧州・中東向け

〈日本～ロシア極東・ポストチヌイを海上運送し、その後、シベリア鉄道・接続する各種輸送により組み合わせる〉

B．国際複合輸送の運送状

船会社による複合一貫輸送の場合には、通常の**受取船荷証券「Received B/L」**が使用されています。

また、NVOCCによる複合一貫輸送の場合には、**複合運送証券「Combined Transport Bill of Lading」**を使用しています。

なお、様式・目的・機能は通常のB/Lとほぼ同様です。

(2)港湾運送事業

貨物の積卸しに関連して、港においてさまざまな業種の人々が作業を行っています。具体的にどのような業種があり、どのような作業を行っているのか、見ていきましょう。

❶在来船に関連する港湾運送事業者

A．海運貨物取扱業者（海貨業者）

輸出の場合には荷主から**貨物を受け取り、保税地域等に搬入を行い、通関手続をして（通関業の免許も持つ場合）、本船の船側まで持ち込む沿岸荷役作業を行い、船積代理店やステベ（船内作業者）に貨物を引き渡す**までの作業を請負います。輸入ではこれと反対の動きになります。

B．ランディング・エージェント（Landing Agent）

船会社からの委託により、保税地域等からの貨物の受渡しに合わせて、**はしけ運送や沿岸荷役作業を行い、本船船側で船会社に貨物を引き渡す作業**（輸入の場合、船側から貨物を引き取り荷主へ引き渡す作業）を行う業者です。

C．船内荷役事業者（ステベドア：Stevedore）

港湾で、船舶への貨物の積込・取卸しを行う作業をいいます。この作業を業とするには、**船内荷役事業の免許**が必要です。

D．検数事業等

船舶により運送される貨物について、**数量の計算・貨物の現状**についての確認作業を船会社・荷主などに代わり公正に実施する事業者をいいます。これは免許別に、**検数・検量・鑑定**の3つの事業に分かれます。

❷コンテナ・ターミナルに関連する事業

A．新海貨業者

コンテナ船の場合、船会社からの委託により、**港湾の船会社のCFSで作業する必要があることから、その作業も行える免許を持つ海貨業者を新海貨業者**といいます。

B．船内作業

コンテナの場合、荷役作業は**機械化**されています。

船内作業の範囲としては、たとえば、輸出の場合、**CY**内の本船船側の岸壁上にあるコンテナにフック掛けをするところから、クレーンで吊り上げて、船舶の甲板上の積付け場所に置くまでの作業をいいます。

C．沿岸荷役作業

コンテナ船からターミナル内までの**貨物の移動**、CYやCFSでの**コンテナ貨物の一時保管**、CFSでのコンテナへの**バンニング（Vanning：積付作業）**、**デバンニング（Devanning：積卸作業）**、**搬出入作業**が沿岸荷役作業に含まれています。

D．検数事業

CFS等のコンテナに貨物を積卸しの際に立ち会って、**検量**、**積付指導**、**状況確認**、コンテナのシール（施封）を行うものです。

11 Challenge

次の文章は、運送に関するものですが、正しいものには○印を、誤っているものには×印をつけてください。

① 船会社が不特定多数の荷主の貨物運送を引き受け、主として「定期船（Liner）」で運送する方式を用船契約という。
② 船荷証券の白地裏書（Blank Endorsement）とは、貨物の次の権利者を誰にするかは、特に指定しないで署名したものをいう。
③ 船荷証券を紛失した場合、船荷証券を無効にすることが必要で

あるが、そのためには最寄りの警察署にて除権決定を受ける必要がある。

④ NVOCCは、自らが荷主となって船会社と運送契約を結び、仕向地の支店、代理店等を受荷主とする記名式船荷証券を船会社から取得する。

⑤ 利用航空運送事業者は、独自の運賃表（タリフ）により、小口貨物の運賃設定をし、自らが大口貨物の荷主となり航空会社のタリフの重量逓減制を利用して運賃の差額を捻出し、それを利益としている。

11 Challenge 解答および解説

①－×

船会社が不特定多数の荷主の貨物運送を引き受け、主として「定期船（Liner）」で運送する方式は、個品運送契約です。用船契約とは、包装せずそのままの状態で船積みされる穀物、石炭、鉄鉱石などのバラ荷（Bulk Cargo）を不定期船により運送する契約です。

②－○

船荷証券の白地裏書（Blank Endorsement）とは、貨物の次の権利者を誰にするかは特に指定しないで署名したものをいいます。

③－×

船荷証券を紛失した場合、船荷証券を無効にすることが必要ですが、そのためには最寄りの警察署ではなく、義務履行地を管轄する簡易裁判所にて除権決定を受ける必要があります。

④－○

NVOCCとは、利用運送事業者のことで、自らが大口貨物の荷主となり、船会社と契約を結びますが、この際、船会社からは、記名式船荷証券を交付してもらいます。

⑤－○

問題文の通り、航空会社のタリフの重量逓減制を利用して利益を得ています。

12 マーケティング

この項目は、B級・C級試験ともに出題範囲となっていますが、B級試験では、独立した科目として出題されます。

(1)貿易マーケティング

貿易取引は、他国との取引となるため、新規市場の開拓・拡大という大きなメリットがある反面、いろいろなリスクもあります。

そこで、綿密なマーケティングを行い、徹底した市場調査や情報収集を行うことが貿易取引の鍵となる、といっても過言ではありません。

ここでは、基本的なマーケティングの方法やマーケティングの流れを理解してください。

❶マーケティングとは

マーケティングとは、「市場開拓を行い、その市場に適合するような商品を作り出し、その市場をさらに成長・維持させていくこと」です。

具体的には、次のような体系となっています。

市場調査（MARKET RESEARCH）

- 商品計画（PRODUCT）
- 価格設定（PRICE）
- 流通システム（PLACE）
- 販売促進（PROMOTION）

} 4P マーケティング・ミックス

取引先選定・信用調査

- 市場調査から取引見込先を選定する
- 取引見込先の正確な情報を収集

売込活動へ

❷市場調査

A．内容

市場調査は、取引見込先の国の**一般的情報**と**商品特有の情報**の両面から行います。

一般的情報

地理（気候・地形・面積等）
文化・社会（人口・教育水準・所得水準・宗教・言語等）
政治・外交（政態・政党・日本との外交関係等）
法令（関税制度・貿易管理法令・為替制度等）
資源・産業（資源状況・産業状況等）
流通（流通制度）
運輸・通信（運輸状況・交通網状況・港湾状況・通信手段等）
財政・金融（財政力・金融機関・金利水準等）
etc.

商品特有の情報

価格（卸価格・販売価格・製造原価等）
製品（品質・スタイル・色・サイズ・重量等）
販売（販売業者・販売代理店・販売制度等）
市場・競合品（占有率・知名度・競合品の状況等）
販促・広告（販売促進費・広告宣伝費・市場調査費用等）
etc.

B．調査方法

a）**一般的情報**（地理・気候・法制度等）

国内における既存情報から入手できます。

b）**商品特有の情報**（競合製品等）

現地調査や専門調査機関等を利用します（場合によっては、既存情報から入手できるものもあります）。

C．商品計画（PRODUCT）

製品仕様を検討します。

本国仕様 or 取引国仕様 or 国際標準仕様 etc.…。

D．価格設定（PRICE）

価格設定はどうするか。

採算性・寿命・競合商品・市場動向・景気等を考慮します。

E．流通システム（PLACE）

販売・購入経路はどうするか。

直接輸出入 or 間接的輸出入にするか。

物流経路はどうするか。

積出地・積卸地・航空運送・船舶運送・複合運送等…。

F．販売促進（PROMOTION）

効果的な広告・宣伝をどのようにするか。

マスメディア（TV・新聞・雑誌など）・展示会等…。

販売方法はどのようにするか。

直接販売 or 代理店制etc.…。

❸取引見込先選定

取引見込先を選定するために、いろいろな情報を収集します。

A．国内での情報収集

a）ディレクトリー・海外発行の専門誌などのチェック

b）同業者・貿易関係機関・既存取引先などへの紹介依頼

c）見本市・展示会などでの商談活用

d）JETRO・商工会議所・貿易関係団体などへの照会

e）在日外国機関（大使館商務部・貿易促進団体事務所）などへの照会

輸出の場合は、市場が海外のために、情報の入手は困難な場合があります。

B．海外での情報収集

a）ディレクトリー・広告等の情報に基づき直接コンタクト

b）海外業界・専門誌などへの**広告掲載**

c）**見本市・展示会**への出展、**商談会**への参加

d）**現地商工会議所・貿易関係団体**などへの取引先紹介依頼
e）**コンサルタント**の起用

❹信用調査

A．調査方法

a）**銀行に照会して行う方法（Bank Reference）**
財務状態の調査に重点を置く場合に行います。

b）**信用調査機関に調査を依頼する方法**
（Credit Agency）
ほとんどの国の信用調査ができ、スピーディに調査してくれますが、費用がかかる点が難点です。

・民間商業興信所に依頼する方法
米国の**ダン社（The Dun & Bradstreet Corp.）**が有名です。報告書は**ダン・レポート**と呼ばれ国際的に信用度が高く、日本にも支店があります。

・JETRO（日本貿易振興機構）に依頼する方法

・海外商社名簿を利用する方法
株式会社日本貿易保険が貿易保険の引受基準に用いている海外商社名簿の民間企業格付けを利用できます。

c）**相手先の取引先や同業者に照会して行う方法**
（Trade Reference）

実際に調査する場合は、もちろん1つの手段だけでなく、**複数の手段**を用いてより正確に裏付けをとりながら、行う必要があります。

❺調査内容

信用調査を行ううえでのポイントは、次の4つです。

A．**誠実性、品格（Character）**

公正な取引が可能か、履行への責任感等を調査

B．**資本、財政状態（Capital）**

財政状態から資本能力、支払能力を調査

C．**営業能力、経験、取引量（Capacity）**

取引見込先の経営力を調査

D．**政治、経済的事情（Conditions）**

業種の成長性、経済状況等の客観的条件を調査

これらは、A～Cを3C（3C of Credit）、A～Dを4Cと呼ばれています。

信用調査の具体的調査内容

設立年月日
業種
経営者とその履歴
役員名
取引銀行（取引開始年月日・取引量・決済状況）
資本金額（含み資産）
従業者数
業界内の規模・地位
業界内・取引先の評判
収益力
財務内容（借入金額等）
営業内容および方針
将来性
総合信頼度

12 Challenge

次の文章は、マーケティングについて述べたものですが、正しいものには○印を、誤っているものには×印をつけてください。

① マーケティングとは、市場開拓を行い、その市場に適合するような商品を創り出し、市場をさらに成長させ、維持させていくことである。

② 市場調査は、自国の法的規制まで考慮して行う必要はない。

③ 取引相手の信用調査項目の3Cと呼ばれているものは、Capital、Capacity、Conditionsの3つを指す。

④ 信用調査は、銀行、商業興信所などに依頼して行うことができる。

⑤ 輸入マーケティングには、企業存続のために絶対的に輸入が必要な場合と、市場性や技術の適用性等の優位性から相対的に輸入が選択される場合とがある。

12 Challenge 解答および解説

①－○

マーケティングとは、市場開拓を行うことだけではなく、その市場に適合するような商品を創り出し、それを成長、維持させていくことです。

②－×

市場調査を行う場合は、当然自国の法的規制についても調査しておく必要があります。

③－×

取引相手の信用調査項目の3Cと呼ばれているものは、Capital、Capacity、Characterであり、Conditionsは4Cには含まれますが、3Cの中には含まれません。

④－○

信用調査は、銀行、商業興信所等を通して行うことができます。

⑤－○

問題文の通り、輸入マーケティングは、企業存続のために絶対に輸入が必要な場合と、市場性や技術の適用性等の優位性から相対的に輸入が選択される場合があります。

第3章
合格のための貿易実務英語
―要点解説―

1 ビジネス・レター

ビジネスレターは貿易取引上、絶対に欠かすことができないものです。ここでは、基本的レターの構成をしっかり理解しましょう。

米国で多く用いられる“Block Style, Mixed Punctuation”によ

(1)ビジネス・レターの基本様式

Letter Head①

②

③

④

⑤

⑥

⑦

⑧

り解説していきます。

①Letter Head（頭書）

発信会社名

所在地〈○○番地△△町◇◇市（区）□□県（都）〉

郵便番号〈ZIP CODE〉

国名

TEL・FAX番号

②Date Line（日付欄）& Reference No.（発信番号）

日付は、米国式では月・日・西暦の順、イギリス式では日・月・西暦の順にします。

※日付は省略してはいけません（例：May 25, 2020）。

発信番号は、照合しやすくするために記載します。

③Addressee & AddressまたはInside Address（宛名欄）

名宛人の名前

会社名

所在地〈○○番地△△町◇◇区□□県（州）〉

国名

④Salutation（冒頭辞）　「拝啓」に相当する起句です。

米国式では、名宛人が不明の場合には通常“Gentlemen:”を使用します。

⑤Body of Letter（本文）

段落ごとに伝えたいポイントを明瞭・簡潔・丁寧に記載します。

段落と段落の間は1行あけます。また、各段落は左端から書き始めます。

⑥Complimentary Close（結辞）　「敬具」に相当する語句です。

米国式の場合、通常“Very truly yours,”または“Sincerely yours,”を使用します。

⑦Signature（署名）& Writer's Identification and Official Title

署名をし、その下に署名者名と役職をタイプします。

⑧Identification Marks（文責者イニシャル）

署名者とタイピストが異なる場合、署名者のイニシャルを大文字で左に、その右側にタイピストのイニシャルを小文字で打ちます。

・Enclosure Notation（同封書類）

同封物がある場合は、Encl(s).の後、同封書類を記載します。

・Carbon Copy Notation（写し送付先）

写しの配布先がある場合は、cc：の後、送付先を記載します。

・Postscript（追伸）　追記事項を記載する欄です。

※最近は、すべて左に合わせるレターも多い（Full Block Style)。この場合は、②、⑥、⑦は、左に記載される。

SAMPLE LETTER〈米国式の場合〉（すべて左に合わせるレターの例）

PREMA TRADING CO., LTD.
3-18-22 Higashiyama Bunkyo-Ku
Tokyo 196-0021 Japan

October 23, 20XX

Mr. Chris Proudfoot
MVA Co., Ltd.
60 Cresswell Rd.
New York, NY 20805
U. S. A.

Dear Mr. Proudfoot：

RE：3188

Thank you for your letter dated October 17 in which you asked for some information about our products.

Please find enclosed our latest catalog and price list.

We look forward to receiving your order in the future.

Sincerely yours,

T. Saito

Takaaki Saito

Encls. Catalog, Price List

2 いろいろなレター

この項目では、取引先等に、レターによりさまざまな要求をする際の様式を見ていきます。基本的な表現や語句については、しっかりと暗記しておきましょう。

(1)積極的売込み（Proposal）のレター

PREMA TRADING CO., LTD.
3-18-22 Higashiyama Bunkyo-ku
Tokyo 196-0021 Japan

October 26, 20XX
Ref. 3188

Mr. Chris Proudfoot
MVA Co., Ltd.
60 Cresswell Rd.
New York, NY 20805
U. S. A.

Dear Mr. Proudfoot：

We have learned your name and address from a Chamber of Commerce in your city as a prospective distributor.

We are a trading corporation in Tokyo, and have more than twenty years of experience in electronic parts trading. Our products have high quality which would surely interest you.

We are enclosing our latest catalog for your further study. Please let us know if you are interested in our products.

We look forward to hearing from you.

Sincerely yours,
Chika K.
Chika Koito

Encls.：Catalog

（和訳）

将来的に販売店になっていただける可能性があるということで、貴社について、貴社の都市にある商業会議所より紹介を受けました。

当社は、東京で電子部品の商社を営んでおり、電子部品の貿易（＝trading）に関して20年以上の実績があります。当社の製品は高品質で貴社にとっても十分魅力的なものであると思います。

参考のために、最新のカタログを同封します。貴社が当社の製品に興味をお持ちいただけましたら、どうかお知らせください。

貴社からのご返事をお持ちしております。

（重要表現）

learn your name and address　：名前と住所を知る

Chamber of Commerce　：商業会議所

a prospective distributor　：販売店の見込先

more than〜years　：〜年以上

experience in〜　：〜に関して実績を持つ

which would surely interest you　：貴社が十分興味を持つ

We are enclosing〜　：〜を同封する

latest　：最新の

Please let us know if〜　：〜かどうか教えてください

look forward to〜　：〜を期待する

(2)信用調査依頼のレター

SHINETSU KOUGYOU INC.
479 Ikegami, Towada
Akita 952-0008 Japan

April 7, 20XX
Ref. KT374

Ms. Nancy Sue
Federal Co.
13 Richmond Avenue
Chicago, IL 49683
U. S. A.

Dear Ms. Sue：

We are a trading firm dealing in automotive components in Japan. Our customers have given your name to us as a reliable commercial credit agency.

We would like to open an account with MHJ Co., and we would appreciate it if you would give us any information on their business and financial standing.

Your attention will be highly appreciated, and information from you will be treated in strict confidence.

Thank you in advance.

Sincerely yours,
K. Toyo
Kazuko Toyo

（和訳）

当社は日本にある自動車部品の商社です。当社顧客より、信頼ある商業興信所として貴社の紹介を受けました。

当社はMHJ Co. と取引を考えていますので、同社の経営状態並びに財政状態についての情報をいただけたらと思います。

貴社が情報を提供してくれることに非常に感謝し、入手した情報は他に決して漏らしません。

あらかじめ感謝の意を表します。

（重要表現）

Our customers have given your name to us　：当社顧客より貴社の名前を教えてもらった

We would like to～　：（当社は）～したい

open an account with～　：～と取引する

We would appreciate it if～　：～をありがたく思う

business and financial standing　：経営状態と財政状態

Your attention　：貴社の配慮⇒情報提供

～will be highly appreciated　：～のことをとても感謝する

will be treated in strict confidence　：極秘に扱われる

in advance　：前もって

(3)引合い（Inquiry）のレター

KYOTO TRADING CO., LTD.
5-15 Karasuyama, Saikyo
Kyoto 214-0249 Japan

July 14, 20XX
Ref. TY704

Indian BATA Trading Inc.
204 Puttaparthy
Fort Lee, NJ 20702
U. S. A.

Gentlemen：

We are a trading company in Kyoto, Japan.

We are interested in the products shown in your advertisement in the "News Week" magazine.

We shall be obliged if you would send us a catalog and the price list of those products together with samples. We also expect you to quote the most competitive price for the model XX109 for 20 units.
If the products and prices are satisfactory, we will place regular orders with you.

Your prompt reply will be highly appreciated.

Very truly yours,

H. Saito

Hideki Saito

（和訳）

当社は京都で、貿易会社を営んでいます。

雑誌「News Week」の広告に記載されていた貴社の製品に興味があります。

もしよろしければ、サンプルと一緒に、その製品のカタログと価格表を送付していただけませんでしょうか。また、貴社がこの20台のモデルXX109に対する最も競争力のある価格でお見積りいただけることを期待しています。

もし、製品と価格が満足のいくものならば（当社のニーズに合致するならば）、定期的に注文したいと考えております。

早急なご返答期待しております。

（重要表現）

We are interested in～　：～に興味がある
shown in your advertisement　：貴社の広告に記載されている
in the "～" magazine　：～という雑誌に
We shall be obliged　：ありがたく思う
if you would send us～　：貴社が～を当社に送ってくれるのであれば
We expect you to～　：貴社が～してくれることを期待する
quote a price　：価格を見積もる
most competitive　：最も競争力のある（安価な）
If～are/is satisfactory　：～が満足できるものであれば
place an order with～　：に注文する
regular　：定期的な
your reply　：貴社からの返事

(4)申込み（Offer）関連のレター

INDIAN BATA TRADING INC.
204 Puttaparthy, Fort Lee
NJ 20471 U. S. A.

July 21, 20XX
Ref. TY704

Mr. Hideki Saito
Kyoto Trading Co., Ltd.
5-15 Karasuyama, Saikyo
Kyoto 214-0249
Japan

Dear Mr. Saito：

Thank you for your inquiry of July 14.

We are pleased to offer you 20 units of our product, a model XX109 at US$1,500.

We are sure that the quality of our products will give you full satisfaction. Although our products are in great demand, supplies are extremely limited. Therefore, we advise you to place an early order with us.

Our prices are quoted at FOB New York, and the terms of payment are sight documentary bill.

We look forward to your prompt order with us.

Sincerely yours,

Laya Sivaratri

（和訳）

貴社の7月14日の引合い、ありがとうございます。

貴社にモデルXX109の製品を20個、1,500米ドルで申込み（オファー）いたします。

当社の製品の品質に十分に満足していただけると確信しております。しかしながら、当社の製品に対して多くの需要がありますが、供給量には限界がございます。そのため、貴社が早期にご注文されることをお勧めします。

お見積りはニューヨーク港本船渡し価格で、御支払条件は荷為替手形一覧払です。

早期のご注文をお待ちしています。

（重要表現）

Thank you for～　：～に感謝する
your inquiry　：貴社からの引合い
We are pleased to～　：（喜んで）～する
We are sure～　：～を確信している
give you satisfaction　：貴社に満足感を与える
Although～　：～にもかかわらず
great demand　：多くの需要
supplies　：供給量
extremely　：極端に
limited　：限られた
therefore　：そのため
advise 人 to～　：人に～するように勧める
be quoted at～　：～で見積もられている
FOB　：本船渡し価格
（our）terms of payment　：（当社への）支払条件
sight documentary bill　：荷為替手形一覧払

⑸受注確認（Order Confirmation）のレター

INDIAN BATA TRADING INC.
204 Puttaparthy, Fort Lee
NJ 20471 U. S. A.

August 10, 20XX
Ref. TY704

Mr. Hideki Saito
Kyoto Trading Co., Ltd.
5-15 Karasuyama, Saikyo
Kyoto 214-0249
Japan

Dear Mr. Saito：

Thank you for your order of July 30, 20XX.

We are delighted to accept your order and to confirm the model you ordered are in stock.

According to your instructions, we will pack your order with special care. Arrangements for shipment will be made immediately on receipt of your L/C. Further details will be sent to you later.

Thank you again for giving us this opportunity to serve you.

Sincerely yours,

Laya Sivaratri

（和訳）

20XX年7月30日付にて、ご注文をいただきありがとうございます。

ご注文を喜んで承諾し、ご注文品の在庫があることを確認いたします。

ご指示通りに、梱包には十分注意を払います。船積みは信用状を受け取り次第、手配いたします。さらに詳しいことは後ほどご連絡いたします。

貴社のお役に立てる機会をいただけたことに、再度感謝いたします。

（重要表現）

your order ：貴社からの注文
We are delighted ：うれしく思う
accept your order ：注文を承諾する
confirm ：確認する
in stock ：在庫がある
According to your instructions ：貴社の指示に従って
with special care ：特別な注意を払って
arrangements for～ ：～の手配
shipment ：船積み
on receipt of～ ：～を受け取り次第
L/C ：信用状
further details ：さらなる詳細
opportunity ：機会
serve you ：貴社の役に立つ

3 レターにおける重要表現

さらに、ここでは英文レターによく使用される重要表現をピックアップしますので、しっかりと覚えておきましょう。

(1)レター共通の重要表現

①～してくださいませんか？

Would you please～?

Would you please send us a sample?

②～していただければ幸いです。

We shall be pleased if～

We shall be pleased if you send us a catalogue.

We would appreciate it if you could～

We would appreciate it if you could send us your latest catalogs.

③～させていただきます。

We are pleased to～

We are pleased to inform you of our newest products.

④～を送付いたします。

We are sending you～

We are sending you a price list.

⑤～を同封いたします。

We enclose/We are enclosing/We have enclosed～

We are enclosing our latest catalog.

⑥～をお待ちしています。

We look forward to～ing

We look forward to receiving your reply.

⑦～をお知らせいたします。

We advise（*or* inform）you of～

We will advise you of the shipping date.

⑧～をお知らせください。

We would like to know～

We would like to know the schedule of your shipment.

⑨～と聞いております。

We have been informed～

We have been informed that you are a highly experienced importer.

⑩～をお約束します。

We promise you that～

We promise you that we will give you the latest information.

⑪残念ながら～できません。

We regret to inform you～

We regret to inform you that we are unable to accept your offer.

⑵取引先選定・売込活動における重要表現

①貴社の広告を拝見いたしました。

We saw（*or* found）your advertisement.

②商工会議所が貴社を推薦してくださいました。

The Chamber of Commerce and Industry has recommended you to us.

③当社はコンピュータの販売では20年以上の実績があります。

We have over 20 years of experience in computer sales.

④当社の製品はかなりの評判を得ています。

Our products have an established reputation.

⑤当社は、販売区域の拡張を望んでいます。

We are desirous of extending our sales territory.

⑥貴社からの快いご返事をお持ちしています。

We look forward to your favorable reply.

⑦当社は貴社との取引を希望いたします。

We would like to open an account with you.

＝We would like to start business with you.

(3)信用調査の重要表現

①貴社に信用調査を行っていただけたらありがたく思います。

We would appreciate it if you would make a credit survey.

②VCG Co. についての情報を得たいのです。

We would like to have information about (*or* of) VCG Co.

③貴社からの早急なご返事、非常にありがたく思います。

Your prompt response to this request would be much appreciated.

④貴社のご協力にたいへん感謝します。

We would greatly appreciate your assistance.

⑤貴社から提供されるいかなる情報も機密扱いにします。

Any information you may give us will be held in strict confidence.

⑥貴社からお問い合わせいただきました会社は、業務遂行に有能と考えられます。

The firm you inquired about is considered competent to do business with.

⑦現金による取引に限定したほうがいいでしょう。

It would be advisable to limit your business with them on a cash basis.

(4)引合いの重要表現

①貴社の最新のカタログに記載されている商品に興味があります。

We are interested in the goods on your latest catalog.

②その製品の見本をいくつか送っていただけませんでしょうか。

We shall be obliged if you would send us some samples of the product.

③貴社の最新の価格表をすぐに送っていただきたいと思います。

We would appreciate it if you would send us your latest price list immediately.

④その品物の在庫があれば、1週間で納入可能でしょうか。

Would you be able to deliver the item within a week if it is in stock?

⑤早急にお見積りいただけることに感謝します。

Your prompt quotation will be appreciated.

⑥大至急ご返事をいただきたく思います。

We would like to have your prompt reply.

＝We would like to receive your reply by return.

(5)オファーの重要表現

①すぐに今回の申込みを承諾されることをお勧めします。

We advise you to accept this offer immediately.

②下記の確定申込みをしたいと思います。

We would like to make a firm offer of the following to you：

＝We would like to offer you firm the following：

③貴社の商品50組を80,000米ドルで申込みたいと思います（買申込の表現)。

We are pleased to offer to purchase 50 sets of your goods for US$80,000.

④これ以上高価格であれば、この商品を購入できないかもしれません（買申込の戦略的表現)。

We may not be able to purchase this item at any higher price.

⑤定価から15%の割引をする用意があります。

We are prepared to allow you a 15 percent discount off the list prices.

⑥保険料が別途加算されます。

An insurance premium will be charged additionally.

⑦支払いは引渡し時現金払いです。

Our terms of payment are "cash on delivery".

⑧支払いは貴社の一覧払いの為替手形に対して行います。

Payment will be made against your sight draft(drawn on us).

⑨注文をいただき次第、商品を発送いたします。

We will send you the item on receipt of your order.

⑩至急お支払いいただけると、非常にありがたく思います。

Your prompt payment will be highly appreciated.

⑪納期は3週間以内です。

Delivery will be made within three weeks.

(6)承諾・注文の重要表現

①大量に注文する用意ができています。

We are prepared to place a sizable order with you.

②大幅に値引きしていただけるのであれば、注文したいと思います。

If you would make a considerable reduction in the price, we will place an order with you.

③納期が2週間以内であるならば、注文する用意があります。

If delivery is made within two weeks, we are prepared to make an order with you.

④大量のご注文、ありがとうございました。

Thank you for your substantial order.

⑤ご注文を喜んで承諾いたします。

We are pleased to acknowledge your order.

⑥現在、その製品の在庫はありません。

The products are out of stock now.

⑦ご注文を履行するには3週間かかります。

It will take three weeks to execute your order.

⑧ご注文の品は8月中に積み出すことができます。

The items ordered can be shipped in August.

⑨最新カタログの1部をサンプルと一緒に送ってください。

Please send us a copy of your latest catalog together with samples.

⑩次の注文から20%の割引をする用意があります。

We are prepared to give you a 20 percent discount from the next order.

(7)その他（船積・クレーム）の重要表現

①貴社は、東京向けの次の船舶に、当社注文の製品の積込みを行ってください。

We request you to effect shipment of the goods for our order on the next vessel bound for Tokyo.

②船荷証券の船積日を、船積みの最終証拠とみなします。

The date of shipment in the Bill of Lading shall be taken as conclusive proof of shipment.

③残念なことに、10ダースの貴社の船積商品のうち半分が、損傷して到着しました。

We regret that your shipment of ten dozen arrived here half damaged.

④クレーム対処のため、直ちに代替品をお送りください。

In order to adjust the claim, we would like you to send a replacement immediately.

⑤引渡し遅延につき、誠に申し訳なく存じます。

Please accept our apologies for the delay in delivery.

第4章
貿易実務検定®
問題と解答・解説

第71回 貿易実務検定®試験問題
（B 級）

科 目

貿 易 実 務

（令和4年12月11日）

主な注意事項

① 試験問題は、試験監督者の指示があるまで開かないでください。
② 机の上には、筆記用具、受験票、身分証明書以外のものは置かないでください。
③ 携帯電話・スマートフォンなど通信機能を有する機器の電源はお切りください。
④ 問題の解答は別紙のマークシートに記入してください。
⑤ マークシートには、HBまたはBの黒鉛筆、シャープペンシルを使用してください。なお、ボールペンは採点ができませんので絶対に使用しないでください。
⑥ 万が一、不正行為をされた場合直ちに退室していただきます。
⑦ 各試験開始後、30分経過した時点で合図しますので、退室していただいて構いません。退室する際は、他の受験者に迷惑のかからないようにお願いいたします。なお、試験終了10分前からの退室はできません。
⑧ 途中退室される方は、受験番号、名前等の記入漏れがないかご確認の上、マークシートを試験監督に手渡して退室してください。
⑨ 問題及び解答用紙の再交付は致しません。なお試験問題はお持ち帰りいただけます。
⑩ 2時間目の「貿易実務英語」の際は、試験開始5分前の11時40分までに着席してください。
⑪ マークシートには氏名、受験地及び受験番号を忘れずに記入してください。受験番号は該当の数字も塗りつぶしてください。ローマ字、住所欄は記入しないで構いません。

※Web試験では、この問題をベースに出題順・語群をシャッフルして出題しています。

日本貿易実務検定協会®

【問題1 ／ 正誤（○×）式】 各3点×10題 30点（15分）

次の各記述について、正しいものには○印、誤っているものには×印を解答欄にマークしなさい。

1. 売買契約において、売主が契約に規定した履行義務を果たせないような天災・戦争・法律改正等による輸出不能などが発生した場合は、売主は契約上の責任を免れると規定している条項をForce Majeureという。
2. 為替変動リスク回避の方法として、輸出代金を円貨で受領せず、外貨のまま受領して、輸入決済に充当する方法がある。このように外貨の債権と債務を同時に持ち、為替リスクを回避する方法をリーズ・アンド・ラッグスという。
3. 信用状取引でShipping Documentsという場合には、運送書類のみならず、信用状で要求されている為替手形、Invoice、パッキング・リスト、保険証券等の書類をも含む。
4. インコタームズのFAS規則の場合、買主は自ら手配した船舶の船側で売主から貨物の引渡を受け、それ以降の費用と危険を負担するので、自己の危険負担に対処するため、通常FAS Attachment Clauseを付けて保険の手配をする。
5. 信用状発行銀行の授権も依頼もないにもかかわらず、輸出者の依頼によって、通知銀行、買取銀行などが信用状に確認を加え確認銀行の役割を果たすことをサイレント・コンファメーションという。
6. 航空貨物の一般貨物賃率は重量逓減制であるが、より高い重量段階の運賃率を適用した方が運賃負担額が低くなる場合、より高い重量段階の運賃率が適用される。これを通称as取りと呼んでいる。
7. 輸出者がLCL（Less than Container Load）をCFS（Container Freight Station）に搬入する際に、貨物に異常があれば、CFSオペレーターがメイツ・レシートのRemarks欄に瑕疵の内容を記入する。それをリマークというが、そのリマーク付きのメイツ・レシートを船会社に提出すると、故障付船荷証券が発行され、銀行は、当該故障付船荷証券を含む荷為替手形の買取りを拒絶することになるので、輸出者は船会社に補償状（Letter of Indemnity）を差し入れてClean B/Lを発行してもらう。

8．信用状が航空運送状の全通を要求している場合は、銀行での買取りに提出するのは原本3が必要であり、その航空運送状に発行日のみが記載されている場合には、その日が船積日（積込日）とみなされる。

9．輸出手形保険の対象となる手形は、輸出代金回収のために振出された荷為替手形に限定しており、船積日の翌日から起算して2週間以内に買取られたものに限られる。

10．需要者の間に広く認識されている他人の商品の表示と同一または類似の表示を使用した物品を輸入し、他人の商品と混同させる行為は、著名表示冒用行為に該当する。

【問題2 ／ 選択式】 各3点×15題 45点（15分）

次の各記述について、①～⑮の（　　）内に示した語句のうち正しいものを選び、その記号を解答欄にマークしなさい。

1．輸出国で生産や輸出について国の補助金を受けたある貨物が輸出され、補助金の分安くわが国に輸入されてわが国の産業が損害を受けた場合、その補助金の額を限度として課される特殊関税を①（A．相殺関税　B．不当廉売関税）という。

2．郵送による信用状の Special Conditions 欄にAdvising Bank is holding special instructions for reimbursement. と記載があった場合には、この信用状は、②（A．Restricted L/C　B．Confirmed L/C）である。

3．信用状統一規則では、信用状の金額または信用状に記載される数量もしくは単価について使用されるaboutやapproximately

の語は、それらが関係する金額、数量または単価に対して③（A．5％　B．10％）を超えない過不足を許容している。

4．貨物海上保険における保険期間は、貨物が仕出地の倉庫から搬出されたときに始まり、仕向地の最終倉庫に搬入されたときまたは陸揚げ後仕分け等を行うために途中の倉庫に搬入されたとき、あるいは本船より荷卸し後④（A．30日　B．60日）経過した時のいずれか早い時期に終了する。
また、戦争危険を付保した場合、戦争危険の保険期間は、貨物が本船に積込まれたときから荷卸しされるときまでとなっており、陸上での戦争危険については担保しない。かつ、最終仕向地到着後、貨物を積載したまま荷卸しされず、⑤（A．15日　B．30日）を経過したときにも終了する。

5．通貨オプションとは、売手と買手の間で約束した相場（行使価格）で外国通貨を売ったり買ったりする「権利」を売買する取引で、この権利をオプション（Option）という。行使価格が直物相場より不利な場合には、⑥（A．オプションを行使　B．オプションを放棄）する。

6．在来船のバラ積み貨物について、船荷証券上に⑦（A．Shipper's Load and Count　B．Shipper's Weight and Measurement）との不知文言が付される場合があるが、この船荷証券はディスクレにならない。

7．輸出者が振出す荷為替手形が⑧（A．一覧払い　B．期限付き）の場合に、本邦の信用状発行銀行が、輸入者に外貨建約束手形とT/Rを差し入れさせて対外的には独自に決済を済ませ、信用状発行銀行自身の外貨資金を輸入者に貸付ける方式を⑨（A．本邦ローン　B．シッパーズ・ユーザンス）という。
また、海外の輸出者が本邦の信用状発行銀行宛に期限付き荷為替手形を振出すことを認める信用状を発行し、信用状発行銀行自らがその手形を引き受ける方式を⑩（A．自行アクセプタンス　B．外銀ユーザンス）という。

一方、信用状なし取引の代金取立において、輸出者が輸入者宛てに船積書類を添えて、一覧払い手形を振り出し、これを輸出地の銀行が輸入地の取立銀行に送付し取立依頼を行う場合に、輸入地の取立銀行が輸出地の銀行に対外決済を済ませ、輸入者にユーザンスを与えることを⑪（A．B/Cユーザンス　B．B/Cディスカウント）という。

8．関税の納期限の延長は、関税の確定方式が⑫（A．賦課課税　B．申告納税）方式の場合にのみ認められる。これには個別延長方式と包括延長方式とがあり、いずれも納期限を延長してもらう貨物の⑬（A．輸入申告価格　B．関税額）に相当する額の担保の提供が必要となる。

9．在来船の用船契約の運賃におけるFIOの荷役条件で、停泊期間を限定し、そのLay Time内に荷役を完了させる条件を定めた場合、その期間を超過した場合は、用船者（荷主等）は⑭（A．Detention Charge　B．Demurrage）を船主に支払う。

10．B/Lなしで貨物を引き取る場合は、輸入者はL/G（Letter of Guarantee）に銀行の連帯保証の署名を受け、これを船会社に提出するが、このL/Gに保証を受けるためには、銀行に⑮（A．輸入担保荷物保管証　B．輸入担保荷物引取保証に対する差入証）と外貨建約束手形を差し入れる必要がある。

【問題3　／　語群選択式】　各3点×15題　45点（30分）

次ページ以降のPURCHASE ORDER、信用状開設依頼書の《与信依頼の内容》、《信用状開設の条件》を読み、信用状開設依頼書①～⑪、先物為替予約票⑫～⑮に入る最も適切な語句を次の語群より選び、その記号を解答欄にマークしなさい。記号は何度使用してもよい。

《語群》

(ア)	October 1, 2022	(ネ)	Full Cable without Mail Confirmation
(イ)	110	(ノ)	on sight basis
(ウ)	Osaka Trading Co., Ltd.	(ハ)	Euro 10,500.00
(エ)	December 10, 2022 November 30, 2022	(ヒ)	CPT Osaka
(オ)	14-Oct-22	(フ)	135
(カ)	The Hanshin Bank, Ltd.	(ヘ)	Toho Marine Insurance Co., Ltd.
(キ)	10-Oct-22	(ホ)	Airmail
(ク)	FCA Madrid	(マ)	Certificate of Origin in 3 Copies
(ケ)	April 10, 2023 March 31, 2023	(ミ)	G.S.P. Certificate of Origin in 3 Copies
(コ)	CIP Osaka	(ム)	不要
(サ)	Acceptance Rate	(メ)	Usance Bill Buying Rate
(シ)	Spain Segovia Guitar Co., Ltd., Calle de Almodovar, 03830 Madrid, Spain	(モ)	Osaka Trading Co., Ltd., 2-3 Dojima 1-chome, Kita-ku, Osaka, Japan
(ス)	Tokyo Marine Insurance Co., Ltd.	(ヤ)	5-Oct-22
(セ)	5	(ユ)	EUR 24,700.00
(ソ)	10	(ヨ)	30-Nov-22
(タ)	TTB	(ラ)	要
(チ)	Airmail with Brief Preliminary Cable Advice	(リ)	EUR 14,200.00
(ツ)	TTS	(ル)	At sight
(テ)	Applicant	(レ)	Freight Collect
(ト)	Prohibited	(ロ)	Transferable
(ナ)	Freight Prepaid	(ワ)	Unconfirmed
(ニ)	Acceptable	(ヲ)	March 3 - March 15, 2023
(ヌ)	November 30, 2022 December 10, 2022		

Osaka Trading Co., Ltd.

2-3 Dojima 1-chome, Kita-ku, Osaka, Japan

PURCHASE ORDER No.124

Osaka Trading Co., Ltd. as Buyer hereby confirms the purchase from undermentioned Seller of the following goods (the "Goods") on the terms and conditions given below, including All Those printed on the reverse side hereof, which are expressly agreed to, understood and made a part of this Contract:

SELLER'S NAME AND ADDRESS	BUYER'S DEPT.	DATE
Spain Segovia Guitar Co., Ltd. *Calle de Almodovar, 03830 Madrid* *Spain*	*EU Dept.*	*September 30, 2022*
	BUYER'S CONTRACT NO. *124*	SELLER'S REFERENCE NO. *SW-1587*

MARKS & NO.	COMMODITY & QUALITY	QUANTITY	UNIT PRICE	AMOUNT
OTC *Osaka* *C/NO. 1-2* *Made in Spain*	*Classic Guitar* *Antonio Marin Montero* *Fleta II*	 *1 piece* *1 piece*	 *Eur10,500.00* *Eur14,200.00*	 *EUR24,700.00* *ONLY*

TRADE TERMS *CPT Osaka by Air Craft*	TIME OF SHIPMENT *By November 30, 2022*
PORT OF SHIPMENT *Madrid airport, Spain*	PAYMENT *To be made by a Sight Draft under an Irrevocable Letter of Credit*
PORT OF DESTINATION *Osaka airport, Japan*	
OTHERS (CAUTION MARKS) *Valuables and Fragile - Handle with care,* *Do Not Stow Below*	PACKING *Each piece in Custom-made Case and put in Durable Double Carton*
INSURANCE *To be covered by Buyer* *against Institute Cargo Clauses (A)* *including War and S.R.C.C. Risks* *for CIP value plus 10%*	SPECIAL TERMS & CONDITIONS *Partial shipments to be prohibited* *Transshipment to be prohibited* *Relative credit to be unconfirmed and untransferable* *T/T reimbursement to be not allowed*

On *October 10, 2022*

(SELLER) Spain Segovia Guitar Co., Ltd. (BUYER) Osaka Trading Co., Ltd.

Signed *Signed*

(1) 信用状開設依頼書（Application for Irrevocable Documentary Credit）の作成

Ⅰ《与信依頼の内容および背景》

1. 航空機での輸入であり貨物が船積書類よりも先に本邦に到着するため、まず丙号T/Rを実行する。この丙号T/Rは輸入荷為替接受後、実行予定日を2022年12月上旬とし、支払期日（満期日）を2023年3月10日前後とする約90日の輸入契約通貨相当の本邦ローンの申込を行なう。
2. 為替先物予約は、取引銀行と特定期間渡し（予約実行期間2023年3月3日～3月15日）、TTS 140.00円/Euroで締結した。従って、輸入決済金額は3,458,000円の予定である。
3. 国内販売先である株式会社関西クラシック・ギター専門店から2023年1月31日に金額4,500,000円の振り込みがある予定である。

Ⅱ《信用状開設の条件》

1. 信用状の開設依頼日は2022年10月14日で、同日にフル・ケーブルにて開設する。
2. 開設銀行は、阪神銀行（The Hanshin Bank, Ltd.）とする。
3. 信用状の有効期限を2022年12月10日、船積期限を2022年11月30日とし、書類の呈示期間は、航空機に搭載後10日以内、ただし、信用状の有効期限内とする。
4. 要求船積書類:
   - 商業送り状　5通　但し、信用状番号を記載する。
   - 航空運送状　荷受人は、信用状発行銀行が担保権を確保できるものとし、信用状番号を記載する。
   - 梱包明細書　5通
   - 原産地証明書　3通
   - 品質検査証明書　3通
5. 保険会社は、東邦海上保険株式会社（Toho Marine Insurance

Co., Ltd.）とする。

6．銀行諸掛費用は、日本で発生するもの以外はすべて受益者負担とする。

7．通知銀行を*Banco Santander Central Hispano, Head Office Jose Ortega y Gasset 29, 28006 Madrid, Spain* とする。

8．信用状金額は契約金額全額とする。また、信用状の金額欄については、本来は数字の後に英文語句にて復記するが、数字表記だけでよい。

（1）信用状の開設依頼書

跳ね返り融資利用 金額 千円	科目：☐ 商手 ☐ 手貸	期間： 頃から約 日間	
ユーザンス利用 ☒ 本邦ローン ☐ 異種通過ユーザンス ☐ 外銀ユーザンス ☒ 期間 *90* 日間 ☐ 期間未定	直ハネ ☐ 期間 日間 ☐ 期間未定 ☐ 要 金額： 千円 ☒不要		①L/G利用 ☐ 要 ☐ 不要

APPLICATION FOR IRREVOCABLE CREDIT

TO The Hanshin Bank, Ltd.

I/We hereby request you to issue an Irrevocable Documentary Credit on the following terms and conditions:

Advising Bank *Banco Santander Central Hispano, Head Office* *Jose Ortega y Gasset 29, 28006 Madrid, Spain*	Date of Application ② / Applicant's Ref. No. *Purchase Order No. 124*
Beneficiary (name & address) ③	信用状の通知方法 ④ ☐ Airmail ☐ Airmail with Brief Preliminary Cable Advice (mail confirmation が原本になります) ☐ Full Cable without Mail Confirmation (cable advice が原本になります)
Applicant (name & address) ⑤	確認の要否 ☐ Confirmed ☒ Unconfirmed 譲渡可能 ☐ Transferable （条件付の場合は、special conditions欄にその旨を記入してください。なお、通知銀行を譲渡手続取扱銀行とします。）
Amount ⑥ （ % more or less allowed）	手形の要件 This credit is available ☒ on sight basis ☐ by acceptance of drafts At *sight* (Please indicate tenor) For *100* % of Invoice value drawn on you or your correspondent.
Expiry Date of Credit / Latest Date for Shipment ⑦	
Partial Shipments ☐ Allowed ☒ Prohibited / Transhipment ☐ Allowed ☒ Prohibited	
Shipment/Dispatch/Taking in Charge From/At *Madrid* To *Osaka*	

Documents must be presented within ⑧ days after the date of shipment but within the validity of the credit.

Required documents are as follows:

☒ Signed Commercial Invoice in *5* copies indicating *the number of this Credit*

☐ Full set of clean on board ocean Bill of Lading made out and blank endorsed, marked ☐ Freight Prepaid ☐ Freight Collect, Notify applicant

☒ Air waybill consigned to ⑨
marked ⑩ ☐ Freight Prepaid ☐ Freight Collect, Notify applicant, indicating the number of this Credit

☐ Insurance Policy or Certificate in duplicate, endorsed in blank for 110% of the invoice value including
☐ Institute cargo clauses （☐ All Risks ☐ W.A. ☐ F.P.A. ☐ (A) ☐ (B) ☐ (C) ）
☐ Institute War Clauses ☐ Institute Strikes, Riots & Civil Commotions Clauses
Insurance claims to be payable in Japan in currency of Drafts

☒ Packing List in *5 copies* ☒ Certificate of Origin in *3 Copeis*
☐ Certificate of Weight and/or Measurement in ☐ G.S.P.Certificate of origin in
☒ Certificate of (Quality) Inspection in *3 copies* ☐ Japan/EU EPA Cert. of Origin in
☐ Beneficiary's certificate stating that

☐ Other Documents:

Shipment of Goods:（極力簡潔にご記入ください。）
Classic Guitar

Trade Terms ☐ FOB ☐ CFR ☐ CIF ☒ *CPT* Place *Osaka*
Insurance is to be effected by applicant / with ⑪ （輸入者付保の場合には、保険会社名を記入）

Reimbursement by telecommunication is	☐ Acceptable	☒ Prohibited
All Banking charges outside Japan are for account of	☐ Applicant	☒ Beneficiary
* Discount Charges/Usance Interest are/is for account of	☐ Applicant	☐ Beneficiary
* Acceptance Commissions are for account of	☐ Applicant	☐ Beneficiary

（*はユーザンス手形振出を条件とする場合のみご記入ください）

Special instructions:

(2) 先物為替予約票

EXCHANGE CONTRACT SLIP

<u>NO MARGIN ALLOWED</u> No. *22-945*

Date *October 17, 2022*

SOLD TO ⑫＿＿＿＿＿＿＿＿

BOUGHT FROM ⑬＿＿＿＿＿＿＿＿

AMOUNT	USANCE	RATE	DELIVERY (MONTH - DAY - YEAR)
EUR24,700.00	⑭	*140.00*	⑮

When you execute this contract, you are kindly requested to present this slip to us.

BUYER
Osaka Trading Co., Ltd.
(Singed)

SELLER
The Hanshin Bank, Ltd.
(Singed)

【問題4 ／ 四答択一式】 各3点×10題 30点（15分）

次の各問いについて答えを1つ選び、その記号を解答欄にマークしなさい。

1．次の記述は、2007年改訂版信用状統一規則（UCP600）に関するものであるが、誤っているものはどれか。

A）第18条『商業送り状』a項ivで、「商業送り状は、署名される必要がない」と規定しているが、信用状に、Signed Commercial Invoice in 5 copies indicating credit number …等と記載されている場合には、輸出者の署名は必要であり、輸出者の署名がないとディスクレになる。

B）第28条『保険書類および担保範囲』f項によれば、保険書類は保険担保範囲の金額を示さなければならず、かつ信用状と同一通貨で作成されていなければならない。また要求された保険担保範囲の記載が信用状にない場合には、保険担保範囲の金額は、最低で物品のCIF価額またはCIP価額の110％でなければならない。

C）第29条『有効期限または最終呈示日の延長』a項によれば、信用状で要求されている書類の最終呈示日が銀行の休業日にあたる時は、書類の最終呈示日は銀行の翌営業日まで延長される。従って、船積（積出）期限も、銀行休業日にあたる場合には延長される。

D）第35条『伝達および翻訳に関する銀行の責任排除』によれば、メッセージ、書状または書類が信用状条件どおりに送付された場合、買取銀行は書類の引渡し遅延、輸送中の紛失などについては、なんら義務も責任も負わず、信用状発行銀行（および確認銀行）は決済を行う義務を負う。

2．次の記述は、インコタームズ2020に関するものであるが、誤っているものはどれか。

A）EXW規則では、売主が、売主の施設またはその他の指定された場所で、貨物受取りのための車両に積込むことなく物品を買主の処分に委ねた時に、引渡しの義務を果たしたことになる。輸出通関費用は買主負担である。

B）DDP規則の場合は、売主は指定仕向地またはその指定仕向地内の合意された地点において、荷卸しの準備ができている到着した運送手段の上で、物品が買主の処分に委ねられたとき、売主が引渡し義務を果たすことになるが、売主は買主に対して保険契約を締結する義務を負わない。

C）DPU規則では、指定仕向地において、到着した輸送手段の上で、貨物が買主の処分に委ねられたときに引渡しが完了し、この時に貨物の危険負担と費用負担が売主から買主に移転する。輸入通関手続きは買主の責任である。

D）FCA規則において、貨物の引渡しが売主の施設以外の場所で行われる場合は、売主は当該貨物の荷卸しの責任は負わない。輸出通関手続きは売主が行う。

3．次の記述は、船荷証券、航空運送状の荷受人欄と裏書に関するものであるが、誤っているものはどれか。

A）航空運送状の荷受人欄が信用状発行銀行の場合には、輸入者は貨物を引き取るために、輸入担保荷物保管証（丙号）［航空貨物用］と債権証書である約束手形を銀行に差し入れ、貨物引渡指図書（リリース・オーダー）を発行してもらう。

B）記名式船荷証券（Straight B/L）は、荷受人欄に特定人名が記載された船荷証券で、その特定人しか船会社に対して貨物の引渡しを請求できないので、流通性がなく銀行での買取りは行なわれない。

C）船荷証券が指図式（to order）および荷送人の指図式（to order of shipper）の場合の裏書は、荷送人が署名するだけの白地裏書をすると、以降の船荷証券の引渡しによって所有権が移転する。

D）船荷証券上の荷受人について、信用状にto order of 信用状発行銀行と記載がある場合には、輸出者の裏書は不要で、信用状発行銀行から裏書が開始され、最終的には、輸入者の決済または引受後に信用状発行銀行が船荷証券の裏面に次の権利者を特定せず白地裏書をして輸入者に船荷証券を引き渡す。

4．次の記述は、貨物海上保険に関するものであるが、正しいものはどれか。

A）オールリスク担保は、FPA、WAでカバーする危険以外に、貨物の運送に付随して生じるあらゆる偶発的な事故や通常の自然の消耗をてん補するが、貨物固有の瑕疵や性質による損害、航海の遅延による損害、戦争危険、ストライキ危険は免責される。

B）WAで適用されるメモランダム条項での免責歩合を超えた損害のてん補は、通常フランチャイズ方式といわれる。これは現実の損害割合が免責歩合を超えれば、発生した損害の全部がてん補されるというものである。

C）貿易条件がCIPの場合、貨物海上保険証券は、通常輸入者を被保険者とした記名式で、保険金の支払地を輸入地として発行され、保険証券の裏面に輸出者の白地裏書をして輸入者側に引き渡される。

D）貿易条件がCIFの場合、輸出者が保険の付保を行うので、本船が輸出港を出航前であれば、本船に積込まれた後に発生した損害であっても、輸出者に保険金の請求権がある。

5．次の記述は貿易金融に関するものであるが、正しいものはどれか。

A）金利や為替の相場の動向によっては本邦ローンを利用せず、最初から円資金で融資を受ける場合もある。これをインパクト・ローンという。

B）B/Cベースの丙号T/Rは、船積書類が取立銀行に未着の段階で、輸入者が取立銀行から航空貨物の貸渡しを受けるものであり、輸出者または仕向銀行の所有権の侵害になり、また仕向銀行の取立指図に違反するため、取立銀行は原則として取り扱わない。

C）輸入貨物の販売先からの代金回収が商業手形によるものである場合に、本邦ローンの期日等までにその商業手形の満期日が未到来のときに、ユーザンスの決済代金に充当するためにその商業手形を割引して国内円資金の借入をすることを直ハネという。

D）輸出製品の製造、調達に必要な資金を輸出者に融資する輸出金融制度で、荷為替手形の買取代金を返済資金の見返りとして融資するものを跳ね返り金融という。

6．次の記述は、荷為替手形の買取とディスクレに関するものであるが、正しいものはどれか。

A）1993年に改訂されたUCP500以降、受取船荷証券上の船積証明（On Board Notation）欄に積込済みの付記をした場合の船積証明欄への運送人またはその代理人の署名またはイニシャル署名は、信用状が求めていない限り、なくともディスクレにならない。

B）受取式船荷証券の発行日がDecember 8, 2022で、船積証明日がDecember 9, 2022で、貨物海上保険証券の発行日がDecember 9, 2022の場合は、ディスクレとなる。

C）オープン信用状で買取銀行は、輸出手形の買取りの際、ディスクレがあったため、信用状発行銀行にケーブル・ネゴでディスクレ照会をした。しばらくして信用状発行銀行から買取を了承する旨の返答がきたが、その回答がきた時点で、信用状の有効期限が切れていた場合にはL/C Expiredのディスクレになる。

D）リストリクト信用状で輸出者は信用状の有効期限当日の午後に取引銀行に輸出書類を呈示したため、書類のチェッキングに時間がかかり、リストリクト銀行（指定買取銀行）への荷為替手形の呈示が翌日となった場合でも、有効期限当日に取引銀行に呈示しているのでL/C Expiredのディスクレにならない。

7．次の記述は、輸出手形保険に関するものであるが、誤っているものはどれか。

A）輸出手形保険の利用に際し、輸出者が貨物海上保険を付保する貿易条件の場合には、貨物海上保険の証券は戦争危険およびストライキ・暴動・騒乱危険が担保され、送り状金額の全部が手形上の表示通貨と同一通貨で付保され、全通揃った保険証券に手形振出人の輸入者への記名式裏書があることが必要である。

B）輸出手形保険契約は、株式会社日本貿易保険と買取銀行の間で締結するが、買取銀行は、荷為替手形の買取日から5銀行営業日以内に買取した旨を株式会社日本貿易保険に通知しなければならない。

C）輸出手形保険がてん補する信用危険には、貨物の船積後に買手の資金繰りが悪化し支払いが遅延した場合や、買手が破産した場合などの代金回収不能リスクが含まれるが、受注後船積前に買手が破産した場合などの輸出不能リスクは含まれない。

D）信用状付荷為替手形の買取りで輸出手形保険を付保する場合には、信用状に基づき振出された手形の名宛人は、信用状発行銀行、確認銀行、補償銀行のいずれかである必要がある。

8．次の記述は電信の信用状の内容に関するものであるが、対外決済について、78:Instructions to the Paying/Negotiating Bank 欄の買取銀行への資金回収の指示として、通常記載される文言はどれか。

Issuing Bank:	Bank of America Corporation Los Angeles, Los Angeles, U. S. A.
50: Applicant	Los Angeles Trading Co., Ltd., 18 Crocker Street, Los Angeles, U. S. A.
59: Beneficiary	Japan Trading Co., Ltd., 2-3 Kyobashi 1-chome, Chuo-ku, Tokyo, Japan
32B: Currency Code, Amount	JPY12,500,000
41D: Available With…By…	The Bank of Tokyo, Ltd. By Payment
42C: Drafts at …	Drafts at sight for Full Invoice Value
42A: Drawee	The Bank of Tokyo, Ltd., Tokyo Center 2-3 Otemachi 1-chome, Chiyoda-ku, Tokyo, Japan
78: Instructions to the Paying /Negotiating Bank	…………………………………… ……………………………………

A）Upon receiving your documents in compliance with the conditions of this Credit, we will remit proceeds as per instructions.

B）In reimbursement, we shall credit your account with us.

C）For Reimbursement, please reimburse yourselves by drawing a sight draft on our Head office account with The Bank of Los Angeles, Los Angeles, U. S. A.

D）In reimbursement, debit our account with you.

9．次の記述は運送人等から輸入貨物を受領した際に貨物に瑕疵を発見した場合の対処に関するものであるが、誤っているものはどれか。

A）FCL貨物の場合は、B/L上にはShipper's Load and CountSaid to Containとの不知文言があり、またB/Lの裏面約款にもUnknown Clause, Shipper Packed Containerと二重に免責を規定していても、コンテナに目に見えない穴があるなどコンテナ自身に欠陥があった場合には、船会社は、免責にならない。

B）FCL貨物のコンテナをCYから搬出する際には、コンテナの外観およびシールの損傷、破損等を点検する。コンテナが船荷証券に記載されたシール番号以外で封印されていたり、シールが破損もしくはなくなっていた場合は、その事実を機器受渡証（搬出）（E/R（out））に明記させる。

C）海上輸送により輸入した貨物の損傷が貨物の受取り時には外部から認められず、後日自社倉庫内で発見された場合には、運送人に対する損害賠償請求権を留保するために、運送人に対して貨物の受領後5日以内に書面で本クレームを行う。

D）保険会社へのクレーム手続きは、到着貨物の損傷について船会社に事故通知を提出すると同時に、保険会社またはクレーム／エージェントにも事故通知を行い、損害拡大の防止、貨物の保全措置を行う。

10．次の記述は、先物為替予約と適用相場に関するものであるが、正しいものはどれか。ただし、対顧客仲値は144.02円、銀行手数料1.00円、メール期間立替金利を0.35円、対外決済はリンバース（Reimbursement）方式とし、TTリンバースは行わないものとする。

A）輸出者は取引銀行と12月2日から12月9日までの特定期間渡しで、TTBで先物為替予約を締結した。その場合にシッパーズ/ユーザンス手形の満期日に海外から取立代金が送金されたときの輸出者の代金受取に適用される相場は、TTB143.02円である。

B）輸出者は取引銀行と12月を受渡しとする暦月オプションで、TTBで先物為替予約を締結した。その場合のL/C付き一覧払輸出手形の買取に適用されるレートは、TTB143.02円である。

C）輸入者は、輸入ユーザンス決済のために取引銀行と受渡日を12月10日とする確定日渡しで、TTSで先物為替予約を締結した。この場合のL/C付一覧払輸入ユーザンス決済レートはTTSにメール期間立替金利をプラスした145.37円である。

D）輸入者は取引銀行と11月24日から12月23日までの順月オプション渡しTTSで先物為替予約を締結し、L/Cなし一覧払手形の輸入決済を行うことになった。その場合の決済レートはTTSにメール期間立替金利をプラスした145.37円である。

第71回 貿易実務検定®試験問題
(B　級)

科　目

貿易マーケティング

(令和4年12月11日)

<u>主な注意事項</u>

① 試験問題は、試験監督者の指示があるまで開かないでください。
② 机の上には、筆記用具、受験票、身分証明書以外のものは置かないでください。
③ 携帯電話・スマートフォンなど通信機能を有する機器の電源はお切りください。
④ 問題の解答は別紙のマークシートに記入してください。
⑤ マークシートには、HBまたはBの黒鉛筆、シャープペンシルを使用してください。なお、ボールペンは採点ができませんので絶対に使用しないでください。
⑥ 万が一、不正行為をされた場合直ちに退室していただきます。
⑦ 各試験開始後、30分経過した時点で合図しますので、退室していただいて構いません。退室する際は、試験問題、受験票、身分証明書をお持ちのうえ他の受験者に迷惑のかからないようにお願いいたします。なお、試験終了10分前からの退室はできません。
⑧ 途中退室される方は、受験番号、名前等の記入漏れがないかご確認の上、マークシートを試験監督に手渡して退室してください。
⑨ 問題及び解答用紙の再交付は致しません。なお試験問題はお持ち帰りいただけます。
⑩ 2時間目の「貿易実務英語」の際は、試験開始5分前の<u>11時40分</u>までに着席してください。
⑪ マークシートには氏名、受験地及び受験番号を忘れずに記入してください。受験番号は該当の数字も塗りつぶしてください。ローマ字、住所欄は記入しないで構いません。

※Web試験では、この問題をベースに出題順・語群をシャッフルして出題しています。

日本貿易実務検定協会®

【問題1　／　正誤（○×）式】　各2点×10題　20点（10分）

次の記述について、正しいものには○印を、誤っているものには×印を解答欄にマークしなさい。

1．ライフサイクルの短い製品の保護を検討する場合には、実用新案権と比較して付加価値の高い特許権の取得を検討するのが一般的である。

2．H.アサエルが提唱した4つの購買行動類型モデルにおいて、消費者の関与水準が高く、ブランド間の知覚差異が大きい場合の複雑な購買行動型に分類される商品群は、家電製品や家具である。

3．メーカーや卸売業者が、その取引先である販売業者（卸売業者や小売業者など）に対して、同一製品であっても、購入数量や支払方法、購入時期などのさまざまな取引条件によって、販売価格に差をつける方法のことであり、販売業者内でのシェアの拡大や、販売業者の販売力の強化を支援することで良好な関係を築こうとする目的などで行われる価格政策を、差別価格政策という。

4．デファクト・スタンダードは、「顧客に特定の利益をもたらす、他社にはない企業内部に秘められた一連のスキルや技術の集合体」と定義されている。

5．エスノグラフィック・マーケティングとは、生活者の日常生活やユーザーの活動現場に入り込み、文化や習慣などの行動観察から、消費者の定量的な全体像を理解しようとする手法である。

6．需要の価格弾力性が低い製品に関しては、ペネトレーション・プライス戦略が効果的で、需要の価格弾力性が高い製品は、スキミング・プライス戦略が効果的となり、価格設定や価格変更を考察する場合には、この需要の価格弾力性を充分考慮しなければならない。

7．納入業者よりも取引上優越した地位にある小売業者が、店舗の改装を理由に、納入業者の不利益となる返品等の行為を行った場合は、原則として独占禁止法の規定により違法となる。

8. SWOT分析とは、自社の外部環境を分析して強みや弱みを把握し、また、内部環境を分析して自社に優位になりそうな機会や、自社に不利になりそうな脅威を分析し、自社がどのような立場にいるかを把握する手法の1つである。

9. 百貨店や大型専門店などのファッション売場を中心に展開されている商品政策であるビジュアル・マーチャンダイジングの3つの訴求ポイントの中で、店前の通行者が店内に入りやすく誘導するために、ショー・ウィンドウや店の入口に季節の商品や話題の商品、新製品をディスプレイすることをビジュアル・プレゼンテーションという。

10. 取り扱っている製品間のターゲット顧客が異なるが、製品イメージや競争地位が同質である場合に採用され、製品から受けるイメージの同質性を利用しつつ、標的市場の違いを明確にするためにグレードの違いで対応する戦略は、ファミリー・ブランド戦略である。

【問題2 ／ 選択式】 各2点×5題 10点（5分）

次の①～⑤の（　　）内に示した語句のうち正しいものを選び、その記号を解答欄にマークしなさい。

1. 流通の系列化とは、①（A. メーカーと小売業者が密接な提携を行い、販売、在庫等の情報を共有し、その情報を製品に反映しながら、顧客の満足度を向上させようとする体制　B. メーカーが流通業者に販売を一手に任せて、さまざまな援助等を行いながら、メーカーと流通業者とが共存共栄していこうとする行為）をいう。

2. コーポレートガバナンスとは、②（A. 企業統治のことで、企業経営者による違法行為や、組織ぐるみの違法行為をチェックし、阻止することが重要である。　B. 法令遵守のことで、企業が経営活動を行う上で、法令や各種規則やルール、社会的規範などを守ることである。)

3．企業がマーケティング戦略に沿って、商品やサービスを最も有効的に消費者に提供することにともなう計画、実行、管理のことで、小売業者にとっては、商品選定、仕入計画、販売計画のことを、③（A．マーチャンダイジング　B．カテゴリー・マネジメント）という。

4．コトラーがマーケティング4.0で提唱している、顧客の一連のブランド体験を顧客の視点でその体験を把握し、改善することを支援するカスタマー・ジャーニーの基本的な流れは、④（A．認知→調査→訴求→行動→奨励　B．認知→訴求→調査→行動→奨励）の順である。

5．レギュラーチェーンとは、⑤（A．本部と加盟店がそれぞれ個別に契約を結び、本部は商標の使用、商品やサービスの提供、店舗運営など経営上のノウハウを指導・援助し、加盟店は、その対価として使用料を支払い、一定地域での独占的な営業権を保証される。　B．本部と店舗が同一資本の下で、同じ事業に属している組織形態で、本部の意思決定が店舗まで一貫して流れ、店舗での現場情報が本部に流れる、本部と店舗が一体となった組織体制、運営の仕組みが特徴である。)

【問題3　／　四答択一式】　各2点×5題　10点（5分）

次の各問いについて、答えを1つ選び、その記号を解答欄にマークしなさい。

1．企業が事業活動に伴う環境への負担を把握し、環境に関する経営方針や目標・行動を掲げ、実施にあたる組織の責任体制の明確化を求めている国際規格としての環境規格は、次のどれか。

A）ISO9000シリーズ

B）ISO14000シリーズ

C）ISO22000

D）ISO50000シリーズ

2．母集団から統計的に一定の確率で標本（サンプル）を選ぶ方法である無作為標本抽出法のなかで、母集団を何らかの基準によっていくつかのブロックに分けて、そのうちいくつかを無作為に選択し、さらに下位ブロックに分類し、いくつかを無作為に抽出するというプロセスを繰り返す方法は、次のどれか。

A）層化抽出法

B）系統抽出法

C）単純無作為抽出法

D）多段無作為抽出法

3．LOHAS（ロハス）は、健康と環境問題への配慮を最優先事項とするライフスタイルを志向する人々のことであるが、LOHASの関心領域としてあげられている5つの領域として、誤っているのは、次のどれか。

A）Sustainable Economy（持続可能な経済）

B）Emotional Lifestyle（感情に配慮したライフスタイル）

C）Personal Development（自己啓発）

D）Alternative Healthcare（代替ヘルスケア）

4．輸出マーケティングに関わる次の記述で、正しいものは、次のどれか。

A）商社等を利用せずに販売代理店や特約店等を通して直接輸出を行えば、間接輸出よりもコストを大幅に削減できる場合が多い。

B）国際物流を考察する場合に、ロジスティクス業務を包括して第三者業者にアウトソーシングするサードパーティ・ロジスティクス（3PL）では、実際の運送委託を受けた物流業者が、輸出者から輸入者に製品が到着するまでの運送のアレンジを担うことになるが、在庫管理や棚卸などは従来通り、輸出者の責任であり、輸出者に代わって第三者である物流業者が行うことはない。

C）海外市場での販売価格を、国内販売価格と同等またはそれ以下の価格で販売できるように、国内からの輸出価格を不当に低く設定し、輸出国の競合企業に対して不利となる販売を行うとダンピング（不当廉売）に該当する場合があり、このダンピングに該当し認定された場合には、輸出者は、5年以内の期間が指定されて、対外輸出の禁止を命じられる場合がある。

D）海外市場への進出を検討する際に、進出を計画している国の企業と戦略的アライアンスを結ぶことが効果的に機能する場合があり、この戦略的アライアンスは、メーカーと小売業者、卸売業者と小売業者といった流通段階で異なるポジションの企業が互いに連携を行い、事業展開を行うほか、競合するメーカー同士が、製造協力や流通協力、さらに共同事業を展開するなど、広範囲に及ぶ提携を行うことである。

5．競争市場戦略において、競争環境の中ですき間を狙って特定市場の中での自社の地位を築き上げようとしている、集中化戦略が競争対応戦略である競争地位の企業は、次のどれか。

A）チャレンジャー型企業

B）リーダー型企業

C）フォロワー型企業

D）ニッチャー型企業

【問題4　／　語群選択式】　各2点×5題　10点（10分）

次の記述の（　　）内に入る最も適切な語句を下記の語群より選び、その記号を解答欄にマークしなさい。※同じ番号には同じ言葉が入る。

直接投資とは、海外で事業活動を行うため、経営参加を目的とし、その国の企業をM&A（合併・買収）を通じて傘下に収める投資や、現地法人を設立して、工場や販路を一から作る投資のことである。

（ ① ）フィールド投資とは、（ ② ）投資で言えば、発電所、水道施設、鉄道、空港などがまっさらな状態から作られるケースを指し、事業が存在しない状況において独占的な条件で事業をスタートさせるので、早期に高いリターンが見込まれる。また、まっさらな状態から作るので、既存の権利関係などのしがらみがなく、自分たちの思ったようにビジネスができる自由さがある。一方、（ ③ ）フィールド投資とは、（ ② ）投資で言えば、すでに操業している発電所を買収する、運用中の空港の権益の一部を買う、自治体から港湾施設を譲渡してもらうといったケースを指し、すでに顧客がいる状況に投資するので、将来の収益が読みやすいというメリットがある。直接投資には、経営への関与を一切目的としていない短期の投資目的で株式や債券を売買する証券投資は含まれず、海外から受け入れる対内直接投資と国内から海外に向かう対外直接投資がある。

日本企業は1980年代後半から1990年代前半にかけて、東南アジア諸国連合（ASEAN）加盟国などで、短期間で大規模な直接投資を行った。先進国企業が直接投資の担い手になることが多かったが、近年は中国などの企業も投資主体としての存在感を高めている。直接投資の規模を測る手法には、2通りがあり、（ ④ ）とは、一定期間の投資額を指し、現地企業や子会社の株式取得額や追加投資額、子会社における再投資額から現地からの撤退などで本国に戻る金額を差し引いて計算することもあり、もう一つの（ ⑤ ）は親会社による投資資本や内部留保の累積額を指す。

〈語群〉

(a) ビジネス	(f) サプライ
(b) ストック	(g) インフラ
(c) ブルー	(h) グリーン
(d) グレー	(i) フロー
(e) デマンド	(j) ブラウン

第71回 貿易実務検定®試験問題
（B　級）

科　目

貿易実務英語

（令和4年12月11日）

主な注意事項

① 試験問題は、試験監督者の指示があるまで開かないでください。
② 机の上には、筆記用具、受験票、身分証明書以外のものは置かないでください。
③ 携帯電話・スマートフォンなど通信機能を有する機器の電源はお切りください。
④ 問題の解答は別紙のマークシートに記入してください。
⑤ マークシートには、HBまたはBの黒鉛筆、シャープペンシルを使用してください。なお、ボールペンは採点ができませんので絶対に使用しないでください。
⑥ 万が一、不正行為をされた場合直ちに退室していただきます。
⑦ 各試験開始後、30分経過した時点で合図しますので、退室していただいて構いません。退室する際は、他の受験者に迷惑のかからないようにお願いいたします。なお、試験終了10分前からの退室はできません。
⑧ 途中退室される方は、受験番号、名前等の記入漏れがないかご確認の上、マークシートを試験監督に手渡して退室してください。
⑨ 問題及び解答用紙の再交付は致しません。なお試験問題はお持ち帰りいただけます。
⑩ マークシートには氏名、受験地及び受験番号を忘れずに記入してください。受験番号は該当の数字も塗りつぶしてください。ローマ字、住所欄は記入しないで構いません。
⑪ 英語科目の試験終了時には、解答集をお渡しいたします。

※Web試験では、この問題をベースに出題順・語群をシャッフルして出題しています。

日本貿易実務検定協会®

【問題1　／　英文解釈（三答択一式）】 各3点×10題　30点（15分）

次の各英文について、最も ふさわしい和訳を選び、その記号を解答欄にマークしなさい。

1．We have learned from your website that you market smart speakers with wireless communication and voice command functions. Studying the technical data posted on your website, we are sure that your smart speakers will be very marketable in our country, if they are reasonably priced for their features and functions. Therefore, we would like to ask you to send us a proforma invoice for them on FCA Rotterdam.

A）貴社のホームページによりますと、貴社が無線通信および音声操作機能を持つスマートスピーカーを発売されたとのことで、早速貴社のホームページに掲載されている技術データを検討させていただきましたところ、このスマートスピーカーは、その性能と使い勝手に対して価格が手ごろであれば、わが国で極めて市場性が高いと確信しています。したがいまして、ロッテルダム港運送人渡し条件のプロフォーマ・インボイスをお送りいただくようお願いいたします。

B）貴社が無線通信および音声操作機能を持つスマートスピーカーを発売されたことを貴社のホームページで知りました。ホームページに掲載されている技術データを検討させていただきましたが、このスマートスピーカーは、その特徴および機能に比して相応の価格であれば、わが国で極めて市場性が高いと確信しています。したがいまして、ロッテルダムでの運送人渡し条件で試算送り状をお送りいただくようお願いいたします。

C）貴社が無線通信および音声操作機能を持つスマートスピーカーを発売されたことを貴社のホームページで知りました。そこに掲載されている技術データから判断しますと、このスマートスピーカーは、その特徴・特性に対して安価であれば、わが国には極めて大きな需要があると確信しています。したがいまして、ロッテルダムまでの運送人渡し条件で仮送り状をお送りいただければ誠に幸甚に存じます。

2．Thank you for your e-mail expressing your interest in our 3D printers. We are immediately sending you our catalog with list prices for those. However, we are in a position to offer you a special allowance on the following sliding scale basis: on purchases exceeding an annual total amount of 300 units but not exceeding 500 units for 5%, 500 units but not exceeding 700 units for 7%, and 700 units and above for 10%. We are unable to give a special allowance on gross annual purchases below 300 units.

A）当社の3Dプリンターに関心をお持ちとのEメールをいただき、ありがとうございます。定価表示付きのカタログはすぐに送付いたしますが、以下のようなスライド方式で特別割引の幅を設定させていただく用意がございます。すなわち、年間総購入数量が300台から500台未満につきましては5%、500台から700台未満につきましては7%、700台以上につきましては10%となります。ただし、年間購入総数量が300台に満たない場合には、割引には応じかねます。

B）当社の3Dプリンターの購入に興味ありとのEメールをいただき、ありがとうございます。カタログは価格表と一緒に早速送付いたします。しかしながら、年間購入総数量が300台から500台までは5%、500台から700台までは7%、700台以上は10%というスライド方式で特別割引の幅を設定させていただくことは可能です。ただし、年間の総購入数量が300台に達しない場合は、割引することはできません。

C）当社の3Dプリンターへのご興味を示されるEメールをいた

だき、ありがとうございます。すぐにカタログと価格表をお送りいたします。発注量に対して特別割引が欲しいとのご提案に対し、以下のようなスライド方式による数量割引を設定いたしましたのでご検討ください。つまり、年間購入数量が301台から500台までの場合は5%、501台から700台までの場合は7%、701台以上ならば10%になります。なお、年間の総購入数量が300台以下の場合は、割引の対象にはなりません。

3．In reply to your inquiry for 10 custom cars of November 14, we are pleased to send you an offer, as attached. We are willing to allow you a trade discount of 20%. It is our usual practice to ask all new customers for trade references. Please let us have the names and addresses of two suppliers with whom you have had regular dealings. Subject to satisfactory replies from those two suppliers, we will be glad to send you the sales agreement in duplicate so as to receive the duplicate duly signed by you as confirmation.

A）貴社の11月14日付け10台のカスタムカーに対するお引合いに関連して、添付の通り当社のオファーをお送りします。20%の業者間割引を貴社にも適用できます。ただし、新規のお客様にはその適用可否を判断させていただくことを条件としております。したがいまして、貴社と定期的な取引のある同業者2社の会社名と住所を提供ください。同2社から納得のいく回答が得られれば、貴社の署名による確認を得るために売約書を2通お送りいたします。

B）貴社の11月14日付の引合いに対して、10台のカスタムカーのオファーをお送りします。当社では、通常、新規のお客様には同業者信用照会先を教えていただいたうえで、20%の業者間割引を適用させていただいております。つきましては、貴社が定期的に取引しておられる仕入先2社の会社名と住所をご連絡ください。同2社から満足できる回答を取得できれば、貴社の正式な署名入りの確認を得るために売約書正副2通をお送りいたします。

C）貴社の11月14日付の10台のカスタムカーの引合いに対して、添付の通りのオファーをお送りします。同業者割引として20％の値引きも適用できます。当社では通常、新規のお客様には同業者信用照会先を教えていただいております。貴社と定期的な取引のあるサプライヤー2社の会社名と住所をご提供ください。同2社からの回答に問題がなければ、売約書を正副2通お送りいたしますので、確認のためしかるべき署名をして副本を送り返してください。

4．We are sorry to inform you that we are unable to accept your request to reduce the prices we originally quoted. The prices we quoted leave us with only the smallest margins. They are in fact lower in price than those of our competitors' products with similar quality. The wool used in manufacturing our products undergoes a special patented process that prevents shrinkage and increases durability. We hope you will reconsider ordering our products at the current prices.

A）残念ながら当社としては当初見積額の引下げのご要望はお受けできかねます。当社の見積価格は、当社にとっては最低限の利益しか乗せておりません。実際、競合他社の同品質の製品に比べても安価になっております。当社の製品に使用されているウールには、当社が特許を取得した特殊加工を施してあり、縮みを防ぎ、品質を長持ちさせます。当社製品の現価格での注文を今一度ご検討いただきますようお願いします。

B）当社としては既見積額の変更はお受けできないのが残念です。当社の見積価格に対する当社の利益は最低限のものになっております。実際、他社の同種商品に比べてもいちじるしく安値になっています。当社が商品に使用しておりますウールは、当社の特許技術である特殊加工が施されており、その結果、縮みがなく、品質の長持ちが保証されています。当社商品の注文を再検討していただきますようお願いします。

C）当社のオファー価格を変更することができないことを申し訳なく存じます。当社のオファー価格には、当社にとっては最低限の利益しか上乗せしておりません。実際、他社の代替商品をご検討いただければ、当社の商品がいかに格安になっているかお分かりいただけると思います。当社の商品に使用されているウールには、当社の特許出願中の特殊加工を施してあり、縮みを予防し、品質を長持ちさせます。当社商品を現在の価格でご注文くださいますよう再検討いただければ幸甚に存じます。

5．We are pleased to accept your order of October 25 for 700 tons of organic fertilizer. We will arrange the manufacturing of your order without delay to make the shipment as requested. We assure you that the delivery time will be observed at the end of December. Therefore, we would appreciate it very much if you would establish an irrevocable and confirmed L/C, valid until January 15, in our favor by cable as soon as possible.

A）貴社の10月25日付けの有機肥料700トンに対するご注文の確認書を拝受いたしました。ご注文品はご要求通りに、製造次第遅れることなく船積みできるように手配いたします。12月末までの貨物の引渡しは見通せます。ですから、できるだけ早く当社宛てに取消不能な確認信用状を発行していただければ幸甚に存じます。

B）貴社の有機肥料700トンに対する10月25日付けのご注文を受諾いたします。ご注文品は遅滞なく製造し、ご要求通りに船積みするように手配いたします。12月末までの納期を厳守いたしますのでご安心ください。つきましては、できるだけ早く、当社を受益者とし1月15日まで有効な取消不能確認信用状を電信にて開設していただければ誠に幸甚に存じます。

C）貴社の有機肥料700トンに対する10月25日付けのご注文を受諾しました。ご注文品をご要求通りに船積みできるように製造する手配は整っております。当社は12月末までの納期を遵守することをお約束いたします。したがって、できるだけ早い電信にて貴社を受益者とする確認付きの取消不能信用状を開設していただければ誠に幸甚に存じます。

6．It is regrettable that we have not heard from you in reply to our two reminders of October 31 and November 30 regarding the US$45,000 due on our September statement. We had hoped you would at least explain the reason why the account continues to leave unpaid. Now, we are unfortunately going to have no other choice but to take other steps to recover the amount due. Even at this late stage, however, we dare to give you a further opportunity to clear the outstanding account and put matters right by the end of this month.

A）当社の9月分取引明細書にある45,000米ドルのお支払いについて10月31日および11月30日に差し上げた督促状にご返事がなく、残念に思います。少なくとも未決済の理由につきご説明をいただけると思っておりました。残念ながらもはや代金回収のため他の手段を取らざるを得ません。しかしこの期に及んでも、貴社が今月末までにご決済し、事態を収拾される機会をもう一度だけ差し上げたいと思います。

B）当社の9月分取引明細書に記載の45,000米ドルのお支払いが滞っていることを10月31日および11月30日の2度にわたってご連絡いたしましたが、何のご返事も頂いておらず、誠に遺憾です。未決済の理由が何であれご説明いただけるものと期待しておりました。残念ですが、当社としてはもはや他の手段を取って代金を回収するしか方法がないとも思いますが、もう一度だけ貴社が今月末までにご送金し、本件を解決される機会を設けたいと思います。

C）当社の9月分取引明細書にある45,000米ドルの決済に関してお送りしました10月31日および11月30日付けの覚書に対して何らのご返事もなく、残念に思っています。決済が遅れている事情について少なくとも何らかのご説明があってしかるべきものと思っておりました。残念ですが、ここに至っては代金回収するために法的手段に訴えるしか方法がないとも考えますが、最後にもう一度だけ、貴社が今月末までに決済し事態を収拾される機会を差し上げます。

7. Referring to your recent inquiry, we are pleased to send you technical information on newly developed freezers that use magnetic flux, electromagnetic rays, and cold blasts. The new freezers can prevent the cells in food from being destroyed and maintain the original freshness and flavor of the frozen food without using any additives. Enclosed herewith is the quotation for the three types in this line for your close study. We are able to dispatch up to 100 units of any type in a single shipment within 3 months of receipt of your order.

A）先日の磁束・電磁波・冷風を用いた新開発の冷凍機への貴社の引合いに関する技術資料をお送りいたします。この新冷凍機はいかなる添加物も使用せずに食品細胞の破壊を防ぎ、冷凍前の食品の鮮度や風味を保つことができます。このシリーズの3機種に対する御見積書を本書に添付いたします。いずれのタイプの組み合わせでも船積み毎に100台を貴社からの受注後3ヵ月以内にご提供することができます。

B）直近の貴社の引合いをいただき、ありがとうございました。早速、磁束・電磁波・冷風を用いた新開発の冷凍機に関する技術資料をお送りいたします。この新冷凍機は食品細胞の破壊を防ぎ、いかなる添加物も使用せずに冷凍前の食品の鮮度や風味を保つことができます。このシリーズの3機種に対する御見積書を添付のようにお送りいたします。出荷は貴社からの受注後3ヵ月以内に1回の船積みにつきタイプごとに100台までご提供可能です。

C）最近の貴社の引合いにお応えして、磁束・電磁波・冷風を用いる新開発の冷凍機に関する技術資料をお送りいたします。この新冷凍機は食品細胞の破壊を防ぎ、いかなる添加物も使用せずに冷凍前の食品の鮮度や風味を保つことができます。ご検討いただくために、このシリーズの3機種に対する御見積書を本状に同封いたします。いずれのタイプも一度の船積みで100台までなら貴社からの受注後3ヵ月以内に出荷することが可能です。

8．This is to inform you that we will be unable to ship your order for 800 units of fruit picking machines by the agreed shipping date because there has been continuing serious trouble with the main machines at our factory. Of the 800 units ordered, five hundred are scheduled to be shipped by the end of this month as agreed, but we would appreciate very much allowing us the delay in shipment of the remainder, which we suppose to ship on board by the 20th of next month. Such being the case, we would like to ask you to amend the L/C accordingly.

A）当社工場のメインマシンの重大な故障が発生しているため、約定通りの船積期日までに果実摘取機800台のご注文品が船積みできなくなりましたので、ご連絡いたします。ご注文の800台のうち500台は契約書の記載通り今月末までに船積みすることが可能です。しかし残りにつきましては、その船積みの遅延をお認めいただきますようお願いいたします。残りは来月20日までに必ず船積みいたします。従いまして、このようなことで心苦しく思いますが、信用状の条件変更をお願いいたします。

B）当社工場の主要機械に深刻な故障が続いていたため、約定した船積期限までにご注文いただいている果実摘取機800台を船積みすることができないことをお知らせいたします。ご注文の800台のうち500台は約定通り今月末までに船積みする予定ですが、残りにつきましては、来月20日までに船積みできると思いますので、船積遅延をお認めいただければ誠に幸甚に存じます。このような次第ですので、状況の変更に応じて、信用状にしかるべき変更をしていただけますようお願い申し上げます。

C）これは、当社工場の中心機械に多大な不具合が発生し、約定した船積期限までに果実摘取機800台のご注文品を船積みできない状況にあることをお知らせする通知です。ご注文の800台のうち500台は約定通り今月末に船積みできる見込みですが、残りは積み残しになりそうなのでご了承ください。それらは来月20日までには生産が完了するものと思います。従って、この状況の変化をお汲み取り頂き、信用状条件を変更していただければ誠に幸甚に存じます。

9．Thank you for writing to inform us of the defect in the gas burners delivered for your purchase order No. 3784. We have strict inspection standards, but defective products sometimes go by without being noticed. We have already ordered replacements to be shipped soon to you by air. We sincerely apologize for our fault for causing you much trouble. We would like to ask you to return the defective ones to us at our expense.

A）貴社注文No. 3784用に納品されたガスバーナーの欠陥についてお手紙をいただき、ありがとうございます。当社には厳格な検査基準がありますが、時として不良品が気づかれないまま通過してしまうことがあります。交換品を貴社宛に航空便ですぐに発送するよう既に注文いたしました。当社の手違いでご迷惑をおかけしましたことに対し、深くお詫び申し上げます。なお、不良品は当社負担でご返送いただきますようお願いいたします。

B）貴社の3784番の注文用として納品されたガスバーナーに欠陥品があったとのご連絡を真摯に受け止めております。当社には厳格な検査基準がありますので、問題が発生することはないはずですが、不良品に気づかないまま検査を通過してしまうことが稀にあります。直ちに代替品を貴社宛に航空便で送るよう既に指示を出しました。当社の失態でご不便をおかけしましたことに対し、深くお詫び申し上げます。すでに納入された商品は当社負担でご返送いただきますようお願いいたします。

C）貴社のご注文No. 3784用に納入されたガスバーナーに破損が見つかったという趣旨のお手紙をいただき、ありがとうございます。当社では厳格な検査基準を設けて製品検査を行っておりますが、不良品が検査を通過してしまう例が時々見られます。本件については、直ちに貴社宛に航空便による交換品の発送指示を行いましたので、近日中に届くものと思います。貴社に多大なるご迷惑をお掛けした当社の不手際につき深くお詫び申し上げます。お手元の商品は当地着払いにてご返送いただきますようお願いいたします。

10. We have been marketing a variety of synthetic resins here in Vietnam for some 20 years. We are interested in dealing in your synthetic resins as your exclusive distributor for Vietnam if the terms and conditions of business are satisfactory for us, and we would like to know the details of the agreement. It would also be appreciated very much if you would let us have your products' detailed information

and prices quoted in DDP Ho Chi Minh.

A）当社は20年以上にわたってヴェトナムで各種の合成樹脂を取り扱ってまいりました。貴社から満足のいく諸取引条件を得られるのであれば、ヴェトナムにおける総販売代理店として貴社の製品を取り扱うことに興味があり、その契約の諸条件を是非確認したいと思います。更に、貴社製品の詳細情報とホーチミン荷卸込み持込渡し条件での見積価格をご提供いただければ誠に幸甚に存じます。

B）当社がここヴェトナムで各種の合成樹脂を販売開始してから早や20年になります。貴社の諸取引条件が納得のいくものであれば、貴社の製品をヴェトナムにおける特約販売店として仕入れることに関心があります。つきましては、貴社の特約販売店協約書の条項を見てみたいと思っております。また、貴社製品の詳細および仕向地ホーチミン持込渡し条件の見積価格をお知らせいただければ大変ありがたく存じます。

C）当社はざっと20年以上にわたってここヴェトナムで各種の合成樹脂を販売してまいりました。もし諸取引条件が満足のいくものであれば、貴社の製品をヴェトナム市場に対する一手販売店として取り扱うことに関心があり、当該契約の詳細を知りたいと思っております。また、貴社製品の詳細情報およびホーチミン関税込持込渡し条件で見積もった価格をお知らせいただければ誠に幸甚に存じます。

【問題2　／　英作文（三答択一式）】　各3点×3題　9点（8分）

次の日本文について、最もふさわしい英訳を1つ選び、その記号を解答欄にマークしなさい。

1．貴社がマイナスイオンとプラスイオンを交互に発生させ髪のダメージを防ぐユニークなヘアドライヤーを最近発売されたことを知りました。日本で種々の家電製品を扱っている当社の顧客に必要な情報を提供できますように、東京までの輸送費込み価格と併せ製品の詳細をお送りください。競争力のある価格をご提供いただければ、相当数の販売が見込めると確信しています。

A） We have learned that you recently put on the market unique hair dryers generating plus and minus ions alternately to prevent hair damage. Please send us full details of those products along with CPT Tokyo prices so that we can pass on the necessary information to our customers who handle various sorts of home electric appliances in Japan. Provided that you can give us competitive prices, we are certain that we will find a ready sale for a considerable number of those products.

B） We have heard that you have recently been marketing unique hair dryers, switching plus ion to minus ion to avoid hair damage. Please provide us with full details of a line of the products as well as CFR Tokyo prices so that we can pass the necessary information to our customers who have posted remarkable sales of home electrical appliances in Japan. If you grant us competent prices, we are sure that you can expect a substantial number of the products to sell us.

C） We understand that you have recently launched unique hair dryers alternating plus ion and minus ion to refrain hair damage. You are kindly requested to send us full details of the line together with CIP Tokyo prices so that we can supply the necessary information to our customers who have been handling large quantities of home electric appliances here in Japan. If you can allow us competing prices, we can definitely find a ready market for a considerable quantity of the products.

2．昨日お電話でご連絡しましたように、2022年10月13日付け当社の注文第49号のうちポリカーボネートのPC100の50トンとPC200の70トンだけを2022年12月22日にロッテルダム港を出港するM/Vヨーロッパ号に緊急に船積みして頂くようお願い致します。他の注文品は約定通りの船積みで結構です。この船積みの変更に伴い、関係信用状は「一部船積可」に条件変更するよう取引銀行に既に依頼してあります。

A）As we telephoned you yesterday, we would like to ask you to deliver, out of our order No. 49 of October 13, 2022, only 50 MT of PC100 and 70 MT of PC200 (both carbonate) to the M/V Europe leaving from Rotterdam on December 22, 2022. Other merchandise still remains as originally agreed. With this change in shipment, the covering letter of credit has already been applied to our bank for the amendment, as partial shipments are allowed.

B）As we asked you on the phone yesterday, please ship urgently 50 MT of polycarbonate PC100 and 70 MT of polycarbonate PC200 only in our order No. 49 of October 13, 2022, on the M/V Europe, leaving Rotterdam on December 22, 2022. Other items in this order can be shipped as agreed. With this change in shipment, we have already applied to our bank for the amendment of the relative letter of credit aspartial shipments allowed.

C）As we asked you by phone yesterday, we would like you to forward in advance 50 MT of polycarbonate PC100 and 70 MT of polycarbonate PC200 only within our order No. 49 of October 13, 2022, on the M/V Europe, ETA Rotterdam December 22, 2022. Other consignments will be scheduled to ship as described in the above purchase order. We have already arranged through our business bank to amend the related letter of credit, as no partial shipments prohibited.

3．最近の不景気のため当社の売上が低下してきており、在庫が増えています。実際問題として、その維持費は当社の財務上の重大問題になっております。そこで、当社の国内販売が回復して在庫が通常のレベルに改善されるまで、将来の一切の支払いにつき、一時的な猶予の検討をお願いいたします。幸い、予想以上の大口取引も近いうちにまとまりそうなので今しばらく御辛抱いただければ有り難く存じます。

A）Our marketing situation has greatly worsened because of the latest bad economy, and our inventories have increased. As an actual problem, therefore, their maintenance cost has caused great difficulties for our finances. So, we would ask you to reconsider extending the usance period for all of our future payments by the time our inland sales go up, and our stocks are improved to the normal situation. Happily, a bigger deal than expected seems to be ended in a short run, and we would appreciate your patience for a while.

B）Our latest sale has quickly dropped down because of today's sluggish economy, and our inventories have been growing. Thus, their carrying cost has really and actually caused serious problems in our finances. We would be very happy to consider an extension of the payment period to all future payments till our domestic sales turn to be sound and our inventories can be remedied to the normal level. To our happiness, a relatively big-scaled business will possibly be realized in a short time, and therefore, your patience would be appreciated for the time being.

C）Our sales have been decreasing because of the recent recession, and our inventories have increased. As a matter of fact, their carrying cost has caused us serious financial problems. We sincerely request you to consider granting a temporary moratorium on all future payments until our domestic sales recover and our inventories reach the normal level. Fortunately, a rather large transaction will probably be concluded shortly, so we would be grateful if you would be patient for a while.

【問題3 ／ 貿易用語（三答択一式）】 各2点×8題 16点（12分）

次の英文は、貿易用語に関する記述ですが、内容に最もふさわしい語句を1つ選び、その記号を解答欄にマークしなさい。

1．The failure of a beneficiary of a letter of credit to tender to the negotiating bank the exact documents required by the letter of credit to obtain payment

A）Amendment

B）Revocation

C）Discrepancy

2．An approach to settling disputes in which a third, disinterested party acts as a type of referee to determine the merits of the case and make a binding judgment that both parties can agree to honor

A）調停

B）仲裁

C）ADR

3．The transport document that the buyer may require the seller in a documentary credit to include a negotiable full set (commonly up to three) with the signature of the ship's master or agent

A）Bill of Lading

B）Surrendered B/L

C）Sea Waybill

4. A rule in Incoterms 2020 that the seller bears all risks involved in bringing the goods to and unloading them from the arriving means of transport at the agreed point within the named place of destination

A）DAP

B）DPU

C）DDP

5. A type of finance without recourse that the exporter transfers its foreign accounts receivable to a non-bank financial institution in exchange for cash at a discount from the face value of the bill

A）輸出前貸し

B）フォーフェイティング

C）ファクタリング

6. A term used in international banking practice indicating that payment is due upon presentation of a documentary bill of exchange

A）一覧払い

B）手形支払書類渡し

C）手形引受書類渡し

7. A document, made out to order and endorsed in blank, thereby of which holder is given the title to the goods being shipped

A）荷渡指図書

B）指図式船荷証券

C）指図裏書

8. A draft, drawn on the importer or the issuing bank if used with a letter of credit, specifying that a sum of money is to

be paid to the bank advancing the drawer

A）送金小切手

B）約束手形

C）為替手形

【問題4 ／ 貿易英語（三答択一式）】 各3点×15題 45点（25分）

売手の海外市場への対応の仕方に関する次の英文を読み、下記の各問について、最もふさわしいものを1つ選び、その記号を解答欄にマークしなさい。

Buyers' preferences in a foreign market may lead sellers to modify their product. Local customs, such as religious practices or the use of leisure time, often determine whether a product is marketable. The sensory impression a product makes, such as taste, smell, or a visual effect, may also be a critical factor. For example, Japanese consumers tend to prefer certain kinds of packaging, leading many U.S. companies to redesign cartons and packages that are destined for the Japanese market.

Body size may also be an issue. If a product is made for U.S. body types, it may not work for people of smaller statures.

Market potential must be large enough to justify the direct and indirect costs involved in product adaptation. Sellers should assess the costs to be incurred and, though it may be difficult, should determine the increased revenues expected from adaptation.

The decision to adapt a product is based partly on the degree of commitment to the specific foreign market; a company with short-term goals will probably have a different perspective than a company with long-term goals.

Engineering and Redesign

In addition to adaptations related to cultural and consumer preferences, sellers should be aware that even fundamental aspects of products may require changing. For example, electrical standards in many foreign countries differ from those in the United States. It's not unusual to find phases, cycles, or voltages (for both residential and commercial use) that would damage or impair the operating efficiency of equipment designed for use in the United States. Electrical standards sometimes vary even within the same country.

Branding, Labeling, and Packaging

Consumers are concerned with both the product itself and the product's secondary features, such as packaging, warranties, and services.

Branding and labeling products in foreign markets raise new considerations for sellers, such as:

・Are international brand names important to promote and distinguish a product? Conversely, should local brands or private labels be used to heighten local interest?
・Are the colors used on labels and packages offensive or attractive to the foreign buyer? For example, in some countries certain colors are associated with death.
・Can labels and instructions be produced in official or customary languages if required by law or practice?
・Does information on product content and country of origin have to be provided?
・Are weights and measures stated in the local unit? Even with consumer products, packaging and describing contents in metric measurements (e.g., kilograms, liters) can be important.

・Must each item be labeled individually? What is the language of the labeling? For example, Made in the U.S.A. may not be acceptable; the product may need to be labeled in the language spoken by the country's consumers. There may be special labeling requirements for foods, pharmaceuticals, and other products.

・Are local tastes and knowledge considered? A cereal box with the picture of a U.S. athlete on it may not be as attractive to overseas consumers as the picture of a local sports hero.

1．下記の記述について文意に適合していないものはどれか。

A）外国市場における買主の好みは売主の製品を変更させる可能性がある。

B）宗教上の慣行や地域の慣習は外国での製品の市場性を決めることがよくある。

C）国際的に確立した製品は外国市場の教育が市場性の有無を決めることがある。

2．下記の記述について文意に適合していないものはどれか。

A）日本の消費者にとっては、製品の味、臭いまたは視覚効果などの感覚的印象よりも包装の仕方の方が市場性を決定する。

B）製品の味、臭いまたは視覚効果などの感覚的印象も市場性を決定する重要な要素となる可能性がある。

C）日本の消費者は特定の種類の包装を好む傾向があるので、多くの米国企業は日本市場向けに段ボール箱や包装の変更を促されている。

3．下記の記述について文意に適合しているものはどれか。

A）製品が米国の体型に合わせて作られていても体の大きさが問題になることはあり得ない。

B）製品の市場性を判断する際に、買主の市場における消費者の体の大きさも問題になる場合がある。

C）製品が米国の体型に合わせて作られている場合でも、買主の市場の体型との比較表を添付すれば対応できる。

4．下記の記述について文意に適合していないものはどれか。

A）市場の潜在力は製品の適応化に内包される直接・間接費用を正当化するのに十分大きくなければならない。

B）売主は、発生する費用を評価し、適応化によって予想される収入の増加を見極めなければならない。

C）製品を買主の市場に適応化させる際には、市場の潜在力をあまり深刻に考慮する必要はない。

5．下記の記述について文意に適合しているものはどれか。

A）製品を買主の市場に適応化する決定を行うに際しては、買主の市場における短期的な目標を持つ企業も長期的な目標を持つ企業も同じような展望を持っている。

B）製品を買主の市場に適応化する決定は、ある程度は、特定の外国市場への関わり方の度合いに基づいて行われる。

C）買主の市場における短期的な目標を持つ企業は、いつも長期的な目標を持つ企業とは異なる展望を持っている。

6．下記の記述について文意に適合していないものはどれか。

A）文化的好みや消費者の好みに関連した適応化を行うこと以外に、売主は製品の根本的な側面にも変更を加えなければならない可能性がある。

B）多くの米国以外の国の電気規格は米国のものとは異なっており、また同じ国内でも電気規格が異なることもある。

C）米国以外の国の電気規格は、米国で使用するために設計された電気機器の作業効率をわずかに悪化させることがあるが、基本設計を変更するには及ばない。

7．下記の記述について文意に適合しているものはどれか。

A）消費者は製品自体だけでなく包装、保証、アフターサービスなどの二次的な特色にも関心を持っている。

B）消費者は時に製品自体よりも、その包装、保証、アフターサービスなどに関心を寄せることがある。

C）製品の二次的な特色の中でも、消費者が特に関心を持っているものは保証とアフターサービスである。

8．下記の記述について文意に適合しているものはどれか。

A）売主は、外国市場において製品の国際ブランド名は販売促進や差別化のために重要なものなのか等、新たな考察をしなければならない。

B）外国市場での製品のブランディングやラベリングの考察は売主にとって極めて厄介な問題であるので、その道の専門家に任せた方がよい。

C）知名度の高い製品なら、外国市場における製品のブランディングやラベリングを検討する際に、ローカル・ブランドやプライベート・レーベルを使用する必要はない。

9．下記の記述について文意に適合しているものはどれか。

A）外国市場において、ラベルや包装に使用されている色が不快なものかそれとも魅力的なものかなどの問題は買主の判断に委ねるべき問題である。

B）特定の色が死に関連している国もあるので、ラベルや包装に使用されている色が外国の買主にとって不快なものかそれとも魅力的なものかの考察は必要である。

C）製品のラベルや包装に使用されている特定の色が死に関連している国では、当該国の買主にとってその製品の購入は深刻な問題となるケースがある。

10．下記の記述について文意に適合しているものはどれか。

A）買主の市場における法律や慣習によって要求がある場合、売主はラベルや説明書を公用語または慣用語で作成できるかを検討しなければならない。

B）売主は、買主の市場における法律や慣習による要求に拘らず、ラベルや説明書を主要言語と共に当該国の公用語または慣用語で作成することが期待される。

C）売主は、製品の適応化のためには、買主の市場の法律や慣習の要求に従って、ラベルや説明書を公用語または慣用語で作成することが望ましい。

11. 下記の記述について文意に適合しているものはどれか。

A）売主は、買手の市場では製品の成分や原産国に関する情報を提供しなければならないか否か買手に確認する必要がある。

B）売主は、買手の市場で製品の内容や原産地に関する情報をいつでも提供できるように事前に用意しておく必要がある。

C）売主は、買手の市場では製品の内容や原産国に関する情報を提供しなければならないかどうか検討する必要がある。

12. 下記の記述について文意に適合していないものはどれか。

A）売主は、買主の市場では重量や寸法は現地単位で記載されるのかどうか検討する必要がある。

B）生産財も消費財も、その重量や寸法は生産国の単位と共に買主の市場の単位で記載されなければならない。

C）外国市場によっては、消費財の包装や内容表示をメートル法で行うことが重要となり得る。

13. 下記の記述について文意に適合しているものはどれか。

A）買主の市場で「米国製」の表示が受け入れられない場合には、製品には当該国の消費者が使用する言語でラベルを付けなければならない可能性がある。

B）売主は、買手の市場では各商品は個別にラベルを付けなければならないか、ラベルの言語は何かなど検討しなければならない。

C）製品には買手の国の消費者が使用する言語で原産国を表示したラベルを付けなければならない可能性がある。

14. 下記の記述について文意に適合していないものはどれか。

A）食品や医療品には特別な表示をつけなければならない場合がある。

B）食品や医薬品には特別な表示をつけなければならない場合が

ある。

C）食品や医薬品以外でも特別な表示をつけなければならない場合がある。

15. 下記の記述について文意に適合しているものはどれか。

A）米国のスポーツ選手の写真が付いたシリアルボックスは、買手の国の消費者にとって現地のスポーツヒーローの写真と同じように魅力的かもしれない。

B）買手の国の消費者にとって、現地のスポーツ選手の写真が付いたシリアルボックスは、米国のスポーツヒーローの写真の付いたものより魅力的ではないかもしれない。

C）米国のスポーツ選手の写真が付いたシリアルボックスは、買手の国の消費者にとって現地のスポーツヒーローの写真のついたものほど魅力的ではないかもしれない。

解答・解説 貿易実務（B級）

【問題1 ／ 正誤（○×）式】 各3点 × 10題 30点（15分）

1．○　2．×　3．×　4．○　5．○
6．○　7．×　8．○　9．×　10．×

1．売買契約において、売主が契約に規定した履行義務を果たせないような天災・戦争・法律改正等による輸出不能などが発生した場合は、売主は契約上の責任を免れると規定している条項をForce Majeureという。
2．輸出代金を円貨で受領せず、ドルなどの外貨のまま受領して、輸入決済に充当する方法、つまり、債権と債務を外貨のまま同時に持ち、為替リスクを回避する方法を為替マリー（Exchange Marry）という。リーズ・アンド・ラッグス（Leads and Lags）とは、相場の動きをみて外貨の決済時期を早めたり遅らせたりして、為替相場の変動に対応しようとするものである。
3．信用状でShipping Documentsといった場合には、為替手形は船積書類の中には含まれない（ISBP〔国際標準銀行実務〕A19 a)。
4．インコタームズのFAS規則の場合、買主は自ら手配した船舶の船側で売主から貨物の引渡しを受け、それ以降の費用と危険を負担するので、自己の危険負担に対処するため、通常 FAS Attachment Clauseを付けて保険の手配をする。
5．信用状発行銀行の授権も依頼もないにもかかわらず、輸出者（受益者）の依頼によって、通知銀行、買取銀行などが信用状に確認を加え確認銀行の役割を果たすことをサイレント・コンファメーション（Silent Confirmation）といい、これがなされた場合には、輸入者の倒産、信用状発行銀行の破産等でも輸出者は呈示した船積書類にディスクレがない限り買戻し請求を受けることはない。
6．航空貨物の一般貨物賃率は重量逓減制であるが、より高い重量段階の運賃率を適用した方が運賃負担額が低くなる場合、より高い重量段階の運賃率が適用される。この場合に適用される割引を重量割引（Quantity Discount）といい、これを通称as取りと呼んでいる。
7．輸出者がLCL（Less than Container Load）をCFS（Container Freight Station）に搬入する際に、貨物に異常があれば、CFSオペレーターがドック・レシートのException欄に瑕疵の内容を記入する。それをリマークというが、そのリマーク付きのドック・レシートを船会社に提出すると、故障付船荷証券が発行され、銀行は、当該故障付船荷証券を含む荷為替手形の買取りを拒絶することになるので、輸出者は船会社に補償状（Letter of Indemnity）を差し入れてClean B/Lを発行してもらう。メイツ・レシート（本船貨物受取書）とは、在来船への船積みの場合、貨物の船積みが完了すると、本船側から貨物受取の証として発行されるものである。

（注）2020年以降、書類の簡略化に従い、ドック・レシートに代わり順次B/L Informationが使用されつつある。

8. 信用状が航空運送状の全通を要求していても、荷送人にはこの原本3の1通のみが交付されるため、銀行での買取りに提出するのは原本3の「荷送人用」のオリジナル1通でよい（信用状統一規則23条v;ISBP〔国際標準銀行実務〕H12）。その航空運送状に発行日のみが記載されている場合には、その日が船積日（積込日）とみなされる。
9. 輸出手形保険の対象となる手形は、輸出代金回収のために振出された荷為替手形に限定しており、船積日の翌日から起算して3週間以内に買い取られたものに限られる。
10. 需要者の間に広く認識されている他人の商品の表示と同一または類似の表示を使用した物品を輸入し、他人の商品と混同させる行為は、周知表示混同惹起行為に該当する。

【問題2 ／ 選択式】 各3点 × 15題 45点（15分）

①	A	②	A	③	B	④	B	⑤	A
⑥	B	⑦	B	⑧	A	⑨	A	⑩	A
⑪	A	⑫	B	⑬	B	⑭	B	⑮	B

1. 輸出国で生産や輸出について国の補助金を受けたある貨物が輸出され、補助金の分安くわが国に輸入されてわが国の産業が損害を受けた場合あるいはそのおそれがある場合、その補助金の額を限度として課される特殊関税を①相殺関税という。不当廉売関税とは、輸出国での正常価格より低い価格で輸出されわが国に輸入されたことにより、わが国の産業が損害を受けた場合あるいはそのおそれがある場合、正常価格とその不当廉売（ダンピング）された価格との差額を限度として課される特殊関税である。
2. 郵送による信用状のSpecial Conditions 欄の Advising Bank is holding special instructions for reimbursement.とは「通知銀行が決済についての特別な指示を保有している（＝対外決済方法は通知銀行にしかわからないので、手形の買取りは通知銀行に限定される）」の意味で、この記載のある信用状は、荷為替手形の買取銀行が指定された②Restricted（買取銀行指定）L/C となる。その他、Restricted 文言には次のようなものがある。

・This credit is restricted to ＊＊＊ Bank.

・Drafts under this credit are negotiable only through ＊＊＊ Bank.
・This credit is available only through ＊＊＊ Bank.
・Reimbursement is as arranged.
・Drafts drawn under this credit must be presented for negotiation on or before（date）at Advising Bank.

3．信用状統一規則第30条a項では、信用状の金額または信用状に記載される数量もしくは単価について使用されるaboutやapproximatelyの語は、それらが言及する金額、数量または単価の③10%を超えない過不足を許容している。

4．貨物海上保険における保険期間は、貨物が仕出地の倉庫から搬出された時に始まり、仕向地の最終倉庫に搬入された時（原則）と、陸揚げ後仕分け等を行うために途中の倉庫に搬入された時、本船より荷卸し後④60日経過した時、あるいは最終倉庫以外の場所へ転送される時とのいずれか早い時期に終了する。また、戦争危険を付保した場合の保険期間は、貨物が本船に積み込まれた時から荷卸しされる時までとなっており、陸上での戦争危険については担保しない。また、最終仕向地到着後、貨物を積載したまま荷卸しされず、⑤15日経過した時にも終了する。

5．通貨オプションとは、売手と買手の間で約束した相場（行使価格）で通貨を売ったり買ったりする「権利」を売買する取引である。この権利をオプション（Option）という。権利を確保するための手数料（オプション料）を支払って権利を確保する人をオプションの買手（輸出者、輸入者）、手数料を受け取って権利を保証する人をオプションの売手（銀行）という。行使価格が直物相場より有利な場合はオプションを行使（行使価格を適用）し、逆に不利な場合には、⑥オプションを放棄（直物相場を適用）することができる取引である。

6．在来船のバラ積み貨物について、船荷証券上に⑦Shipper's Weight and Measurement（荷送人による重量および容積計測）との不知文言が付してある船荷証券はディスクレとならず、信用状取引において荷為替手形の買取りが可能である。Shipper's Weight and Measurementというリマークはコンテナ船のFCL貨物のShipper's Load and Count（荷送人によるコンテナへの積載および検数）と同種のものである。

7．輸出者が振り出す荷為替手形が⑧一覧払いの場合に、本邦の信用状発行銀行が、輸入者に外貨建約束手形（「輸入ユーザンス手形」という）とT/R（Trust Receipt:輸入担保荷物保管証）を差し入れさせて対外的には独自に決済を済ませ、信用状発行銀行自身の外貨資金を輸入者に貸し付ける方式を⑨本邦ローンという。海外の輸出者が本邦の信用状発行銀行宛てに期限付き荷為替手形を振り出すことを認める信用状を発行し、信用状発行銀行自らがその手形を引き受ける方式を⑩自行アクセプタンスという。 外銀ユーザンス（外銀アクセプタンス方式）とは 信用状発行銀行が、ニューヨークやロンドンのコルレス銀行と手形引受（アクセプタンス）契約を結んでおき、輸出者は信用状条件に基づいてそのコルレス銀行を名宛人（支払人）とする期限付き手形を振り出す方式をいう。一方、信用状なし取引の代金取立において、輸出者が輸入者宛てに船積書類を添えて一覧払い手形（D/P手形）を振り出し、これを輸出地の銀行が輸入地の取立銀行に送付し取立依頼を行う場合に、輸入地の取立銀行が輸出地の銀行に対外決済を済ませ、輸入者にユーザンスを与えることを⑪B/Cユーザンスという。B/Cディスカウントとは、取立扱いが原則の信用状なし期限付き手形（D/A手形）を輸出地の銀行が買い取り、手形の支払期日まで輸入者に支払猶予を与えることをいう。

8. 関税の納期限の延長は、関税の確定方式が⑫申告納税方式の場合にのみ認められる。これには、個別延長方式と包括延長方式とがあり、いずれも納期限を延長してもらう貨物の⑬関税額に相当する額の担保の提供が必要となる。

9. 在来船の用船契約の運賃におけるFIO（Free In and Out）の荷役条件で、停泊期間を限定し、そのLay Time（停泊期間）内に荷役を完了させる条件を定めた場合、その期間を超過した場合は、荷主は⑭Demurrage（滞船料）を支払わなければならない。
コンテナ船によるFCL貨物の輸入において、荷主はCYから引き取った実入りのコンテナを自社の倉庫等でデバン（Devanning:コンテナから貨物を取り出すこと）した後、遅滞なくCYにコンテナを返却する必要があるが、一定の無料貸出し期間（Free Time）が設けられており、この貸出し期間を超えて返却した場合に、荷主に課される返還遅延料のことをDetention Chargeという。

10. B/Lなしで貨物を引き取る場合は、輸入者はL/G（Letter of Guarantee）に銀行の連帯保証の署名を受け、これを船会社に提出するが、このL/Gに保証を受けるためには、銀行に⑮輸入担保荷物引取保証に対する差入証と外貨建約束手形を差し入れる必要がある。輸入担保荷物保管証（cf. 設問7）とは、本邦の銀行より本邦ローンの実行を受けるときに、貨物の所有権を譲渡担保として銀行に移し、銀行の代理人として通関、倉入、売却を行い、輸入貨物代金の回収をはかることを約するものである。

【問題3　／　語群選択式】　各3点×15題　45点（30分）

①　(ム)	②　(オ)	③　(シ)	④　(ネ)	⑤　(モ)
⑥　(ユ)	⑦　(エ)	⑧　(ソ)	⑨　(カ)	⑩　(ナ)
⑪　(ヘ)	⑫　(ウ)	⑬　(カ)	⑭　(ツ)	⑮　(ヲ)

1．信用状開設依頼書（Application for Irrevocable Documentary Credit）の作成

1）L/G利用欄①は、（ム）不要を選択する。今回は、航空機での輸入であり丙号T/Rを実行する。海上輸送の場合に利用するL/Gは利用しない。

2）Date of Application欄②には、《信用状開設の条件》1に「信用状の開設依頼日は2022年10月14日」とあることから、（オ）14-Oct-22 を選択する。

3）Beneficiary（name & address）欄③は、受益者（＝輸出者）の名前、住所が入ることから、契約書のSELLER'S NAME AND ADDRESS欄により（シ）Spain Segovia Guitar Co., Ltd., Calle de Almodovar, 03830 Madrid, Spain を選択する。

4）信用状の通知方法欄④には、《信用状開設の条件》1に「フル・ケーブルにて開設する」とあることから、（ネ）Full Cable without Mail Confirmationを選択する。

5）Applicant（name & address）欄⑤には、信用状の発行依頼人である輸入者の名前、住所が入ることから、（モ）Osaka Trading Co., Ltd., 2-3 Dojima 1-chome, Kita-ku, Osaka, Japanを選択する。

6）信用状の金額欄⑥については、《信用状開設の条件》8 に「信用状金額は契約金額全額とする」とあるので、契約金額全額の（ユ）EUR24,700.00　を選択する。なお、金額は本来は数字の後に英文語句にて復記するが、最近は数字表記だけでも受理される。

7）Expiry Date of CreditおよびLatest Date for Shipment欄⑦は、信用状の有効期限、最終船積期限を記載する欄であり、《信用状開設の条件》3に「信用状の有効期限を2022年12月10日、船積期限を2022年11月30日とし、～」とあることから、（エ）December 10, 2022　November 30, 2022 を選択する。

8）書類の呈示期間⑧は、《信用状開設の条件》3に「航空機に搭載後10日以内」とあることから、（ソ）10　を選択する。

9）Air waybill consigned to（荷受人）欄⑨は、《信用状開設の条件》4の「航空運送状」に「荷受人は、信用状発行銀行が担保権を確保できるもの～」とあることから、信用状発行銀行である（カ）The Hanshin Bank, Ltd. を選択する。

これにより、貨物引取りに必要なRelease Orderが信用状発行銀行に送られるので、輸入者は発行銀行から署名を受けたRelease Orderを発行してもらうため、発行銀行に輸入担保荷物保管証（丙号）〔航空貨物用〕と、債権証書（担保）として為替手形と同額面の約束手形を差し入れなければならない。

10）Air Waybillの運賃の支払い方法欄⑩の（□ Freight Prepaid □ Freight Collect）は、Purchase Orderの貿易条件（TRADE TERMS）がCPT Osakaとなっていることから、輸送費は輸出者が支払うことになるので（ナ）Freight Prepaid を選択する。

11）保険付保については、Insurance is to be effected by applicant/withの欄⑪に指示として（輸入者付保の場合には、保険会社名を記入）とあり、《信用状開設の条件》の5に「保険会社は、東邦海上保険株式会社（Toho Marine Insurance Co., Ltd.）とあることから、（ヘ）Toho Marine Insurance Co., Ltd.を選択する。

2．先物為替予約票の作成

12）SOLD TOの欄⑫には、外貨の売先を記入する。本件は、輸入決済の予約であり、銀行が外貨を輸入者に売却するので、売却先の輸入者である（ウ）Osaka Trading Co., Ltd.を選択する。この様式には、住所は不要である。

13）BOUGHT FROMの欄⑬には、外貨の購入先を記入する。本件は、輸入者が信用状発行銀行から外貨を購入するので、（カ）The Hanshin Bank, Ltd. を選択する。

14）USANCEの欄⑭には、売予約なので、売予約相場の（ツ）TTSを選択する。

15）DELIVERYの欄⑮には、予約実行期間（日）を記載する。本件の場合には、《与信依頼の内容および背景》2 に、「取引銀行と特定期間渡し（予約実行期間2023年3月3日～3月15日）、TTS 140.00円/Euroで締結した」とあることにより、（ヲ）March 3 - March 15, 2023を選択する。

【信用状開設依頼書】の解答例

跳ね返り融資利用 金額 千円	科目 :☐ 商手 ☐ 手貸	期間 : 頃から約 日間

ユーザンス利用 ☒ 期間 90 日間 ☐ 期間未定 ☒ 本邦ローン ☐ 異種通過ユーザンス ☐ 外銀ユーザンス	直ハネ ☐ 期間 日間 ☐ 期間未定 ☐ 要 金額: 千円 ☒ 不要	①L/G利用 ☐ 要 ☒ 不要

APPLICATION FOR IRREVOCABLE CREDIT

TO The Hanshin Bank, Ltd.

I/We hereby request you to issue an Irrevocable Documentary Credit on the following terms and conditions:

Advising Bank *Banco Santander Central Hispano, Head Office* *Jose Ortega y Gasset 29, 28006 Madrid, Spain*	Date of Application ② *14-Oct-22*	Applicant's Ref. No. *Purchase Order No. 124*
Beneficiary (name & address) ③ *Spain Segovia Guitar Co., Ltd.* *Calle de Almodovar, 03830 Madrid, Spain*	信用状の通知方法 ④ ☐ Airmail ☐ Airmail with Brief Preliminary Cable Advice (mail confirmation が原本になります) ☒ Full Cable without Mail Confirmation (cable advice が原本になります)	
Applicant (name & address) ⑤ *Osaka Trading Co., Ltd.* *2-3 Dojima 1-chome, Kita-ku, Osaka,* *Japan*	確認の要否 ☐ Confirmed ☒ Unconfirmed 譲渡可能 ☐ Transferable (条件付の場合は、special conditions欄にその旨を記入してください。なお、通知銀行を譲渡手続取扱銀行とします。)	
Amount ⑥ *Eur24,700.00* (% more or less allowed)	手形の要件 This credit is available ☒ on sight basis ☐ by acceptance of drafts At *sight* (Please indicate tenor) For *100* % of Invoice value drawn on you or your correspondent.	
Expiry Date of Credit ⑦ *December 10, 2022* / Latest Date for Shipment *November 30, 2022*		
Partial Shipments ☐ Allowed ☒ Prohibited / Transhipment ☐ Allowed ☒ Prohibited		
Shipment/Dispatch/Taking in Charge From/At *Madrid* To *Osaka*		

Documents must be presented within ⑧ *10* days after the date of shipment but within the validity of the credit.

Required documents are as follows:

☒ Signed Commercial Invoice in *5* copies indicating *the number of this Credit*

☐ Full set of clean on board ocean Bill of Lading made out
and blank endorsed, marked ☐ Freight Prepaid ☐ Freight Collect, Notify applicant

☒ Air waybill consigned to ⑨ *The Hanshin Bank, Ltd.*
marked ⑩ ☒ Freight Prepaid ☐ Freight Collect, Notify applicant, indicating the number of this Credit

☐ Insurance Policy or Certificate in duplicate, endorsed in blank for 110% of the invoice value including
☐ Institute cargo clauses (☐ All Risks ☐ W.A. ☐ F.P.A. ☐ (A) ☐ (B) ☐ (C))
☐ Institute War Clauses ☐ Institute Strikes, Riots & Civil Commotions Clauses
Insurance claims to be payable in Japan in currency of Drafts

☒ Packing List in *5 copies* ☒ Certificate of Origin in *3 Copeis*

☐ Certificate of Weight and/or Measurement in ☐ G.S.P.Certificate of origin in

☒ Certificate of (Quality) Inspection in *3 copies* ☐ Japan/EU EPA Cert. of Origin in

☐ Beneficiary's certificate stating that

☐ Other Documents:

Shipment of Goods: (極力簡潔にご記入ください。)
Classic Guitar

Trade Terms : ☐ FOB ☐ CFR ☐ CIF ☒ *CPT* Place *Osaka*

Insurance is to be effected by applicant / with ⑪ *Toho Marine Insurance Co., Ltd.* (輸入者付保の場合には、保険会社名を記入)

Reimbursement by telecommunication is	☐ Acceptable	☒ Prohibited
All Banking charges outside Japan are for account of	☐ Applicant	☒ Beneficiary
* Discount Charges/Usance Interest are/is for account of	☐ Applicant	☐ Beneficiary
* Acceptance Commissions are for account of	☐ Applicant	☐ Beneficiary

(*はユーザンス手形振出を条件とする場合のみご記入ください)

Special instructions:

【先物為替予約票】の解答例

EXCHANGE CONTRACT SLIP

NO MARGIN ALLOWED　　No. *22-945*

Date *October 17, 2022*

SOLD TO ⑫ ***Osaka Trading Co., Ltd.***

BOUGHT FROM ⑬ ***The Hanshin Bank, Ltd.***

AMOUNT	USANCE	RATE	DELIVERY (MONTH - DAY - YEAR)
EUR24,700.00	⑭ ***TTS***	*140.00*	⑮ ***March 3 - March 15, 2023***

When you execute this contract, you are kindly requested to present this slip to us.

BUYER
Osaka Trading Co., Ltd.
(Singed)

SELLER
The Hanshin Bank, Ltd.
(Singed)

【問題4 ／ 四答択一式】 各3点×10題 30点（15分）

1．C　2．C　3．D　4．B　5．B
6．A　7．A　8．D　9．C　10．A

1．C）第29条『有効期限または最終呈示日の延長』a項によれば、信用状で要求されている書類の最終呈示日が、銀行の休業日にあたるときは、書類の最終呈示日は銀行の翌営業日まで延長される。しかし、船積（積出）期限は、同条a項の結果として延長されることはない（同条c項）。これは港湾の船積み作業は土日祝日であっても行われるからである。

2．C）インコタームズ2020のDPU（Delivered At Place Unloaded:荷卸込持込渡し）規則では、指定仕向地において、到着した輸送手段から荷卸しされ（Unloaded）、貨物が買主の処分に委ねられた時に引渡しが完了し、この時に貨物の危険負担と費用負担が売主から買主に移転する。輸入通関手続は買主の責任である。

3．D）船荷証券上の荷受人について、信用状にto order of 信用状発行銀行と記載がある場合には、輸出者の裏書は不要で、信用状発行銀行から裏書が開始され、最終的には、輸入者の決済または引受後に信用状発行銀行が船荷証券の裏面に次の権利者を輸入者に特定した指図式裏書をして輸入者に船荷証券を引き渡す。

4．A）A/R担保条件は、FPA条件、WA条件でカバーする危険以外に、貨物の運送に付随して生じるあらゆる偶発的な事故による損害をてん補するが、自然の消耗をはじめ、貨物固有の瑕疵や性質、航海の遅延、戦争危険、ストライキ危険、放射能汚染等による損害は免責される。ただ、戦争危険、ストライキ危険は別途、追加危険担保として、追加付保は可能である。

C）貿易条件がCIPの場合、貨物海上保険証券は、通常輸出者を被保険者とした記名式で、保険金の支払地を輸入地として発行され、保険証券の裏面に輸出者の白地裏書をして輸入者側に引き渡される。

D）貿易条件がCIFの場合、輸出者が保険の付保を行うので、被保険者は輸出者であるが、貨物が本船に積み込まれた後の危険負担は輸入者にある。危険の移転後に発生した損害については輸出者に保険利益はなく、輸入者に保険金の請求権がある。

5．A）金利や為替の相場の動向によっては本邦ローンを利用せず、最初から円資金で融資を受ける場合もある。これを直ハネという。インパクト・ローンとは、居住者に対する資金使途に制限のない外貨建貸付のことである。銀行の貸出原資はユーロ市場や東京ドルコール市場からの調達となるため、貸出条件はユーロ市場の取引慣行に従うことになる。

C）輸入貨物の販売先からの代金回収が商業手形によるものである場合に、本邦ローンの期日等までにその商業手形の満期日が未到来のときに、ユーザンスの決済代金に充当するためにその商業手形を割引してもらい国内円資金の借入をすることは、輸入跳ね返り金融の一形態である。直ハネとは、本邦ローンを利用せず、最初から円資金で融資を受けることをいう。

D）輸出製品の製造、調達に必要な資金を輸出者に融資する輸出金融制度で、荷為替手形の買取代金を返済資金の見返りとして融資するものを輸出前貸という。跳ね返り金融とは、本邦ローンの期日等までにその決済資金が準備できない場合に円による融資を受けることをいう。たとえば、輸入貨物の販売先からの代金回収が商業手形によるものである場合等、本邦ローンの期日等までにその商業手形の満期日が未到来のときに、輸入者はユーザンスの決済代金に充当するためにその商業手形を割引してもらう国内円資金を借り入れることがあげられる。

6．B）信用状統一規則第28条『保険書類および担保範囲』e項は、「保険証券上、保険担保（cover）が船積日（date of shipment）よりも遅くない日から効力を持つと見られる場合を除き、保険書類の日付は、船積日よりも遅くないものでなければならない。」と規定しており、また保険証券の日付が保険の効力発生日となることから、ディスクレとしないためには、この保険証券の日付が船積日より後になってはならない（同日なら可）。コンテナ船の場合に発行される受取船荷証券（Received B/L）には、発行日のほかに、船積日を記載する欄（on board notation: 船積証明）があり、ここに記載された船積証明の日付が船積日とみなされる。したがってこの場合、保険証券の発行日は船積証明日より遅くない日でなければならない。つまり、保険証券の発行日が船積証明日と同日の場合にはディスクレにはならない。

C）信用状統一規則第6条『利用可能性、有効期限および呈示地』d項i号では、「（前略）オナーまたは買取のために記載されている有効期限は、呈示のための有効期限と見なされる。」としている。したがって、買取銀行がケーブル・ネゴの照会を発信した時点で書類は買取銀行に呈示されているので、その呈示の時点が有効期限内であれば、L/C Expiredのディスクレにはならない。

D）本問はリストリクトL/C（買取銀行指定信用状）であるので、信用状の有効期限内に取引銀行に輸出書類が呈示されていても、リストリクト銀行（指定買取銀行）に信用状の有効期限内に呈示されていなければディスクレになる。買取銀行が指定されている信用状の場合、最終期限は買取銀行に買取依頼する日ではなく、再割（再買取り）のために指定買取銀行（リストリクト銀行＝再割銀行）に依頼する日である。

7. A）輸出手形保険の利用に際し、輸出者が貨物海上保険を付保する貿易条件の場合には、貨物海上保険の証券は戦争危険およびストライキ・暴動・騒乱危険が担保され、送り状金額の全部が手形上の表示通貨と同一通貨で付保され、全通揃った保険証券に手形振出人の輸入者への白地裏書があることが必要である。

8. D）信用状の32B: Currency Code, Amount　JPY 12,500,000で、決済通貨は日本円であることがわかる。次に、41D: Available With...By...のThe Bank of Tokyo, Ltd. By Paymentでリストリクト銀行（指定買取銀行）はThe Bank of Tokyo, Ltd.で買取ではなく支払いが行われることが分かる。また、42A: Drawee にThe Bank of Tokyo, Ltd., Tokyo Centerとあり、支払人はThe Bank of Tokyo, Ltd., Tokyo Centerであり、そこで対外決済（引落）が行われることがわかる。すなわち、リストリクト銀行であるThe Bank of Tokyo, Ltd.に信用状発行銀行（Bank of America Corporation）の円口座があり、そこで対外決済が行われる。

したがって、信用状の78:Instructions to the Paying/Negotiating Bank欄の買取銀行への資金回収の指示は、In reimbursement, debit our account with you. と記載される。これをデビット方式という。

A）Upon receiving your documents in compliance with the conditions of this Credit, we will remit proceeds as per instructions. と記載される場合を、回金（送金）方式という。

B）In reimbursement, we shall credit your account with us. と記載される場合 を、クレジット方式という。

C）For reimbursement, please reimburse yourselves by drawing a sight draft on our Head office account with The Bank of Los Angeles, Los Angeles, U. S. A. と記載される場合を、リンバース方式という。

9．C）海上輸送により輸入した貨物の損傷が貨物の受取り時には外部から認められず、後日自社倉庫内で発見された場合には、運送人に対する損害賠償請求権を留保するために、運送人に対して貨物の受領後3日以内に書面で予備クレーム（事故通知）を行う。

10．A）シッパーズ・ユーザンス手形（D/A手形）は取立手形であるため、輸出者がその満期日に手形代金を受け取る場合、銀行にはメール期間およびユーザンス期間の立替金利が発生しない。したがって、電信買相場（TTB）143.02円が適用される。

B）輸出者が取引銀行と12月を受渡しとする暦月オプションで先物為替予約を締結したときの相場はTTB143.02円である。しかし、L/C付き一覧払輸出手形買取に適用されるレートは、TTB 143.02円からメール期間立替金利0.35をマイナスした142.67円（＝143.02円－0.35）となる。

C）輸入者が取引銀行と確定日渡しで、先物為替予約を締結するときの相場はTTS 145.02円であり、それを利用してL/C付輸入ユーザンスの決済を行う場合、その決済レートはTTS 145.02円である。なぜなら、外貨建ての本邦ローンで、満期日に行われる決済では、メール期間立替金利とユーザンス金利はレートに織り込まれず、別途銀行に支払うため、電信売相場（TTS）が適用されるからである。

D）輸入者が取引銀行と11月24日から12月23日までの順月オプション渡しで先物為替予約を締結するときの相場はTTS 145.02円であり、それを利用してL/Cなし一覧払手形の輸入決済を行う場合は、銀行にメール期間の資金の立替は発生しない。したがって、この場合の決済レートはメール期間立替金利が発生しないTTS 145.02円となる。

解答・解説　貿易マーケティング（B級）

【問題1　／　正誤（○×）式】　各2点×10題　20点（10分）

1．×　2．×　3．○　4．×　5．×
6．×　7．○　8．×　9．○　10．×

1．特許権の取得には時間がかかるので、ライフサイクルの短い製品の保護を検討する場合には、特許権と比較して出願から登録までの期間が大幅に短く、また高度な発明であることが要求されない実用新案権の取得を検討するのが一般的である。

2．H.アサエルが提唱した4つの購買行動類型は、消費者の関与水準の高低とブランド間の知覚差異の大小で行動を分類している。設問の消費者の関与水準が高く、ブランド間の知覚差異が大きい場合の複雑な購買行動型に分類される商品群は、自動車やパソコンである。設問の家電製品や家具は、関与水準が高く、知覚差異が小さいため、不協和低減型に分類される。そのほか、関与水準が低く、知覚差異が大きい場合のバラエティ・シーキング型に分類されるのは、菓子類や飲料で、関与水準が低く、知覚差異が小さい場合の習慣購買型に分類されるのは、トイレットペーパーやティッシュペーパーなどの日用品である。

3．企業が、この差別価格政策をとる場合においては、公正な競争環境を損なうことがないように、独占禁止法等の規定を厳格に守るコンプライアンス（法令遵守）に注意を払う必要がある。

4．設問のデファクト・スタンダードは、家庭用VTRにおけるVHS方式やパソコンOSのマイクロソフト社のウィンドウズ、ブルーレイDVDなどの事実上の業界標準のことである。「顧客に特定の利益をもたらす、他社にはない企業内部に秘められた一連のスキルや技術の集合体」とは、G.ハメルとC.K.プラハラードによってなされたコア・コンピタンスの定義であり、シャープの液晶技術やソニーの小型化技術、ホンダのエンジン技術などがあげられる。

5．設問の定量的が誤りである。消費者の定性的な全体像を理解しようとするエスノグラフィック・マーケティングの手法が世界的に導入され始め、生活現場に入り込んで時間をかけた行動観察から、消費者が本質的に欲しているものは何かという事実に着目したマーケティングが求められている。

6．需要は高価格になると減少し、低価格になると増大するといわれ、この価格に基づく、需要の増減の度合いを需要の価格弾力性という。設問のペネトレーション・プライス戦略とスキミング・プライス戦略の説明が逆である。正しくは、「需要の価格弾力性が低い製品に関しては、スキミング・プライス（上澄吸収価格）戦略が効果的で、需要の価格弾力性が高い製品は、ペネトレーション・プライス（市場浸透価格）戦略が効果的となる」である。

7．独占禁止法（私的独占の禁止および公正取引の確保に関する法律）は、市場に適切な競争関係がない場合等に、カルテル（不当な取引制限）やトラスト（市場の独占による不当な値上げ）等が行われ、消費者に不利益を与えないようにするために制定された法律である。設問の内容は、取引関係において優越した地位にある大企業が、取引の相手に対して不当な要求をする優越的地位の濫用行為として、不当に行われることが禁止されている。

8．外部環境と内部環境の説明が逆である。つまり、「自社の内部環境を分析して強みや弱みを把握し、また、外部環境を分析して自社に優位になりそうな機会や、自社に不利になりそうな脅威を分析し…」が正しい。このSWOT分析を行うことで、自社の強みを充分に活かし、弱みをカバーする戦略を考察し、将来の機会や脅威に対応するものとなるよう立案していくことが重要となる。

9．ビジュアル・マーチャンダイジングの3つの訴求ポイントは、設問のビジュアル・プレゼンテーション（店内に入りやすくするための、ショー・ウィンドウや入口におけるデイスプレイ）と、ポイント・プレゼンテーション（売りたいものに注目をさせるディスプレイ）、アイテム・プレゼンテーション（商品1つひとつが見やすく、選びやすく、買いやすい陳列）の展開方法であり、店舗内で商品を効果的に販売するために、店内で行う販売促進活動であるインストア・プロモーションの1つである。

10．設問の内容は、統一的なブランドを用いるが、標的市場の違いを明確にするためにグレードを付加し、その段階で対応するブランド・プラス・グレード戦略のことである。設問のファミリー・ブランド戦略とは、企業が取り扱うすべての製品ラインに同一ブランド名を使用することで、統一されたブランドイメージで訴求し、社名やその一部が利用されることが多いため、コーポレート・ブランドとも呼ばれる。

【問題2　／　選択式】　各2点×5題　10点（5分）

1．B　　2．A　　3．A　　4．B　　5．B

1．流通の系列化とは、**①B.メーカーが流通業者に販売を一手に任せて、さまざまな援助等を行いながら、メーカーと流通業者とが共存共栄していこうとする行為** をいう。この流通系列化には、流通コストの削減や消費者ニーズなどの情報伝達の効率化、アフターサービスの充実化などのメリットが多数ある一方で、価格競争の制限や流通業者の自主性の欠如、困難な新規参入といったデメリットもある。選択肢Aの内容は、製販同盟のことである。この製販同盟には、メーカーには在庫リスクの軽減や物流費削減、小売業者には仕入価格を低くできるというメリットがあり、情報を共有化することで、小売業者が得た情報から顧客満足度の高い製品をプライベート・ブランドとして製造・販売することが可能となる。

2．正解は、**② A.企業統治のことで、企業経営者による違法行為や、組織ぐるみの違法行為をチェックし、阻止することが重要である。**選択肢Bの「法令遵守のことで、企業が経営活動を行う上で、法令や各種規則やルール、社会的規範などを守ることである。」は、コンプライアンスである。独自に企業行動規範を制定したり、コンプライアンス専門部署を設置したりする企業もある。

3．設問の内容は、**③ A.マーチャンダイジング** である。選択肢Bのカテゴリー・マネジメントとは、ブライアン・ハリスが提唱した概念で、「カテゴリーを戦略的ビジネス単位として管理していくことであり、消費者に価値を提供することによって、業績を改善していくこと」と定義しており、小売業とメーカー・卸売業が共同して特定カテゴリー（性質が同じ商品）の収益を最大化するように取り組むことである。

4．コトラーのマーケティング4.0に記載されているカスタマー・ジャーニーの基本的な流れは、**④ B.認知→訴求→調査→行動→奨励** の順である。認知（Aware）→訴求（Appeal）→調査（Ask）→行動（Act）→奨励（Advocate）という顧客の購買プロセスの5つの段階の英語の頭文字をとって5A理論ともいう。マーケターは、デジタル時代における製品・サービスを知った顧客が購入から奨励に至るまでの道筋であるカスタマー・ジャーニーの質の変化に適応し、顧客の道案内をする役割を担う。

5．レギュラーチェーンとは、**⑤ B.本部と店舗が同一資本の下で、同じ事業に属している組織形態で、本部の意思決定が店舗まで一貫して流れ、店舗での現場情報が本部に流れる、本部と店舗が一体となった組織体制、運営の仕組みが特徴である。** そのマーケティングでは、多店舗展開とセルフサービス販売による規模の経済性を目指し、大量仕入・大量販売によるバイイング・パワーによる低価格販売を進めている。スーパーマーケットやディスカウントストア、ホームセンターなど多くの業態・業種で展開されている。選択肢Aの内容は、本部（フランチャイザー）と加盟店（フランチャイジー）がそれぞれ契約を結ぶフランチャイズ・チェーンのことで、コンビニエンス・ストアやファストフード店で多くみられるほか、不動産、学習塾、駐車場などの各種サービス業など、多くの領域でみられる契約形態である。

【問題3 ／ 四答択一式】 各2点×5題 10点（5分）

1．B　2．D　3．B　4．D　5．D

1．正解は、Bである。
選択肢BのISO14000シリーズ（環境規格・監査規格）は、環境マネジメントシステムと呼ばれ、環境マネジメント活動の主な課題は、省エネルギーの推進や廃棄物の減量化、有害化学物質の適切な管理、紙資源の有効活動などがある。選択肢AのISO9000シリーズ（品質管理）は、品質管理や品質保証のための品質マネジメントシステムの国際規格であり、企業の設計、開発、製造、据え付けおよび付帯サービスなどのあらゆる部門を対象にしている。選択肢CのISO22000は、食品安全の国際規格であり、食品衛生管理のHACCPに、ISO9001の要求事項を取り入れたマネジメントシステム規格となっている。選択肢DのISO50000シリーズは、エネルギーマネジメントシステムの国際規格であり、業種と規模を問わず、あらゆる組織が、エネルギーを管理し、エネルギー・パフォーマンスを継続的に改善していくためのものとなっている。

2．正解は、Dである。
多段無作為抽出法は、たとえば、県単位で抽出し、次に市町村単位で抽出するなど、標本抽出を何段階にもわたって行う方法で、母集団の数が多く、地域的にも広く散在する場合などに用いられる。その他の無作為標本抽出法（ランダム・サンプリング法）は、次の通りである。

層化抽出法 （選択肢A）	母集団をあらかじめ等質なグループに分けておき、そのグループの大きさに比例してサンプルを抽出する方法
系統抽出法 （選択肢B）	母集団の中から、初めに1つのサンプルをランダムに選んで、後のサンプルは一定の間隔を決めて選び出していく方法
単純無作為抽出法 （選択肢C）	サンプリング台帳からサンプルを1つずつランダムに決める方法
多段無作為抽出法 （選択肢D）	標本抽出を何段階にもわたって行う方法で、母集団の数が多く、地域的にも広く散在する場合などに用いられる。

3．正解は、Bである。
LOHAS（Lifestyles Of Health And Sustainability）は、エコロジーや地球環境問題、人間関係、平和や社会正義、自己実現や自己表現に深い関心を持ち、健康を重視し、持続可能なライフスタイルをとる人々のことであり、その主な特徴をとらえたマーケットには、次表の通り大きく5つある。選択肢BのEmotional Lifestyle（感情に配慮したライフスタイル）は、この問題のための造語である。

Sustainable Economy（持続可能な経済）（選択肢A）	社会の仕組みやまちづくり、再生可能なエネルギーの使用、環境マネジメントなど
Ecological Lifestyle（環境に配慮したライフスタイル）	エコロジカルな住宅やオフィス製品、再生繊維製品、環境負荷の低い電化製品など
Personal Development（自己啓発）（選択肢C）	精神や身体の鍛錬を目的としたセミナーや本、ヨガ、ダイエット、スピリチュアル関連サービス、瞑想、座禅など
Alternative Healthcare（代替ヘルスケア）（選択肢D）	健康・ウェルネス、心身医学療法などに関するサービス、本やマニュアルなど
Healthy Lifestyle（健康的なライフスタイル）	天然・有機食品や飲料、栄養サプリメント、パーソナルケアに関連する商品やサービスなど

4．正解は、Dである。

選択肢Aにおいて、商社等を利用せずに販売代理店や特約店等を通して輸出販売する方法である直接輸出は、間接輸出により発生する商社や買付け業者のマージンを削減できるメリットがあるが、輸出製品の出荷、決済等の管理を直接行わなければならず、また、販売会社の運営資金等も負担しなければならないので、一概にコストを大幅に削減できるとは限らない。選択肢Bにおいてのサードパーティ・ロジスティクスでは、実際の運送を行うのみならず、調達や梱包、在庫管理、棚卸、配送等の一連の物流に関する業務を包括的に管理して、委託企業にとり最適となる物流システムを提案し実行する場合が多くなる。選択肢Cのダンピング（不当廉売）に該当し認定された場合には、製品、輸出者または輸出国および5年以内の期間が指定され、指定された期間内に輸入される当該製品について、通常税率の関税のほか、該当製品が輸出国で一般に販売される価格とダンピング価格との差額に相当する額と同額以下の関税が輸入地において課されることとなるが、輸出者の輸出行為が禁止されることはない。選択肢Dの戦略的な目標を共有する企業間で協力関係を結ぶ戦略的アライアンスにおいては、自社の限られた経営資源のみならず、他社の経営資源も含め相互に有効活用することが期待され、同時に、新製品開発や新たな流通経路の構築などに伴うリスクを減らすことも期待できる。

5．正解は、Dである。

選択肢Dのニッチャー型企業は、他の地位の企業との直接的な競争を避けるため、集中化戦略が競争対応戦略で、利潤や名声を市場目標としている。選択肢Aのチャレンジャー型企業は、競争環境の中で2～3位に位置し、常にリーダーの地位を狙って挑戦しているが、規模的に劣っているため、差別化戦略が競争対応戦略で、マーケット・シェア拡大が市場目標である。選択肢Bのリーダー型企業は、競争環境内で最大のシェアを持ち、規模の利益により可能な全方位戦略が競争対応戦略で、最大マーケット・シェア、最大利潤、名声が市場目標である。選択肢Cのフォロワー型企業は、リーダーやチャレンジャー型企業の戦略を模倣する模倣化戦略を採用し、生存利潤が市場目標である。

【問題4 ／ 語群選択式】 各2点×5題 10点（10分）

1．h　2．g　3．j　4．i　5．b

※ 同じ番号には同じ言葉が入る。

直接投資とは、海外で事業活動を行うため、経営参加を目的とし、その国の企業をM&A（合併・買収）を通じて傘下に収める投資や、現地法人を設立して、工場や販路を一から作る投資のことである。（①(h) グリーン）フィールド投資とは、（②(g) インフラ）投資で言えば、発電所、水道施設、鉄道、空港などがまっさらな状態から作られるケースを指し、事業が存在しない状況において独占的な条件で事業をスタートさせるので、早期に高いリターンが見込まれる。また、まっさらな状態から作るので、既存の権利関係などのしがらみがなく、自分たちの思ったようにビジネスができる自由さがある。一方、（③(j) ブラウン）フィールド投資とは、（②(g) インフラ）投資で言えば、すでに操業している発電所を買収する、運用中の空港の権益の一部を買う、自治体から港湾施設を譲渡してもらうといったケースを指し、すでに顧客がいる状況に投資するので、将来の収益が読みやすいというメリットがある。直接投資には、経営への関与を一切目的としていない短期の投資目的で株式や債券を売買する証券投資は含まれず、海外から受け入れる対内直接投資と国内から海外に向かう対外直接投資がある。

日本企業は1980年代後半から1990年代前半にかけて、東南アジア諸国連合（ASEAN）加盟国などで、短期間で大規模な直接投資を行った。先進国企業が直接投資の担い手になることが多かったが、近年は中国などの企業も投資主体としての存在感を高めている。直接投資の規模を測る手法には、2通りがあり、（④(i) フロー）とは、一定期間の投資額を指し、現地企業や子会社の株式取得額や追加投資額、子会社における再投資額から現地からの撤退などで本国に戻る金額を差し引いて計算することもあり、もう一つの（⑤(b) ストック）は親会社による投資資本や内部留保の累積額を指す。

解答・解説　貿易実務英語（B級）

【問題1　／　英文解釈（三答択一式）】　各3点×10題　30点（15分）

1．B　2．A　3．C　4．A　5．B
6．A　7．C　8．B　9．A　10．C

1．market …	～を発売する
wireless communication	無線通信
voice command	音声による指示、音声操作
post …	～を掲載する
marketable	市場性の高い、需要がある
reasonably priced	手ごろな価格の、相応な価格の
feature	特徴
proforma invoice	プロフォーマ・インボイス、試算送り状、仮送り状
FCA（= Free Carrier）	運送人渡し条件
2．express …	～を表明する
3D printer	3Dプリンター
immediately	すぐに
list price	定価、表示価格、指定価格
be in a position to ..	～することができる
allowance	割引
sliding scale	スライド方式、スライド制
purchase	購入
exceed …	～を超える
annual	年間の
gross	総、全体の
3．in reply to …	～に応えて、～への返事として
custom car	カスタムカー、特注車
be willing to …	～することに異存はない
trade discount	業者間割引
it is our usual practice to …	当社は通常～を実施しております
trade reference	同業者信用照会先
supplier	サプライヤー、供給業者、仕入先
regular dealing	定期的な取引
subject to …	～を条件として
satisfactory	納得のいく

	in duplicate	正副２通の
	so as to …	～するために
	the duplicate	副本
	duly	正式に
	confirmation	確認
4．	quote …	～を見積もる
	margin	利益、利幅
	competitor	競争相手
	undergo …	～を受ける
	patented	特許のある
	prevent …	～を防ぐ
	shrinkage	収縮、縮み
	durability	耐久性
	current	現状の
5．	organic fertilizer	有機肥料
	arrange …ing	～する手配をする
	manufacture	～を製造する
	without delay	遅滞なく
	make shipment	船積みする
	observe …	～を遵守する
	would appreciate it if you would …	～していただけるとありがたい
	irrevocable and confirmed L/C	取消不能・確認信用状
	valid until …	～まで有効な
	in our favor	当社を受益者として
	by cable	電信で
6．	regrettable	遺憾な、残念な
	reminder	督促状
	regarding …	～に関して
	due	当然支払うべきもの、満期の
	statement	取引明細書
	account	勘定
	leave unpaid	未払いのままになっている
	unfortunately	残念ながら
	have no other choice but to …	～せざるを得ない
	dare to …	敢えて～する
	clear …	～を清算する
	outstanding	未払いの

7.	referring to …	～に関して
	technical information	技術情報
	freezer	冷凍機
	magnetic flux	磁束
	electromagnetic ray	電磁波
	cold blast	冷風
	cell	細胞
	additive	添加物
	quotation	見積書
	line	(一連の同種の) 製品
	of receipt of …	～を受領後
8.	this is to …	～いたします
	fruit picking machine	果実摘取機
	serious	重大な、深刻な
	as agreed	約定通り
	delay in shipment	船積遅延
	remainder	残り
	suppose …	～だと思う
	such being the case	そのような次第で
	amend …	～を変更する
	accordingly	～（前述のこと）に応じて、それなりに
9.	defect	欠陥
	gas burner	ガスバーナー
	inspection standard	検査基準
	defective	欠陥のある
	go by	通過する
	without being noticed	気付かれずに
	replacement	交換品
	by air	航空便で
	apologize for …	～に対して謝罪する
	cause …	～を引き起こす
	at one's expense	～の費用で
10.	a variety of …	さまざまな～
	synthetic resin	合成樹脂
	deal in …	～を取り扱う
	exclusive distributor	一手販売店
	terms and conditions of business	諸取引条件
	DDP（= Delivered Duty Paid）	関税込み持込渡し

【問題2 ／ 英作文（三答択一式）】 各3点×3題 9点（8分）

1．A　　2．B　　3．C

1．hair dryer	ヘアドライヤー
generate …	～を発生させる
alternately	交互に
prevent …	～を防ぐ
along with …	～といっしょに
CPT（= Carriage Paid To）	輸送費込み条件
so that …	～できるように
pass on … to ～	～に … を回付する
electric appliance	家電製品
provided that …	もし～ならば
competitive	競争力のある
find a ready sale for …	～がよく売れる
a considerable number of …	多数の～
2．urgently	緊急に
polycarbonate	ポリカーボネート
MT	メートルトン＝仏トン（metric ton）
M/V	内燃機船、発動機船（Motor Vessel）
leave …	～を出港する、～から離れる
apply to … for ～	… に～を申し込む
3．recession	不景気
inventory	在庫
as a matter of fact	実際問題として
carrying cost	維持費
financial	財政上の
grant a moratorium	支払いを猶予する
temporary	一時的に
large transaction	大口取引
conclude …	～を締結する
grateful	ありがたく思う
patient	辛抱強い
for a while	しばらくの間

【問題3　／　貿易用語（三答択一式）】　各2点×8題　16点（12分）

1．C　2．B　3．A　4．B
5．C　6．A　7．B　8．C

1．failure of ～ to …　～が…できないこと
beneficiary　受益者
tender ～ to …　～を…に提出する
negotiating bank　通知銀行
【大意】　信用状の受益者が支払を受けるために信用状によって要求された正確な書類を買取銀行に提出できないこと

2．settle …　～を解決する
dispute　紛争
disinterested　利害関係のない
referee　裁定者、仲裁人
merit　理非
case　案件
binding　拘束力のある
judgment　判断、判定
honor …　～を受け入れる
【大意】　利害関係のない第三者が裁定者として案件の理非を決定し、両当事者が受け入れ可能な拘束力のある判断を行う紛争解決の手法の1つ

3．transport document　運送書類
documentary credit　荷為替信用状
negotiable　流通性のある
full set　全通
commonly　通常は
ship's master　船長
【大意】　買主が荷為替信用状の中で売主に要求することがある、船長または代理人の署名入りの流通性のある全通（通常最大3通）を含む運送書類

4．bear …　～を負担する
involve …　～を伴う
unload …　～を荷卸す
means of transport　運送手段
named　指定された
place of destination　仕向地
【大意】　売主が指定仕向地の合意された地点まで物品を持ち込み、到着

した運送手段から荷卸しすることに伴うすべてのリスクを負担するインコタームズ2020の一規則

5．finance　金融
without recourse　償還請求なしの
accounts receivable　売掛債権
financial institution　金融機関
in exchange for …　〜と引き換えに
at a discount from …　〜から割引して
face value　額面価格

【大意】 輸出者が手形の額面価格から割引された金額の現金と引き換えに非銀行系の金融機関に外国の売掛債権を引き渡す償還請求なしの金融

6．term　用語
banking practice　銀行業務
due　支払われるべき
upon presentation of …　〜の呈示があり次第
documentary bill of exchange　荷為替手形

【大意】 荷為替手形が呈示され次第、支払が行われることを示す国際銀行業務で使用される用語

7．to order of …　〜の指図に従って
endorse in blank　白地裏書する
thereby　それによって
holder　所持人
title to …　〜に対する所有権

【大意】 指図式に作成されて白地裏書され、それによってその所持人に船積みされた物品の所有権が与えられる書類

8．draft　手形
draw on …　〜宛てに振り出す
issuing bank　（信用状の）発行銀行
specify …　〜を明記する
a sum of money　合計金額
advance …　〜に立替払いをする
drawer　（手形の）振出人

【大意】 輸入者または信用状とともに使用される場合は発行銀行宛てに振り出され、合計金額は振出人に立替払いした銀行に支払われるべきことを明記した手形

【問題4 ／ 貿易英語（三答択一式）】 各3点×15題 45点（25分）

1．C	2．A	3．B	4．C	5．B
6．C	7．A	8．A	9．B	10. A
11. C	12. B	13. B	14. A	15. C

【大意】

外国市場における買主の好みは売主の製品を変更させる可能性がある。宗教上の慣行または余暇時間の使い方などの地域の慣習は、製品に市場性があるかどうかの決め手になることがよくある。味、臭いまたは視覚効果など製品がもたらす感覚的印象も重要な要素となる可能性がある。たとえば、日本の消費者は特定の種類の包装を好む傾向があり、多くの米国企業は日本市場向けに段ボール箱や包装の変更を促される。

体の大きさも問題になるかもしれない。製品が米国の体型に合わせて作られている場合は、小柄な人には向かない場合もある。

市場の潜在力は製品の適応化に内包される直接・間接費用を正当化するのに十分大きくなければならない。売主は、発生する費用を評価し、困難かもしれないが、適応化によって予想される収入の増加を見極めなければならない。

製品適応化の決定は、ある程度は、特定の外国市場への関わり方の度合いに基づいて行われる。短期的な目標を持つ企業は、おそらく長期的な目標を持つ企業とは異なる展望を持つであろう。

エンジニアリングと再設計

文化的好みや消費者の好みに関連した適応化を行うことに加えて、売主は製品の根本的な側面でさえも変更を加えなければならない可能性があることに留意しなければならない。たとえば、多くの外国の電気規格は米国のそれとは異なっている。米国で使用するために設計された機器の作業効率を損なったりあるいは低下させる位相、周波数または電圧（住宅用および商業用の両方）を目にすることは珍しいことではない。電気規格は同じ国内でも異なることがある。

ブランディング、ラベリングおよびパッケージング

消費者は製品自体だけでなく包装、保証、アフターサービスなどの二次的な特色にも関心を持っている。

外国市場における製品のブランディングやラベリングは売主に新しい考察を提起する。たとえば、

・国際ブランド名は、製品の販売を促進し、差別化するために重要なものか？　反対に、現地の関心を高めるためにローカル・ブランドやプライベ

ート・レーベルを使用すべきか?
・ラベルや包装に使用されている色は外国の買主にとって不快なものかそれとも魅力的なものか? たとえば、特定の色が死に関連している国もある。
・ラベルや説明書は、法律や慣習によって要求される場合、公用語または慣用語で作成できるか?
・製品の内容や原産国に関する情報を提供しなければならないか?
・重量や寸法は現地単位で記載されるのか? 消費財でさえも、メートル法(たとえば、キログラム、リットル)で包装や内容を表示することが重要となり得る。
・各製品は個別にラベルを付けなければならないか? ラベルの言語は何か? たとえば、「米国製」の表示は受け入れられない可能性がある。製品は、当該国の消費者が使用する言語でラベルを付けなければならないかもしれない。食品、医薬品、その他の製品に特別なラベルを付けなければならない場合もある。
・現地の好みや知識は考慮されているか? 米国のスポーツ選手の写真の付いたシリアルボックスは、現地のスポーツヒーローの写真の付いたものほど海外の消費者にとって魅力的ではないかもしれない。

第96回 貿易実務検定®試験問題
（C　級）

科　目

貿　易　実　務

（令和4年12月4日）

主な注意事項

① 試験問題は、試験監督者の指示があるまで開かないでください。
② 机の上には、筆記用具、受験票、身分証明書以外のものは置かないでください。
③ 携帯電話・スマートフォンなど通信機能を有する機器の電源はお切りください。
④ 問題の解答は別紙のマークシートに記入してください。
⑤ マークシートには、HBまたはBの黒鉛筆、シャープペンシルを使用してください。なお、ボールペンは採点ができませんので絶対に使用しないでください。
⑥ 万が一、不正行為をされた場合直ちに退室していただきます。
⑦ 各試験開始後、30分経過した時点で合図しますので、退室していただいて構いません。退室する際は、試験問題、受験票、身分証明書をお持ちのうえ他の受験者に迷惑のかからないようにお願いいたします。なお、試験終了10分前からの退室はできません。
⑧ 途中退室される方は、受験番号、名前等の記入漏れがないかご確認の上、マークシートを試験監督に手渡して退室してください。
⑨ 問題及び解答用紙の再交付は致しません。なお試験問題はお持ち帰りいただけます。
⑩ 2時間目の「貿易実務英語」の際は、試験開始5分前の15時25分までに着席してください。
⑪ マークシートには氏名、受験地及び受験番号を忘れずに記入してください。受験番号は該当の数字も塗りつぶしてください。ローマ字、住所欄は記入しないで構いません。

※Web試験では、この問題をベースに出題順・語群をシャッフルして出題しています。

日本貿易実務検定協会®

【問題1　／　正誤（○×）式】　各1.5点×20題　30点（15分）

次の記述について、正しいものには○印を、誤っているものには×印を解答欄にマークしなさい。

1. 有害廃棄物の国境を越える移動及びその処分の規定に関する条約にウィーン条約がある。
2. 信用状取引で三大船積書類とは、インボイス、船荷証券、パッキング・リストの総称である。
3. 輸入した貨物にFragileという表示があった場合、「こわれもの注意」という意味である。
4. 貿易保険の対象となるリスクで、契約当事者が外国政府の場合、相手方が契約を一方的に破棄してきた場合は、非常危険となる。
5. 貨物を輸出港に停泊中の、買主によって指定された本船の船上に置かれたとき、貨物の危険負担、費用負担ともに売主から買主に移転する貿易条件をFCAという。
6. ケーブル・ネゴとは、ディスクレがあった場合の対応策の1つで、アメンドを行う時間がない場合に、買取銀行が信用状発行銀行に対して電信（ケーブル）で、そのディスクレの内容を伝え、輸入決済する旨の承諾回答を得た場合に、買取銀行が買取に応じるものである。
7. 貿易取引先を選定するための信用調査事項のうち、Capital・Capacity・Customsを3C's of Creditという。
8. 貿易取引における売買契約時に締結する貿易条件は、インコタームズによるものでなくてもよい。
9. キャッチオール規制による輸出規制は全地域が対象となっており、大量破壊兵器等に関する条約や安全保障輸出管理に関わる多国間輸出管理協定に参加し、輸出管理制度が整備されている国も規制対象地域となる。
10. 外国送金は、資金移動の指図と資金の流れが同一方向になるので、並為替という。

11. 船積書類と信用状の条件が一致しないことをアメンドメントという。
12. 航空貨物運送状の法的性質は、有価証券である。
13. 2020年版インコタームズのCIP条件での輸出者の危険負担の範囲は、指定場所で輸出者によって指名された運送人に貨物を引き渡した時点までである。
14. 買主の承諾があっても、直ちに契約が成立するものではなく、売主の確認があって初めて契約が成立するという条件をつけたオファーをサブコン・オファーという。
15. 信用状取引でApplicantとは、輸出者を意味し、信用状の発行によって最も利益を受ける者をいう。
16. 注文書型、注文請書型の契約書の表面のタイプ条項と裏面の印刷条項の条件に矛盾が生じた場合、印刷条項が優先されることになる。
17. 輸入者が商品代金を海外送金で支払う場合、代金がドル建てだとすると適用される相場はTTSである。
18. 信用状条件により貿易取引を行う場合、取引銀行に信用状発行依頼をするのは、輸入者である。
19. 関税の特恵税率は、協定税率の一つである。
20. 輸出取引の場合、外貨建手形を銀行に買い取ってもらう将来の相場をあらかじめ予約することを先物買予約という。

【問題2　／　選択式】　各2.25点×20題　45点（20分）

次の記述について、①～⑳の（　　　）内に示した語句のうち正しいものを選び、その記号を解答欄にマークしなさい。

1．通常、貿易取引の売買契約で取り交わす一般取引条件は、注文書型、注文請書型の契約書の場合は、①（A．表面　B．裏面）に印刷されている。
2．取消不能信用状であっても信用状関係当事者全員の同意があれば条件を変更したり取消したりすることができるが、この当事者に買取銀行は、②（A．含まれる　B．含まれない）。

3．信用状にもとづく輸出為替手形の買取銀行が指定されている信用状を③（A．Confirmed L/C　B．Restricted L/C）という。

4．2020年版インコタームズによる貿易条件では、所有権の移転について④（A．規定している　B．規定していない）。

5．コンテナ船へFCL貨物を積み込む場合には、⑤（A．CY　B．CFS）に持込まれ船積みされる。

6．輸出者の持込んだ貨物に瑕疵があった場合、コンテナ船のLCL貨物では⑥（A.Dock Receipt　B．Mate's Receipt）にその旨が記載されるが、これをリマークという。

7．貨物海上保険の保険料は保険金額に保険料率を乗じて算出されるが、保険料率は、⑦（A．統一料率　B．自由料率）となっている。

8．先物為替の受渡時期の取決めにおいて、各月の応答日までの間であれば、予約者がいつでも自由に為替予約の実行を決定できる方法を⑧（A．暦月オプション渡し　B．順月オプション渡し）という。

9．法定納期限までに関税等が納付されない場合には、附帯税である⑨（A．延滞税　B．重加算税）がペナルティーとして課される。

10．海外のメーカーが独自の仕様にもとづいて製造した製品に、ある企業が自社のブランドやロゴをつけて製造してもらい、自社ブランド品として販売するために輸入する形態を⑩（A．並行輸入　B．OEM輸入）という。

11．取引交渉において契約が成立した場合、契約書式として注文請書を相手方に送付するのは、⑪（A．売主側　B．買主側）である。

12．信用状取引による航空貨物の場合、Air Waybillの荷受人は、通常⑫（A．輸入者　B．信用状発行銀行）となっている。

13. 契約上の貿易条件が、CFRの場合の船荷証券や航空運送状の運賃表示は、⑬（A. FREIGHT PREPAID　B. FREIGHT COLLECT）となる。
14. 輸出手形保険の保険料は、⑭（A. 輸出者　B. 手形買取銀行）が負担する。
15. GATTで定める⑮（A. 最恵国待遇　B. 内国民待遇）とは、相手国に対して他の国に与えている条件よりも不利にならない条件を与えることを協定することである。
16. WTO設立協定書附属書1Cの「TRIPS協定」とは、⑯（A. 信用状規則　B. 知的財産権）に関する協定である。
17. 漁労品や木材等、見本取引が困難な場合に用いられる品質条件で⑰（A. GMQ　B. FAQ）とは適商品質条件のことである。
18. 旧ICCにおける⑱（A. WA　B. A/R）とは、FPAがカバーする損害に加えて、海固有の危険（Perils of the Seas）のうち特定分損でてん補するものを除いたマリン・リスクをカバーし、新ICCの（B）に相当する条件である。
19. コンテナ・ターミナルの中で、本船への積付図等に基づき、コンテナ・ヤード内においてコンテナの配列・整理整頓を行う場所を⑲（A. エプロン　B. マーシャリング・ヤード）という。
20. 通常、実際の売主あるいは買主が商社等を介して行う貿易を⑳（A. 仲介貿易　B. 間接貿易）という。

【問題3　／　語群選択式】　各3点×10題　30点（10分）

次の文章の①～⑩の（　　）内に入る最も適切な語句を下記の語群より選び、その記号をマークしなさい。

(1) 輸入におけるわが国の関税率は、一般税率と簡易税率に分けられる。一般税率には、国定税率、協定税率、FTA/EPAにおける協定税率がある。さらに国定税率は、（　①　）税率、（　②　）税率、特恵税率に分けられるが、（　①　）税率と

（ ② ）税率がある場合は、（ ② ）税率が優先される。また、国定税率と協定税率では、税率が（ ③ ）方を優先するが、同じ場合は、（ ④ ）税率となる。

(2) 信用状とは、（ ⑤ ）の取引銀行である信用状発行銀行が、海外の通知銀行を経由して（ ⑥ ）に対して（ ⑥ ）が信用状条件どおりの船積書類を銀行に呈示することを条件に（ ⑤ ）に代わって代金の支払いを確約した保証状のことをいう。また、信用状発行銀行と通知銀行の間には、為替取引を行うために必要な業務上の諸条件をあらかじめ定めた（ ⑦ ）が締結されている。

(3) 貨物海上保険の対象となる損害には、貨物自体の（ ⑧ ）損害と（ ⑨ ）損害とがある。（ ⑧ ）損害のうち、海上輸送中に個々の貨物に発生した損害で、被害を被った被保険者の単独の負担となる損害を（ ⑩ ）という。

〈語群〉

(a) 輸入者	(n) 費用
(b) 低い	(o) 顧客
(c) インターバンク	(p) コルレス契約
(d) 輸出者	(q) 基本
(e) 応用	(r) 要物契約
(f) 協定	(s) General Average
(g) 決定	(t) 暫定
(h) 諾成契約	(u) 人的
(i) 高い	(v) Total Loss
(j) Particular Average	(w) 少額貨物に対する
(k) 外国為替市場	(x) 携帯品・別送品に対する
(l) 買相場	(y) 物的
(m) Partial Loss	(z) 国定

【問題4 ／ 三答択一式】 各3点×15題 45点（15分）

次の各問いについて選択肢から答えを1つ選び、その記号を解答欄にマークしなさい。

1．次の記述は信用調査に関するものであるが、誤っているものはどれか。

A）株式会社日本貿易保険が貿易保険の引受基準として発行している「海外商社名簿」でECという格付けである場合には、取引先として懸念のないところである。

B）専門の信用調査機関として世界的に有名なD&B（Dun & Bradstreet）社の信用調査報告書は、「ダン・レポート」と呼ばれている。

C）信用調査には、相手先の取引先や同業者に照会して行うTrade Referenceと呼ばれる方法がある。

2．貿易条件がCFRの場合、輸出者が負担する費用について関係のないものはどれか。

A）海上運賃

B）梱包料

C）海上保険料

3．次の記述は海上貨物輸送に関するものであるが、誤っているものはどれか。

A）基本運賃の実収入を確保するための調整運賃であるBAF（Bunker Adjustment Factor）は、船舶燃料の急激な変動に対処するための割増運賃である。

B）海上運賃の支払時期は、タリフによって定められ、運賃前払いと運賃後払いがある。

C）船会社が協定して運賃表を作成し、協定した運賃で輸送を行う一種の国際カルテルを海運同盟という。

4．次の記述は航空貨物の荷受けに関するものであるが、正しいものはどれか。

A）Air T/Rを航空会社に提出することにより、荷為替手形の決済前に貨物を引き取ることができる。

B）L/Cベースの場合、リリース・オーダーの用紙は、通常、航空会社から荷受人である輸入者に貨物の到着通知（Arrival Notice）が送られてくるときに同封されている。

C）輸入者から通関・荷受けの引取作業を依頼された通関業者は、リリース・オーダーを航空会社に呈示して荷渡指図書（Delivery Order）の交付を受け、貨物の引き渡しを受ける。

5．次の記述は貨物運送に関するものであるが、正しいものはどれか。

A）航空会社が利用航空運送事業者に対して発行するAir Waybillを Master Air Waybillという。

B）NVOCCによる複合一貫輸送で、日本のNVOCCが発行する複合運送証券（Combined Transport B/L）は、Air Waybill同様、有価証券ではない。

C）定期船の基本運賃には、船への貨物積込費用及び船からの貨物積卸費用が含まれており、このような運賃体系をFIOと呼んでいる。

6．次の記述はPL法およびPL保険に関するものであるが、誤っているものはどれか。

A）無過失責任とは、製品に欠陥があり、その欠陥が原因で第三者が損害を受けた場合、製造業者や輸入者などは過失がなくても、被害者に対して損害賠償責任を負うことをいう。

B）PL法では、製造物責任の対象となる製造物の範囲を製造・加工された動産に限定しているため、国内PL保険においてもその対象となる範囲はPL法と同一となる。

C）PL法上の製造物責任とは、製品の欠陥によって消費者等の第三者が生命、身体および財産上の損害を被った場合に製造業者に課される損害賠償責任のことをいう。

7．次の記述は輸出手形保険に関するものであるが、正しいものはどれか。

A）輸出手形保険とは、輸出者の手形を買い取った銀行が、万一代金回収ができなかった場合に備えて加入するロンドン保険業者協会の貿易保険の一種である。

B）輸出手形保険の保険金額は、手形額面の95％で設定され、保険金は損失額に保険金額の手形額面に対する割合を乗じた比例てん補をとっている。

C）輸出手形保険の保険契約者は、外国為替を取り扱う銀行であり、被保険者は当該保険料を負担する輸出者である。

8．次の記述は貨物海上保険のてん補に関するものであるが、正しいものはどれか。

A）輸出の際の梱包が不十分であることが原因で貨物が破損した場合、その損害はカバーされない。

B）1982年改訂版の新貨物約款に基づく新ICC（C）とは、旧約款のWA条件に該当する。

C）保険契約がA/R（All Risks）である場合、航海の遅延による損害もカバーされる。

9．次の決済手段のうち、Documents against Payment（D/P手形）に該当するものはどれか。

A）手形支払書類渡し

B）手形呈示書類渡し

C）手形引受書類渡し

10．次の記述はシッパーズ・ユーザンスに関するものであるが、誤っているものはどれか。

A）シッパーズ・ユーザンスは、銀行の信用を利用しないため、輸入者が代金回収のリスクを負うことになる。

B）後払い電信送金（Telegraphic Transfer）による決済は、シッパーズ・ユーザンスの一種である。

C）信用状（L/C）付の期限付（ユーザンス）手形決済はシッパーズ・ユーザンスではない。

11. 次の記述は知的財産権の水際取締りに関するものであるが、誤っているものはどれか。

A）商標権を侵害していると思われる貨物については、税関で認定手続を行い、侵害物品と認定された場合には、「輸入してはならない貨物」となり没収、廃棄される。

B）著作権を侵害している物品は、輸入禁制品であるが、著作隣接権を侵害している物品は、「輸入してはならない貨物」に該当しない。

C）特許権を有する者は、自分の特許権を侵害している物品が輸入されていると思う場合には、税関長に対してそれが侵害物品か否かの認定手続をするように申し立てることができる。

12. 貿易取引における売買契約に際し、数量決定時点を船積数量条件とした場合において、輸入者が輸出者に提出を義務づけるべき書類はどれか。

A）重量容積証明書

B）原産地証明書

C）品質検査証明書

13. 日本の輸出者Xがフランスの輸入者Yと次に掲げる2020年版インコタームズで契約した場合に、貿易条件からみて、一般に輸出者Xの費用負担が最も大きい条件はどれか。

A）DDP

B）EXW

C）FOB

14. 次の記述は船荷証券に関するものであるが、正しいものはどれか。

A）運送人が貨物を輸送したことを示す運送契約書である。

B）運送人が証券上に記載された貨物を受取ったことを示す受領証である。

C）運送貨物の引渡請求権を証券化した有価証券であるが、流通性がない。

15. 下表は、取引銀行の対顧客用の直物相場（SPOT RATE）を示すものである。輸出者が振り出したユーロ建ての一覧払いの荷為替手形を銀行が直物相場で買い取る場合、1ユーロあたり、いくらになるか。

外国為替直物相場表(SPOT RATE)

(IN YEN PER UNIT)

CURRENCY	T.T.S.	ACCEPT.	CASH SELLING	T.T.B.	A/S	D/P D/A	CASH BUYING
USD	145.72	146.07	147.52	143.72	143.37	143.07	141.72
EUR	143.62	143.86	146.12	140.62	140.38	140.13	138.12
GBP	168.01	168.4	176.01	160.01	159.62	158.92	152.01

A）143.86円

B）140.38円

C）138.12円

第96回 貿易実務検定®試験問題
（C　級）

科　目

貿易実務英語

（令和4年12月4日）

主な注意事項

① 試験問題は、試験監督者の指示があるまで開かないでください。
② 机の上には、筆記用具、受験票、身分証明書以外のものは置かないでください。
③ 携帯電話・スマートフォンなど通信機能を有する機器の電源はお切りください。
④ 問題の解答は別紙のマークシートに記入してください。
⑤ マークシートには、HBまたはBの黒鉛筆、シャープペンシルを使用してください。なお、ボールペンは採点ができませんので絶対に使用しないでください。
⑥ 万が一、不正行為をされた場合直ちに退室していただきます。
⑦ 各試験開始後、30分経過した時点で合図しますので、退室していただいて構いません。退室する際は、他の受験者に迷惑のかからないようにお願いいたします。なお、試験終了10分前からの退室はできません。
⑧ 途中退室される方は、受験番号、名前等の記入漏れがないかご確認の上、マークシートを試験監督に手渡して退室してください。
⑨ 問題及び解答用紙の再交付は致しません。なお試験問題はお持ち帰りいただけます。
⑩ マークシートには氏名、受験地及び受験番号を忘れずに記入してください。受験番号は該当の数字も塗りつぶしてください。ローマ字、住所欄は記入しないで構いません。
⑪ 英語科目の試験終了時には、解答集をお渡しいたします。

※Web試験では、この問題をベースに出題順・語群をシャッフルして出題しています。

日本貿易実務検定協会®

【問題1 ／ 英単語等の意味（語群選択式）】 各1点×20題 20点（20分）

次の用語の意味を下記の語群から1つ選び、その記号を解答欄にマークしなさい。

(ア)	Advance Payment	(サ)	Confirming Bank
(イ)	Agent Commission	(シ)	Country of Origin
(ウ)	Air Parcel	(ス)	Deficiency
(エ)	Amount Insured	(セ)	Delayed Shipment
(オ)	Bank Check	(ソ)	Endorser
(カ)	Bill of Exchange (B/E)	(タ)	Force Majeure
(キ)	Blank Endorsement	(チ)	IATA (International Air Transport Association)
(ク)	Bunker Adjustment Factor (BAF)	(ツ)	Open Policy
(ケ)	Certificate of Inspection	(テ)	Shipping Order (S/O)
(コ)	Conciliation	(ト)	Warranty

〈語群〉

(1) 保険金額
(2) 国内総生産
(3) 船積遅延
(4) 保険証券
(5) 総揚げ
(6) 白地裏書
(7) 不可抗力
(8) 積替え
(9) 倉庫
(10) 保険料率
(11) 不足
(12) 船積指図書
(13) 製造物責任
(14) 航空小包
(15) 譲渡可能信用状
(16) 銀行小切手
(17) 確認銀行
(18) 検査証明書
(19) 正味重量
(20) 燃料油割増金
(21) 国際商業会議所
(22) 為替手形
(23) 調停
(24) 分損
(25) 着荷通知先
(26) 船積証明
(27) 代理店手数料
(28) 全損
(29) 原産国
(30) 包括予定保険証券
(31) 保証、担保
(32) 発効日
(33) 国際航空運送協会
(34) 輸出申告書
(35) 前払い（金）
(36) 裏書き人

【問題2 ／ 英文和訳 (三答択一式)】 各2点×10題 20点（15分）

次の各英文について、最も適切な和訳を1つ選び、その記号を解答欄にマークしなさい。

1．We have been in search of a reliable NVOCC to transport our products regularly from our factory in Hanoi to our customer's warehouse in Paris.

A）ハノイの当社工場からパリにある関連会社の配送センターまで、当社製品を緊急に輸送してくれる専門のフォワーダーを探しています。

B）ハノイの当社工場からパリにある保税地域まで、当社製品を間違いなく輸送してくれる規模の大きな海運業者を探しています。

C）ハノイの当社工場からパリにある顧客倉庫まで、当社製品を定期的に輸送してくれる信頼できる複合輸送業者を探しています。

2．This is to remind you that the payment for your last order is more than a month overdue.

A）本状は、貴社の前回のご注文に対する代金が一か月分以上前にお支払いされていることをお知らせするものです。

B）本状は貴社の前回のご注文から一か月以上たってしまっており、契約期限が切れていることをお知らせするものです。

C）本状は貴社の前回のご注文に対するお支払い期限から一か月以上経過していることをお知らせするものです。

3．We would appreciate it if you would send us detailed information about your company together with your catalog and samples.

A）カタログや見本からわかる貴社についての大まかな情報をお知らせいただくことを要請いたします。

B）貴社についての詳細な情報をカタログ及び見本と一緒にお送

りいただければ幸いです。

C）貴社についての詳細な情報をカタログ及び見本と一緒にお送りいただきありがとうございます。

4．For any information as to our credit standing, please refer to the City Bank, Tokyo Branch.

A）当社の信用状況に関するいかなる情報でも、シティ銀行東京支店にお問い合わせください。

B）当社ではわからない情報は、シティ銀行東京支店に聞いてみてください。

C）当社の沿革に関するいかなる情報も、シティ銀行東京支店が知っています。

5．We are sorry to inform you that we are unable to quote on the goods you require, as they are no longer produced.

A）申し訳ありませんが、貴社が注文された商品は販売禁止となってしまい、生産ができないことをお知らせいたします。

B）残念ながら貴社がご入用の商品については、もう生産されておりませんのでお見積りができないことを知らせいたします。

C）残念ながら貴社がご入用の商品は、長期生産が難しくなったため、限定販売とさせていただくことをお知らせいたします。

6．We have so many inquiries about this product that we offer this subject to prior sales.

A）当製品への引き合いがとても多いので、先売り御免条件でお申し込みをさせていただきます。

B）当製品への注文がとても多いので、サブコン条件でオファーさせていただきます。

C）当製品の生産に関する課題は多くありますが、まずは価格を設定して販売を始めたいと思います。

7．Unless your L/C reaches us by the end of this month, we will be unable to ship your order as scheduled.

A）貴信用状が今月末までに当方に届かなければ、スケジュール通りに貴社ご注文品を船積みすることはできません。

B）貴契約書が今月末までに当方に届かないと、予定通りに貴社への注文ができなくなってしまいます。

C）貴信用状は今月末までに当方には届かないとのことなので、スケジュール通りに貴社ご注文品を船積みできません。

8．The shipment is now at the CFS of Yokohama Container Terminal, being vanned into a container, and is scheduled to be shipped on M.V. Sea Breeze, which will leave for Long Beach around December 15th.

A）貨物は現在横浜コンテナターミナルの保税地区にあり、税関の貨物検査が行われるところです。そして本船シーブリーズで12月15日にロングビーチに到着できるように積み込みが予定されています。

B）貨物は現在横浜コンテナターミナルのコンテナヤードにあり、本船への積み込みが行われるところです。そして12月15日までには本船シーブリーズに積み込み、ロングビーチに向けて出港することになっています。

C）貨物は現在横浜コンテナターミナルのCFSにあり、コンテナ詰めが行われるところです。そして12月15日頃にロングビーチに向けて出港予定の本船シーブリーズに積み込まれる予定です。

9．Upon unpacking the shipment, we found that Model 100A is missing and Model 101B is short of 100 sets.

A）貨物の梱包を完了するときに、型番100Aの商品の代わりに急ぎの商品として型番101B　100個がセットされているのを確認する必要があります。

B）貨物の梱包を開けてみたら、型番100Aの商品は見当たらず、型番101Bの商品は100セット不足していました。

C）艙口検査をしてみたら、型番100Aの商品は破損しており、型番101Bの商品は100セットしかありませんでした。

10. We would like to ask you to send us your best offer based on both FOB Houston and CFR Kobe for 2 units of the compressor as per the attached specifications.

A）添付証明書通りのコンプレッサー2台のベストオファーをヒューストン港までの運賃込み条件と神戸港における本船渡し条件の両方でお送りいただきたく存じます。

B）添付梱包明細書通りのコンプレッサー2台のベストオファーをヒューストン運送人渡条件か神戸までの輸送費込条件のどちらかでお送りいただきたく存じます。

C）添付仕様書通りのコンプレッサー2台のベストオファーをヒューストン港本船渡条件と神戸港までの運賃込条件の両方でお送りいただきたく存じます。

【問題3　／　英文解釈（三答択一式）】　各5点×2題　10点（10分）

次の英文を読んで、次ページの各問いに対する答えを1つ選び、その記号を解答欄にマークしなさい。

Maunharf Japan Corporation

2-4-1, Nishi-Shinjuku, Shinjuku-ku, Tokyo 163-0825, Japan

Date: December 5th, 2022

Mr. James Bond
Purchasing Manager
Techno Atlantic LTD., U.K.
Great Russel St. London WC1B 3DG, U.K.

Dear Mr. Bond,

We are pleased to make you a firm offer for the following item, subject to your acceptance reaching us by December 20th, 2022 our local time.

Model　　　　　: Compressor DD021A　1 Unit
Price　　　　　: GBP120,000.00　CIP Felixstowe CY
Time of Shipment: February, 2023
Payment　　　　: Draft at 60 days after B/L date

We believe this price can compete well with those of other manufacturers.

Your trial order will be very much looked forward to.

Sincerely yours,

(Signed)
Toshizo Hijikata
Europe Area Marketing Manager
Maunharf Japan Corporation

1. この英文の内容について、正しいものは次のどれか。

A）これは、輸入者Maunharf Japan Corporationから輸出者Techno Atlantic LTD.宛の注文書である。

B）これは、輸出者Maunharf Japan Corporationから輸入者Techno Atlantic LTD.宛の確定申し込みである。

C）これは、輸出者Maunharf Japan Corporationから輸入者Techno Atlantic LTD.宛の引き合いである。

2. この英文の内容について、正しいものは次のどれか。

A）Maunharf Japan Corporationは12月10日に一度承諾の返答を受け取っていたが、その後、日本時間の12月20日午後10時に、Techno Atlantic LTD.より承諾取り消しの連絡を受け取った。この取り消しにより契約は無効となる。

B）Techno Atlantic LTD.は英国時間の12月19日午後10時にe-mailで承諾回答を送信し、同時にMaunharf Japan Corporationはそのe-mailを受信した。この承諾回答により契約は成立する。

C）Maunharf Japan Corporationは、期限内にTechno Atlantic LTD.より承諾の回答も拒絶の回答も受け取らなかった。よって契約は自動的に成立することになる。

解答・解説　貿易実務（C級）

【問題1　／　正誤（○×）式】　各1.5点×20題　30点（15分）

1. ×	2. ×	3. ○	4. ×	5. ×
6. ○	7. ×	8. ○	9. ×	10. ○
11. ×	12. ×	13. ○	14. ○	15. ×
16. ×	17. ○	18. ○	19. ×	20. ○

1．有害廃棄物の国境を越える移動及びその処分の規定に関する条約に「バーゼル条約」がある。ウィーン条約とは、オゾン層を破壊するおそれのある物質を規制することを目的として、オゾン層を保護するための国際的取り決めのことをいう。

2．信用状取引で三大船積書類とは、インボイス、船荷証券、保険証券の総称である。これらの書類を信用状で要求することにより輸出者に契約通りの商品を（インボイス）、輸送中の事故を保険でカバーして（保険証券）、確実に出荷すること（船荷証券）を義務付けることになる。パッキング・リストとは、梱包された貨物について、それぞれがどの梱包の中に入っているかを明らかにするために、梱包ごとの内容を記載した書類のことをいう。

3．輸入した貨物にFragileという表示があった場合、「こわれもの注意」という意味である。

4．取引相手が外国政府、政府機関等の場合、相手が一方的に契約を破棄、または相手方の責めに帰すべき相当の理由による輸出者の輸出契約の解除などは信用危険となる。

貿易保険の対象となるリスクは、契約当事者の責任の有無により、信用危険と非常危険に分けられる。信用危険には、契約当事者の責任による事由から発生する、代金、融資金等の回収不能や輸出不能となる危険などがあり、非常危険は、海外取引で発生する、取引の相手側に責任がない不可抗力による事由で発生する危険のことである。

5．貨物を輸出港に停泊中の、買主によって指定された本船の船上に置かれた時、貨物の危険負担、費用負担ともに売主から買主に移転する条件をFOBという。

FCAは輸出地における指定場所で買主の指定した運送人に貨物を引き渡し、この時に貨物の危険負担、費用負担が売主から買主に移転する条件をいう。

6．ディスクレがあった場合の対応策の1つで、アメンドを行う時間がない場合に買取銀行が信用状発行銀行に対して電信（ケーブル）で、そのディスクレの内容を伝え、輸入決済する旨の承諾回答を得た場合に、買取銀行が買取りに応じる方法をケーブル・ネゴという。

7. 信用調査を行ううえでのポイントは、誠実性（Character）、資本力（Capital）、営業能力（Capacity）、政治・経済的事情（Conditions）である。このうち、Character・Capital・Capacity を3C's of Creditと呼ぶことがある。Customsは税関のことである。

8. インコタームズは、国際商業会議所（ICC）が貿易条件の解釈に関する国際規則として制定した解釈規準であり、法律でも国際協定でもないので、採用するか否かは契約当事者の自由である。

9. キャッチオール規制では、大量破壊兵器等に関する条約や安全保障輸出管理に関わる多国間輸出管理協定に参加し、輸出管理制度が整備されている26カ国は規制対象地域から除外されている。

10. 外国送金は、資金移動の指図と実際の資金の流れが同一方向となるので、これを並為替という。一方、逆為替とは、輸出者が荷為替手形を名宛人（支払人＝信用状発行銀行、輸入者等）宛てに振り出し、代金を名宛人から取り立てるように、資金移動の指図と資金の流れが逆になるものをいう。

11. 船積書類と信用状の条件が一致しないことをディスクレという。アメンドメントとは、輸出者が、輸入者にディスクレの事実を連絡し、信用状発行銀行に対し、信用状の条件変更の手続をするように求める方法である。

12. 航空貨物運送状の法的性質は、証拠証券である。また、有価証券としての性質はない。

13. 2020年版インコタームズのCIP条件での輸出者の危険負担の範囲は、指定場所で輸出者によって指名された運送人に貨物を引き渡した時点までであり、費用負担の範囲は、指定仕向地までの運賃、保険料込みとなっている。

14. サブコン・オファー（Offer subject to Seller's Final Confirmation）とは、買主の承諾があっても、直ちに契約が成立するものではなく、売主の確認があって初めて契約が成立するという条件をつけたオファーのことをいう。

15. 信用状取引では、代金支払いを確約される輸出者のことをBeneficiary（受益者）といい、信用状の発行によって最も利益を受ける者をいう。Applicant（信用状発行依頼人）は輸入者を指す。

16. タイプ条項は、取引交渉時に取引条件として取り上げて交渉し、輸出者と輸入者とで合意されているものであり、これに対して印刷条項は、実際には取引条件として交渉されていない条項についても印刷されているのが通例である。したがって、タイプ条項と印刷条項との間に矛盾が生じた場合、個別に交渉し合意したタイプ条項が優先されることになる。

17. 輸入者が商品代金を海外送金で支払う場合、代金がドル建てだとすると適用される相場はTTS（電信売相場）である。輸入者は、海外送金するためにドルを銀行から売ってもらわなければならないので、TTSが適用されることになる。
18. 信用状条件により貿易取引を行う場合、取引銀行に信用状発行依頼をするのは、輸入者である。
19. 関税の特恵税率は、国定税率の1つである。つまり、日本の国会で定めた税率であって、WTO協定税率（単に「協定税率」と通称される）のような国際的な協定で定められた税率ではない。また、特恵供与の対象国（特恵受益国）も日本政府が定める。
20. 輸出取引の場合、外貨建手形を銀行に買い取ってもらう将来の相場をあらかじめ予約することを先物買予約という。

【問題2 ／ 選択式】 各2.25点×20題 45点（20分）

① B	② B	③ B	④ B	⑤ A
⑥ A	⑦ B	⑧ B	⑨ A	⑩ B
⑪ A	⑫ B	⑬ A	⑭ A	⑮ A
⑯ B	⑰ A	⑱ A	⑲ B	⑳ B

1. 通常、貿易取引の売買契約で取り交わす一般取引条件は、注文書型、注文請書型の裏面に印刷されている。
2. 取消不能信用状であっても、信用状関係当事者全員の同意があれば条件を変更したり取消したりすることができる。この関係当事者とは、信用状発行銀行、輸入者、輸出者、確認信用状の場合には、確認銀行である。したがって、買取銀行は含まれない。
3. 信用状に基づく輸出為替手形の買取銀行などが指定されている信用状をRestricted L/C（買取銀行指定信用状）という。なお、Confirmed L/C（確認信用状）とは、信用状発行銀行の支払確約だけでは信用力が足りない場合に、発行銀行の支払確約に加えて、国際的に信用度の高い銀行にさらに支払確約（確認）を受けている信用状である。
4. 2020年版インコタームズによる貿易条件でも、所有権の移転については規定していない。
5. FCL（Full Container Load）貨物とは、一荷主の貨物でコンテナ一単位に満載された大口貨物のことで、直接CY（コンテナ・ヤード）に運び込まれるものである。なお、貨物の量がコンテナ一個に満たない小口貨物をLCL（Less than Container Load）貨物というが、この貨物の場合には、選択肢BのCFS（コンテナ・フレート・ステーション）に持ち込まれる。
6. 輸出者の持ち込んだ貨物に瑕疵があった場合、コンテナ船のLCL 貨物ではDock Receiptにその旨が記載されるが、これをリマークという。なお、在来船の場合、選択肢BのMate's Receiptに追記されることになる。

7. 貨物海上保険の保険料は保険金額に保険料率を乗じて算出されるが、保険料率は、各保険会社が自由に設定できる自由料率となっている。
8. 先物為替の受渡時期の取決めにおいて、各月の応答日までの間であれば、予約者がいつでも自由に為替予約の実行を決定できる方法を順月オプション渡しという。選択肢Aの暦月オプション渡しとは、将来の特定月を受渡月とする方法をいう。
9. 法定納期限までに関税等が納付されない場合には、附帯税である延滞税がペナルティーとして課される。附帯税とは、関税のうち延滞税、過少申告加算税、無申告加算税、重加算税をいう。
10. 海外のメーカーが独自の仕様に基づいて製造した製品に、ある企業が自社のブランドやロゴをつけて製造してもらい、自社ブランド品として販売するために輸入する形態をOEM（Original Equipment Manufacturer）輸入という。選択肢Aの並行輸入とは、海外ブランド商品の真正品を日本の一手販売代理店等を通さずに輸入することをいう。
11. 輸出入契約が成立すると、輸出入者それぞれが自社の書式による確認書を発行する。売主（輸出者）側が発行するものは注文請書型、買主（輸入者）側が発行するものは注文書型である。
12. 信用状取引による航空貨物の場合、Air Waybillの荷受人は、通常、信用状発行銀行となっている。航空運送では、常に銀行経由の手形や書類よりも貨物の方が先に到着するので、この時点では輸入者はまだ銀行との手形の決済を終了していないことになる。信用状は発行銀行が信用状により対外的に代金を支払う義務を負っているため、確実に輸入者から決済を受ける必要がある。そこで、Air Waybillの荷受人を銀行としておいて、輸入者が銀行の貨物を借り受ける形で引き取ることにさせるのである。
13. 契約上の貿易条件が、CFRの場合の船荷証券や航空運送状の運賃表示は、FREIGHT PREPAID（運賃前払い）となる。これに対し、選択肢BのFREIGHT COLLECTは、運賃着払いであり、輸入者が運賃を負担する場合である。
14. 輸出手形保険の保険料は、被保険者である手形買取銀行ではなく輸出者が負担する。輸出手形保険とは、輸出者の手形を買い取った（代金を立替払いした）銀行が、万一代金回収できなかった場合に備えて加入する保険で、その保険料は輸出者が負担することになる。
15. GATTで定める最恵国待遇とは、相手国に対して他の国に与えている条件よりも不利にならない条件を与えることを協定することであり、GATTにおける無差別の原則の1つである。このほか、GATTでは選択肢Bの内国民待遇を定めているが、これは内国税や国内規則の適用などで、輸入産品を国産品に比べて不利に扱わないという原則である。

16. TRIPSとは、Trade Related Aspects of Intellectual Property Rightsの略である。すなわち、知的財産権に関する協定（TRIPS協定）のことである。
17. 適商品質条件（GMQ）とは、漁労品や木材等、見本取引が困難な場合に用いられる品質条件で、売買するのに足ると認められる品質を保証する条件のことである。選択肢BのFAQ（平均中等品質条件）とは、農産物等、主に穀物類の売買に用いられる品質条件で、当該季節の収穫物の中等品質であることを条件として取引基準が決められる。
18. 旧ICCにおけるWAとは、FPAがカバーする損害に加えて、海固有の危険（Perils of the Seas）のうち特定分損でてん補するものを除いたマリン・リスクをカバーし、新ICCの（B）に相当する条件である。選択肢BのA/Rとは、FPA、WA でカバーする危険以外に、保険期間中、貨物の運送に付随して外部的な原因によって生じるあらゆる偶発的な事故による損害をてん補する条件で、新ICCの（A）に相当する。
19. コンテナ・ターミナルの中で、本船への積付図等に基づき、コンテナ・ヤード内においてコンテナの配列・整理整頓を行う場所をマーシャリング・ヤードという。選択肢Aのエプロンとは、本船の接岸する岸壁とマーシャリング・ヤードとの間にある区域を総称して呼ぶものである。
20. 通常、実際の売主あるいは買主が商社等を介して行う貿易を間接貿易という。選択肢Aの仲介貿易とは、海外の輸出者と、海外の輸入者との貿易を日本の業者が仲介する取引をいう。売買契約は仲介貿易業者と輸出者間、仲介貿易業者と輸入者間でそれぞれ締結されることになる。

【問題3　／　語群選択式】　各3点×10題　30点（10分）

①　q　②　t　③　b　④　z　⑤　a
⑥　d　⑦　p　⑧　y　⑨　n　⑩　j

(1) 輸入におけるわが国の関税率は、一般税率と簡易税率に分けられる。一般税率には、国定税率、協定税率、FTA/EPA における協定税率がある。さらに国定税率は、（　①　(q)**基本**　）税率、（　②　(t)**暫定**　）税率、特恵税率に分けられるが、（　①　(q)**基本**　）税率と（　②　(t)**暫定**　）税率がある場合は、（　②　(t)**暫定**　）税率が優先される。また、国定税率と協定税率では、税率が（　③　(b)**低い**　）方を優先するが、同じ場合は、（　④　(z)**国定**　）税率となる。
(2) 信用状とは、（　⑤　(a)**輸入者**　）の取引銀行である信用状発行銀行が、海外の通知銀行を経由して（　⑥　(d)**輸出者**　）に対して（　⑥　(d)**輸出者**　）が信用状条件どおりの船積書類を銀行に呈示することを条件に（ ⑤ （a）**輸入者** ）に代わって代金の支払いを確約した保証状のことをいう。また、信用状発行銀行と通知銀行の間には、為替取引を行うために必要な業務上の諸条件をあらかじめ定めた（ ⑦ （p）**コルレス契約** ）が締結されている。

(3) 貨物海上保険の対象となる損害には、貨物自体の（ ⑧ （y）**物的** ）損害と（ ⑨ （n）**費用** ）損害とがある。（ ⑧ （y）**物的** ）損害のうち、海上輸送中に個々の貨物に発生した損害で、被害を被った被保険者の単独の負担となる損害を（ ⑩ （j）**Particular Average** ）という。

【問題4 ／ 三答択一式】 各3点×15題 45点（15分）

1．A	2．C	3．B	4．C	5．A
6．B	7．B	8．A	9．A	10．A
11．B	12．A	13．A	14．B	15．B

1．「海外商社名簿」の格付けでECは、信用状態または財務内容に不安のある企業を意味する。したがって、取引先としては、適当ではない（設問A）。また、専門の信用調査機関として有名なD&B（Dun & Bradstreet）社の信用調査報告書は、「ダン・レポート」と呼ばれている（設問B）。信用調査の方法には、相手先の取引先や同業者に照会して行うTrade Referenceという方法もある（設問C）。

2．貿易条件が、CFRの場合に含まれる輸出諸掛は、梱包料、引取費用、検査料、倉庫料、通関・船積費用、海上運賃等である（設問A、B）。海上保険料は、輸入者負担となる（設問C）。

3．海上運賃の支払時期は、タリフではなく海運同盟のルールとして定められている。タリフ（Tariff:表定運賃率）は、運賃計算に関するものであり、海運同盟が協定して公表している（設問B）。基本運賃の実収入を確保するための調整運賃であるBAF（Bunker Adjustment Factor）は、船舶燃料の急激な変動に対処するための割増運賃である（設問A）。船会社が協定して運賃表を作成し、協定した運賃で輸送を行う一種の国際カルテルを海運同盟という（設問C）。

4．Air T/Rの提出先は、銀行である。Air T/Rを、約束手形（Promissory Note）とともに提出し、銀行の所有物である貨物を借り受ける形で貨物を引き取ることになる（設問A）。L/Cベースの場合、リリース・オーダーの用紙は、通常、航空会社から荷受人である銀行に貨物の到着通知（Arrival Notice）が送られてくるときに同封されている（設問B）。

5．航空会社が利用航空運送事業者に対して発行するAir WaybillをMaster Air Waybillという（設問A）。利用運送業者であるNVOCC（Non-Vessel Operating Common Carrier）による複合一貫輸送で、日本のNVOCCが発行する複合運送証券（Combined Transport B/L）は、その様式、目的、機能は通常の船荷証券とほとんど同じであり、有価証券である（設問B）。定期船の基本運賃には、船への貨物積込費用および船からの貨物積卸費用が含まれており、このような運賃体系をバース・ターム（ライナー・ターム）と呼んでいる。FIO（Free in and out）とは、用船契約の荷役負担の決め方で、積込費用も荷卸費用も運賃に含まれていない（設問C）。

6. 国内PL保険では、PL法が対象とする製造物および加工品に限定されず、民法上の有体物である工業製品、農水産物等のすべてが対象となり、完成品、未加工品、部品、原材料も対象となる（設問B）。無過失責任とは、製品に欠陥があり、その欠陥が原因で第三者が損害を受けた場合、製造業者や輸入者などは過失がなくても、被害者に対して損害賠償責任を負うことをいう（設問A）。PL法上の製造物責任とは、製品の欠陥によって消費者等の第三者が生命、身体および財産上の損害を被った場合に製造業者に課される損害賠償責任のことをいう（設問C）。

7. 輸出手形保険の保険金額は、手形額面の95%で設定され、保険金は損失額に保険金額の手形額面に対する割合を乗じた比例てん補をとっている（設問B）。輸出手形保険とは、輸出者の手形を買い取った銀行が、万一代金回収ができなかった場合に備えて加入する株式会社日本貿易保険の貿易保険の一種である（設問A）。輸出手形保険の保険契約者は、外国為替を取り扱う銀行であり、被保険者は買取銀行である（設問C）。

8. 輸出の際の梱包が不完全であることが原因で貨物に損害が発生した場合には、免責事由となり、貨物海上保険はてん補しない。したがって、設問Aが正しい。新ICC（C）は、旧約款のFPAに該当する（設問B）。航海の遅延による損害は、免責事由になるので、A/R条件でもカバーされない（設問C）。

9. Documents against Payment（D/P手形）に該当するものは、手形支払書類渡しである。これは、支払人が手形の支払いを行うと同時に船積書類を引き渡す条件を意味する（設問A）。手形引受書類渡しとは、Documents against Acceptance（D/A手形）のことで、支払人が期限付手形を引受けると同時に船積書類を引き渡す条件のことである。なお、引受とは、猶予後の将来の手形期日に手形代金の支払いを約束することをいう（設問C）。手形呈示書類渡しのような条件はない（設問B）。

10. シッパーズ・ユーザンスは、銀行の信用を利用しないで、輸出者が直接、輸入者に代金支払の猶予を与えることをいう。そのため代金回収リスクを負うのは、輸出者である（設問A）。信用状（L/C）なしのD/A（Documents against Acceptance）手形決済の場合には、輸入者は輸出者の振り出した期限付手形を、一覧したときには決済せず、これを引き受けるだけで船積書類の引き渡しを受けることができ、後日手形の期日に代金を決済すればよいので、シッパーズ・ユーザンスに該当し、後払いの送金による決済もこれに該当する（設問B）。信用状（L/C）付の決済の場合は、信用状（L/C）発行（開設）銀行の支払い確約があるので、シッパーズ・ユーザンスとはならない（設問C）。

11. 商標権など、知的財産権が侵害されていると税関が疑義を持った場合には、侵害物品か否かを判断する認定手続を行い、侵害物品と認定された場合には、「輸入してはならない貨物」となり、没収、廃棄の対象になる。なお、関税定率法では、積戻しも認められているが、輸出貿易管理令の制限がある（設問A）。著作隣接権を侵害している物品も「輸入してはならない貨物」である。したがって、設問Bが誤り。なお、著作隣接権の侵害とは、俳優、歌手などの実演家が演劇の演技をしたり歌ったりしている実演を、実演者に無断でDVDに録画することなど、実演者の権利を侵害することをいう。このように、著作物そのものの創作に対しての権利である著作権とは異なるが、著作隣接権もこれと同様に保護されている（設問B）。特許権者、実用新案権者、意匠権者などの知的財産権者は、自己の権利を侵害すると認められる貨物に対し侵害物品か否かの認定手続をとるように税関長に申し立てることができる（なお、回路配置利用権者については、情報提供制度がある）（設問C）。

12. 船積数量条件では、輸入者は船積み時に本当に契約通りの数量だったかどうかを確認できないので、通常、輸出者に重量容積証明書の提出を義務付ける（設問A）。

13. 2020年版インコタームズにおいてEXWは、輸出地での工場（売主の指定場所）で貨物を引き渡す条件である（設問B）。FOBは、輸出港における本船渡条件である（設問C）。DDPは、関税込持込渡条件である。よってDDPが、貿易条件からみて輸出者X にとって、最も費用負担が大きくなる（設問A）。

14. 船荷証券の特徴として次の3つがあげられる。①運送人が証券上に記載された貨物を受け取ったことを示す「受領証」である（設問B）。②輸入港で貨物を受け取るための「引換証」である。③貨物の引渡請求権を証券化した「有価証券」であり、流通性を持つ「流通証券」である（設問C）。

    運送契約は船会社が荷主から運送の申込みを受けた時点で成立する諾成契約であり、契約書がなくても有効である。この契約に基づいて貨物が船積みされると、船荷証券が発行されることになる。よって、船荷証券は運送契約書ではない（設問A）。

15. 輸出者が振り出した外貨建ての一覧払いの荷為替手形を銀行が直物相場で買い取る場合の相場は、一覧払輸出手形買相場（A/Sレート=At Sight Rate）である。よって、1ユーロあたり140.38円となる。

解答・解説　貿易実務英語（C級）

【問題1　／　英単語等の意味　（語群選択式）】　各1点×20題　20点（20分）

ア．35	イ．27	ウ．14	エ．1	オ．16
カ．22	キ．6	ク．20	ケ．18	コ．23
サ．17	シ．29	ス．11	セ．3	ソ．36
タ．7	チ．33	ツ．30	テ．12	ト．31

【問題2　／　英文和訳　（三答択一式）】　各2点×10題　20点（15分）

1．C	2．C	3．B	4．A	5．B
6．A	7．A	8．C	9．B	10．C

1．	in search of	～を探して
	reliable	信頼できる
	NVOCC	国際複合輸送業者（Non Vessel Operating Common Carrier）
	regularly	定期的に
	customer	顧客
	warehouse	倉庫
2．	remind	気づかせる
	payment	支払い
	overdue	期限の過ぎた
3．	would appreciate it if you would	～していただけるとありがたい
	detailed	詳細の
	together with	～と一緒に
4．	as to	～について
	credit standing	信用状況
	refer to	～に問い合わせる
5．	unable	～できない
	quote on	～について見積もる
	require	要求する
	as	～なので
	no longer	もはや～ない
	produce	生産する

6.	inquiry	引き合い
	offer	申し込む、条件提示する
	subject to	～という条件で
	prior sales	先売り御免
7.	unless	もし～ないならば
	L/C	信用状（Letter of Credit）
	by	～までに
	ship your order	貴注文品を船積みする
	as scheduled	スケジュール通りに
8.	shipment	船積みする貨物
	CFS	コンテナフレートステーション
	van	コンテナに詰める
	M.V.	発動機のついている船（Motor Vessel） 帆船に対して
	leave for	～に向けて出発する
	around	～頃
9.	upon	～と同時に
	unpacking	開梱する
	found	findの過去形
	missing	見つからない、紛失している
	short of	～が不足している
10.	based on	～に基づいて
	both A and B	AもBも両方
	FOB Houston	ヒューストン港における本船渡し条件
	CFR Kobe	神戸港までの運賃込み条件
	as per	～により
	specifications	仕様書

【問題3　／　英文解釈（三答択一式）】　各5点×2題　10点（10分）

1．B　　2．B

1．これは、Maunharf Japan CorporationからTechno Atlantic LTD.宛の英文レターだが、英文レターの本文に、make you a firm offerとあるので、確定オファーである。また、宛名のJames Bond氏はPurchasing Managerとあり、購買の責任者のことなので、手紙の送り主Maunharf Japan Corporationは輸出者で送り先のTechno Atlantic LTD.は輸入者である。よってB）が正しい。

2．確定オファーは、期限内に一度acceptance（承諾）回答を受け取ればその時点で契約成立となる。A）の設問の場合、12月10日の時点で契約成立となっている。その後、Maunharf Japan Corporationは日本時間の12月20日午後10時に取り消しの連絡を受けている。これは期限内ではあるが、すでに契約は成立しているので、この取り消しによって無効にはできない。よってA）は誤り。B）の設問については、Maunharf Japan Corporationは期限内に承諾回答を得ているので、契約成立となる。よってB）は正しい。C）は契約成立条件に合致していないので契約は成立しない。よってC）は誤り。以上から、B）が正解となる。

日本語訳

> マウンハーフジャパン株式会社
>
> 〒163-0825 東京都新宿区西新宿2-4-1
>
> 日付：2022年12月5日
>
> ジェームズ・ボンド様
>
> 購買マネージャー
>
> Techno Atlantic LTD., U.K.
>
> Great Russel St. London WC1B 3DG, U.K
>
> 拝啓 ボンド様
>
> 弊社は以下の商品につき、貴社の承諾回答が日本時間の2022年12月20日までに弊社に届くことを条件に、確定オファーを申し込みます。
>
> 型式　　　：コンプレッサー　型式DD021A　1台
>
> 価格　　　：120,000英ポンド フェリックストウCYまでの輸送料・保険料込み条件
>
> 船積時期　：2023年2月
>
> 支払い条件：船積日から60日の支払い猶予付き手形
>
> 呈示価格は、他メーカー価格に十分対抗できるものだと思っております。
>
> 最初のご注文を心よりお待ち申し上げております。
>
> 敬具
>
> (署名)
>
> 土方歳三
>
> 欧州地区マーケティングマネージャー
>
> マウンハーフジャパン株式会社

索　引

【数字】

【A】

【B】

【C】

【D】

【E】

【F】

【G】

【H】

【I】

【L】

【M】

【N】

【O】

【P】

【Q】

【R】

【S】

【T】

【U】

【V】

【W】

【あ】

【か】

【さ】

【た】

【な】

【は】

【ま】

【や】

【ら】

【わ】

●検定試験の問い合わせ先

日本貿易実務検定協会®事務局

〒163-0825 東京都新宿区西新宿2-4-1
新宿NSビル25階
㈱マウンハーフジャパン内
TEL：03-6279-4180 FAX：03-6279-4190
URL：https://www.boujitsu.com/

改訂13版 めざせ！ 貿易実務検定® 要点解説＆過去問題

2023年6月30日 初版第1刷発行

編 者――日本貿易実務検定協会®

発行者――張 士洛
発行所――日本能率協会マネジメントセンター
〒103-6009 東京都中央区日本橋2-7-1 東京日本橋タワー
TEL 03(6362)4339（編集）／03(6362)4558（販売）
FAX 03(3272)8127（編集・販売）
https://www.jmam.co.jp/

装 丁――渡邊民人（TYPEFACE）
本文DTP―株式会社森の印刷屋
印刷所――シナノ書籍印刷株式会社
製本所――株式会社三森製本所

本書の内容に関するお問い合わせは、2ページにてご案内しております。

ISBN978-4-8005-9122-7 C2034
落丁・乱丁はおとりかえします。
PRINTED IN JAPAN